马融年谱

MARONG NIANPU

吴从祥 著

2018年度安徽省哲学社会科学规划后期资助项目
（批准号：AHSKHQ2018D10）

全国百佳图书出版单位
时代出版传媒股份有限公司
黄山书社

图书在版编目(CIP)数据

马融年谱 / 吴从祥著. —合肥：黄山书社，2018.12
ISBN 978-7-5461-8042-7

Ⅰ. ①马… Ⅱ. ①吴… Ⅲ. ①马融（79-166）-年谱
Ⅳ. ①B234.995

中国版本图书馆 CIP 数据核字(2019)第 001624 号

马融年谱 吴从祥 著

出 品 人 王晓光
责任编辑 周挺启
装帧设计 钱志刚
出版发行 时代出版传媒股份有限公司(http://www.press-mart.com)
黄山书社(http://www.hsbook.cn)
地址邮编 安徽省合肥市蜀山区翡翠路 1118 号出版传媒广场 7 层 230071
印 刷 安徽联众印刷有限公司
版 次 2019 年 4 月第 1 版
印 次 2019 年 4 月第 1 次印刷
开 本 700mm × 1000mm 1/16
字 数 250 千
印 张 18.5
书 号 ISBN 978-7-5461-8042-7
定 价 68.00 元

服务热线 0551-63533706
销售热线 0551-63533761
官方直营书店(http://hsss.tmall.com)

绪论　多维文化视野下的马融

马融(79—166),扶风茂陵(今陕西兴平市)人,东汉著名的文学家、经学家。马融活了八十八岁,长达几近半个东汉王朝[①],历经东汉八帝(章、和、殇、安、顺、冲、质、桓),历经多次重大政治事件。马融在文学和经学等领域都取得了较高的成就,对当世及后世文学和经学的发展产生了极其深远的影响。

一、马融与汉代文学

马融是东汉时期著名的文学家,在当时便"以文章显"(《后汉书·左周黄传论》)。马融一生三入东观,且勤于著述,其一生创作文章二十余篇,其中赋 6 篇(含《七厉》),颂 4 篇,政论文 7 篇,书信 2 篇,家书 1 篇等。马融《长笛赋》是一篇著名的音乐赋,《昭明文选》将其收入"音乐赋"类,《东巡颂》收入唐人许敬宗编撰的《文馆词林》[②],《后汉书·马融传》收录《广成颂》全文,《后汉纪》收录《阳嘉二年举敦朴对策》全文,另还有多篇文章收录于《后汉书》之中。由此可见,马融在东汉文学史上占有不可忽视的一席之地[③]。不无遗憾的是,学者们对马融的文学成就关注较少,相关论著甚少。

(一)宗儒尚古,以古论今

马融一生为官五十余年,先后任大将军邓骘舍人、大将军梁商从事中

---

① 从刘秀称帝(25)至汉献帝迁都许昌(196)前后共计 172 年,至曹丕称帝(220),则前后方长达 196 年。

② 罗国威:《日藏弘仁本文馆词林校证》,中华书局 2001 年版,第 108—110 页。

③ 陈君《东汉社会变迁与文学演进》一书下编便以班固、张衡、马融和蔡邕四人为东汉文学代表作家。陈君:《东汉社会变迁与文学演进》,中国社会科学出版社 2012 年版。

郎、校书郎、县令、议郎、太守等职，先后多次对策、上书，写下了不少政论文，如《阳嘉二年举敦朴对策》《上疏乞自效》《上书请赦庞参梁慬》《延光四年日蚀上书》等。

儒学尚古，身为儒学大师的马融以儒为宗、以古为上，常在今昔对比中提出师古之法。《阳嘉二年举敦朴对策》一文以今昔对比，揭示当今阴阳不和的原因：“帝王之法，天地设位，四时代序，王者奉顺，则风雨时至，嘉禾毓植。天失其度，则咎征并至，饥馑荐臻。……今从政者变忽法度，以杀戮威刑为能贤。问其国守及令长何如，其称之也曰大急，其毁之也曰大缓。夫急致寒，缓致燠，二者罪同，而论者许急，此阴阳所以不和也。”对于时弊，马融主张以上古帝王之法正之：“古之足民，仰足以养父母，俯足以畜妻子，然后敦五教，宣三德，是休嘉之化可致也。……今则不然，此盗贼所以不息。诚使制度必行，禁令必止，则仕者不滥法式之外，百工不作无用之器，商贾不通难得之货，农夫不失三时之务，各安所业，则盗贼消除，灾害不起矣。”胡三省云：“马融之对，不诡于圣人，盖有得于经学，故其辞气和平而切于政体也。”①此说颇有道理。《阳嘉二年举敦朴对策》重在论制度之失，而《延光四年日蚀上书》则重在论边患。马融认为边患之起，在于守边官吏之失：“臣恐受仕典牧者，苟脱目前，皆粗图身一时之权，不顾为国百世之利。论者美近功，忽其远，则各相不大疢病，伏惟天象不虚。”并认为解决边患的关键在于择人：“审择其人，上以应天变，下以安民隶。”在择人方面，马融详细分析了“列将子孙”和“州郡之士”二者的优劣：“窃见列将子孙，生长京师，食仰租奉，不知稼穑之艰，又希遭阨困，故能果毅轻财，施与孤弱，以获死生之用，此其所长也。不拘法禁，奢泰无度，功劳足以宣威，逾滥足以伤化，此其所短也。州郡之士，出自贫苦，长于捡押，虽专赏罚，不敢越溢，此其所长也。拘文守法，遭遇非常，狐疑无断，畏首畏尾，威恩纤薄，外内离心，士卒不附，此其所短也。”并主张“必得将兼有二长之才，无二短之累，参以吏事，任以兵法”。马融对将相子孙和州郡之士优劣的分析非常到位，实开汉末人物品评之先河。

（二）以赋为颂，以颂讽谏

马融长于作颂，先后作《广成颂》《东巡颂》《梁大将军西第颂》《上林颂》

---

① 司马光：《资治通鉴》，中华书局 1956 年版，第 1669 页。

等，其中《广成颂》和《东巡颂》保存完整。颂体源远流长，《诗经》中有三《颂》，屈原有《桔颂》，董仲舒有《山川颂》，王褒有《圣主得贤臣颂》，扬雄有《赵充国颂》等。东汉时期，颂体渐兴，崔骃作《明帝颂》《四巡颂》《高祖颂》等，班固作《东巡颂》《南巡颂》《高祖赋》等，傅毅作《显宗颂》《北征颂》《西征颂》等，史岑作《出师颂》《和熹邓后颂》等。张衡、崔瑗亦曾作颂。《文心雕龙·颂赞》："颂者，容也，所以美盛德而述形容也。……颂主告神，义必纯美。"颂体自先秦至汉代，书写形态历经多变，至马融又为之一变。挚虞《文章流别论》："若马融《广成》《上林》之属，纯为今赋之体，而谓之颂，失之远矣。"[①]《文心雕龙·颂赞》："马融之《广成》《上林》，雅而似赋，何弄文而失质乎？"重铺陈、尚词藻是赋的重要特征。《文心雕龙·诠赋》："赋者，铺也，铺采摛文。"马融之颂近于赋，表明马融是以赋为颂，在颂中大量铺陈排比，追求词藻华丽。《广成颂》对出猎的描写颇似司马相如和扬雄等人的田猎赋，描写广成苑丰富物产时则大量罗列名物："其土毛则……其植物则……"对打猎过程以及猎后娱乐的描写亦充满夸饰色彩。从残存的佚文来看，《梁大将军西第颂》亦是如此。马融《东巡颂》颇似扬雄的《河东赋》，文中对出巡队伍和巡狩等场面大肆作夸饰描写："尔乃御夫云黄之玉辂兮，贰瑶象之时舆。飞参旗之髟鼬兮，佩日月而载招摇。建飑瓜之齐斧兮，舞河鼓之灵鞀。开华门而出祖兮，历两戒之天衢。播冻雨于经途兮，轶飘风使先驱。于是羽骑操戈，蓬首扬罕。……"[②]可见，在创作手法上，马融以赋为颂，使其颂文带有铺张扬厉、词藻华丽之风。张溥《汉魏六朝白三家集·马季长集题辞》云"《广成》一颂，雕镂万物"[③]，是颇有道理的。正因如此，后世评论家常将《广成颂》与赋并称。皇甫谧《三都赋序》云："马融《广成》……初极宏侈之辞，终以约简之制，焕乎有文，蔚尔鳞集，皆近代辞赋之伟也。"[④]《史通·载文》："若马卿之《子虚》《上林》，扬雄之《甘泉》《羽猎》，班固《两都》，马融《广成》，喻过其体，词没其义，繁华而失实，流宕而忘返。"[⑤]

① 严可均辑：《全晋文》，商务印书馆 1999 年版，第 819 页。
② 罗国威：《日藏弘仁本文馆词林校证》，中华书局 2001 年版，第 109 页。
③ 张溥著，殷孟伦注：《汉魏六朝百三家集题辞注》，人民文学出版社 1960 年版，第 44 页。
④ 严可均辑：《全晋文》，商务印书馆 1999 年版，第 757 页。
⑤ 刘知几著，浦起龙释：《史通通释》，上海古籍出版社 1978 年版，第 124 页。

《文心雕龙·颂赞》:"颂者,容也,所以美盛德而述形容也。"可见,颂的主要功能是赞美。马融不仅以赋法为颂,而且还将赋作讽谏精神引入颂中,以颂讽谏是马融颂的另一特色。《后汉书·马融传》:"是时邓太后临朝,(邓)骘兄弟辅政。而俗儒世士,以为文德可兴,武功宜废,遂寝蒐狩之礼,息战陈之法,故猾贼从横,乘此无备。(马)融感激,以为文武之道,圣贤不坠,五才之用,无可或废。元初二年,上《广成颂》以讽谏。"可见,马融作《广成颂》是出于讽谏的目的。在此赋中,马融亦明确表达了自己的主张:"方涉冬节,农事闲隙,宜幸广成,览原隰,观宿麦,劝收藏,因讲武校猎,使寮庶百姓,复睹羽旄之美,闻钟鼓之音,欢嬉喜乐,鼓舞疆畔,以迎和气,招至休庆。小臣蝼蚁,不胜区区。职在书籍,谨依旧文,重述蒐狩之义,作颂一篇,并封上。"总之,以赋为颂,以颂讽谏,是马融颂文最为典型的特征。

(三)赋写性情,以文娱情

在诸文体中,马融颇长于辞赋。马融作赋6篇,其中《长笛赋》保存完整,《围棋赋》和《樗蒲赋》大体完整,《琴赋》仅存片断,《龙虎赋》仅存残句,《七厉》全佚。《长笛赋》是马融赋作代表,其序云:"融既博览典籍,精核数术,又性好音律,鼓琴吹笛。而为督邮,无留事,独卧郿平阳邬中。有洛客舍逆旅,吹笛,为《气出精列》相和。融去京师逾年,暂闻,甚悲而乐之,追慕王子渊、枚乘、刘伯康、傅武仲等,箫、琴、笙颂,唯笛独无,故聊复备数,作《长笛赋》。"王褒作有《洞箫赋》,刘玄作有《笙赋》,傅毅作有《琴赋》,这些作品唯有王褒《洞箫赋》流传至今。王褒《洞箫赋》以写音乐为主,较少融入个人的主观感受。马融因悠闲、孤独而作赋,故其赋作多带有个人感情色彩。为笛之竹生于孤苦、悲伤之境,"托九成之孤岑兮……独聆风于极危。……是以间介无蹊,人迹罕到。……求偶鸣子,悲号长啸。……夫固危殆险巇之所迫也,众哀集悲之所积也"。因此,为笛所吸引者亦多是悲苦之人,"于是放臣逐子,弃妻离友,彭、胥、伯奇,哀姜、孝己,攒乎下风,收精注耳,雷叹颓息,掐膺擗摽,泣血泫流,交横而下,通旦忘寐,不能自御"。这些显然与马融自己心中多悲苦之情有关。正因如此,故学者认为《长笛赋》是"孤独的心灵体验”①,是颇有道理的。《琴赋》早佚,仅存片断。从残存片断来看,该赋亦充满悲苦之情:“于是遨闲公子,中道失志。居无室庐,罔所息置。孤茕特行,怀闵抱思。”不仅如此,马融还将娱乐之物纳入赋作,写下了《围棋赋》和《樗蒲赋》。《围棋赋》写得比较严谨,马融全以用兵之道来写围棋之道:“略观围棋兮,法于用兵。”相比较而言,《樗蒲赋》则写得比较轻松,充满欢娱之气息:“杯为上将,木为君副。齿为号令,马为翼距。筹为策动,矢法卒数。……精诚一叫,十卢九雉。磊落踸踔,并来猥至。先名所射,应声纷溃。胜贵欢悦,负者沈悴。”此外,马融还在书信中抒写自己闲适之清。《与谢伯世书》:“愦愦愁思,犹不解怀。思在竹间,放狗逐麇,晚秋涉冬,大苍出笼,黄棘下兔,芼以乾葵,以送余日,兹乐而已。”

从以上分析可以看出,博学多才的马融对文学创作作了不少开拓。就政论文而言,由于受到儒学影响,马融往往宗儒尚古,在今昔对照中批判现实,在师古中提出救世之方。就颂文而言,马融摆脱了颂的传统写法,而将赋法引入颂中,以赋为颂,以颂讽谏,开拓了颂文写作的新局面,对后世影响极其深远,如蔡邕等人颂文便多受其影响。在辞赋方面,马融将表现重心向个体的情感和体验转移,便得其赋作带有浓郁的个人感情色彩。不仅如此,其还将赋作抒写投向娱乐之器,使得赋作带有浓郁的娱情色彩。马融这些做法无疑有力进推动了汉代抒情赋的发展,东汉末期闲情赋和娱乐赋大量涌现,当与马融有着一定关系。

二、马融与汉代经学

马融是东汉著名的经学家,是东汉时期郑玄之前影响最大的经学家,其在经学研究方面取得了较多贡献,并对经学的发展和传播做出了巨大的贡献。

(一)博通众家,遍注群经

自汉武帝“独尊儒术”以来,经学传授颇重师法、家法,人学一经,师从一

① 陈君:《东汉社会变迁与文学演进》,中国社会科学出版社2012年版,第349页。

家。到了东汉时期，这种规范逐渐被打破，出现了通两经，甚多经者，如卓茂、尹敏、鲁丕等[①]，其中贾逵最为典型。贾逵幼从父受《左氏传》及《五经》文本，后以《大夏侯尚书》教授，其著述十余种，涉及《诗》《书》《春秋》《周官》诸经，如《齐鲁韩毛四家诗异同》《欧阳大小夏侯尚书古文同异》《春秋三家经本训诂》《周官解故》等[②]。马融不仅“博通经籍”，且“才高博洽，为世通儒”(《后汉书·马融传》)。马融曾遍注群经。《后汉书·马融传》:“著《三传异同说》。注《孝经》《论语》《诗》《易》《三礼》《尚书》《列女传》《老子》《淮南子》《离骚》。”经考证，马融经注达十余种，涉及《诗》《书》《礼》《易》《春秋》五经，且一经通多家，《三传异同说》便可说明这点。

(二)崇尚古文，注经依古

汉代经学有今文经学和古文经学之分，总体而言，西汉时期今文经学盛行，古文经学影响不大，只有少数学者兼习古文经学，如孔安国、刘歆等。到了东汉时期，古文经学逐渐盛行。章帝“降意儒术，特好《古文尚书》《左氏传》”(《后汉书·贾逵传》)，于建初八年(83)“诏高才生受《古文尚书》《毛诗》《穀梁》《左氏春秋》”(《后汉书·儒林列传序》)。东汉前期郑兴、郑众、贾逵等皆善古文经学。郑兴、郑众父子好《左氏春秋》。郑众著《毛诗传》《周官解诂》《春秋难记条例》等[③]。马融尤重古文经学，注经多依古文，为东汉古文经学的发展做出了巨大的贡献。《后汉书·儒林列传》对此多有所记载:

> 建武中，范升传《孟氏易》，以授杨政，而陈元、郑众皆传《费氏易》，其后马融亦为其传。融授郑玄，玄作《易注》，荀爽又作《易传》，自是《费氏》兴，而《京氏》遂衰。
>
> 扶风杜林传《古文尚书》，林同郡贾逵为之作训，马融作传，郑玄注解，由是《古文尚书》遂显于世。
>
> 中兴后，郑众、贾逵传《毛诗》，后马融作《毛诗传》，郑玄作

---

① 边家珍先生对此作了梳理，详情参见边家珍:《汉代经学发展史论》，中国文史出版社 2003 年版，第 275—280 页。

② 参见刘汝霖《贾逵著述表》，刘汝霖:《汉晋学术编年》，华东师范大学出版社 2010 年版，第 319 页。

③ 参见《后汉书·郑兴传》及《后汉书·儒林列传》等。

《毛诗笺》。

> 中兴，郑众传《周官经》，后马融作《周官传》，授郑玄，玄作《周官注》。

《后汉书·郑玄传》亦云：

> 初，中兴之后，范升、陈元、李育、贾逵之徒争论古今学，后马融答北地太守刘瓌及玄答何休，义据通深，由是古学遂明。

马融所传《五经》为古文，也可从现存佚文得到证明①。不仅如此，马融所注《论语》亦是古文本②。金德建等学者认为东汉古文本《易》《论语》等出于马融，是颇有道理的③。可见，东汉古文《五经》的发展传承都与马融密切相关，马融对东汉古文经学的发展功不可没。

(三)礼重丧服，开启丧服学

汉代"礼经"指的是《仪礼》。《丧服》是《仪礼》中的一篇。汉代以孝治国，故《丧服》历来颇受重视。现存文献表明，西汉戴德曾作《丧服变除》④。马国翰《大戴丧服变除序》云："丧服以变除名者，推详仪节，引伸乎丧服经传之义也。"⑤此后，丧服之学渐衰。到了东汉，马融注《丧服经传》。《隋书·经籍志》："《丧服经传》一卷，马融注。"马融《丧服经传注》有王谟《汉魏遗书钞》、黄奭《黄氏逸书考》和马国翰《玉函山房辑佚书》等辑本，其中马氏辑本较为完备，共辑得 103 条。自马融之后，丧服学渐盛。郑玄著《丧服经传注》《丧服变除注》《丧服纪注》《丧服谱注》等⑥。陆德明《经典释文序录》云："马融、王肃、孔伦、陈铨、裴松之、雷次宗、蔡超、田俊之、刘道拔、周续之。自

---

① 金德建先生对此作了详细考证，详情参见《马融、郑玄本古文〈尚书〉考》《马融、郑玄本古文〈易经〉考》，金德建：《经今古文字考》，齐鲁书社 1986 年版。

② 详情可参见金德建的《马融、郑玄古文本〈论语〉考》，金建德：《经今古文字考》，齐鲁书社 1986 年版。

③ 详情参见金德建的《论东汉古文本〈易经〉出于马融》《论东汉古文本〈论语〉出于马融》，金建德：《经今古文字考》，齐鲁书社 1986 年版。

④ 戴德《丧服变除》，《隋书·经籍志》不载，见于《旧唐书·经籍志》和《新唐书·艺文志》。王谟谓此书当为《大戴礼记》之一篇，非别为一书。参见孙启治、陈建华编：《中国古佚书辑本目录解题》，上海古籍出版社 2009 年版，第 41 页。

⑤ 马国翰辑：《玉函山房辑佚书》，《续修四库全书》第 1201 册，上海古籍出版社 2002 年版，第 571 页。

⑥ 参见王利器：《郑康成年谱》，齐鲁书社 1986 年版，第 236 页。

马融以下并注《丧服》。”[①]陆氏所言甚是。到了魏晋南朝时期，丧服学成为一门显学。王肃著《丧服经传注》《丧服要记》《丧服变除》等，东吴射慈著《丧服变除图》《丧服变除》，杜预著《丧服要集》，袁准著《丧服经传注》，孔伦著《集注丧服经传》，刘智著《丧服释疑》，贺循著《贺氏丧服谱》《贺氏丧服要记》等，此外蔡谟、谢徽、葛洪、陈铨、裴松之、崔凯、周续之、王俭、王逡之等，皆撰有丧服学著作。魏晋南朝时期丧服学的兴起，显然与马融对《丧服》的重视密不可分。

（四）经传合一，便于研读

自西汉以来，经与传往往是分开的，如“春秋三传”皆不与《春秋》合在一起便是典型例子。这种情况一直沿袭到东汉时期。为了便于阅读，东汉马融大胆打破这一陈规。《毛诗正义·关雎》：

> 汉初，为传训者皆与经别行，三传之文不与经连，故石经书《公羊传》皆无经文。《艺文志》云《毛诗经》二十九卷，《毛诗故训传》三十卷，是毛为诂训亦与经别也。及马融为《周礼》之注，乃云：“欲省学者两读，故具载本文。”

此后，《五经》往往与传注合为一编，以便习读。

（五）考辨真伪，严守真经

汉代今文经文本，多出于经师口耳相传，而古文经文本则多为晚出的出土文献，如鲁恭王坏孔子旧宅，于其壁中得古文经传等。西汉诸帝曾多次征求天下之书，于是伪书随之而来。如为了求赏，张霸伪造《百两尚书》。对于真经，马融奉为圭臬；对于假经，马融则进行了认真地考辨和批判。马融《书序》云：

> 《泰誓》后得，案其文似若浅露。……又《春秋》引《泰誓》曰：“民之所欲，天必从之。”《国语》引《泰誓》曰：“朕梦协朕卜，袭于休祥，戎商必克。”《孟子》引《泰誓》曰：“我武惟扬，侵于之疆，取彼凶残，我伐用张，于汤有光。”孙卿引《泰誓》曰：“独夫受。”《礼记》引《泰誓》曰：“予克受，非予武，惟朕文考无罪，受克予，非朕文考有罪。惟予小子无良。”今文

① 吴承仕：《经典释文序录疏证》，中华书局1984年版，第109页。

《泰誓》皆无此语。吾见《书传》多矣，所引《泰誓》而不在《泰誓》者甚多，弗复悉记，略举五事以明之，亦可知矣。

马融敢于疑“经”，胆识过人，精神可嘉。马融实开后世辨伪之先声，对宋代以来的疑经思潮有不少影响。

（六）广收门徒，弘扬经学

马融名高于世，从其游学者甚众。《东观汉记·马融传》：“教养诸生，常有千数。”①《后汉书补逸》卷七：“马融教养诸生，常有千数。”②《后汉书·郑玄传》：“（马）融门徒四百余人，升堂进者五十余生。融素骄贵，（郑）玄在其门下，三年不得见，乃使高业弟子传授于玄。”生徒如此之多，以至马融无法一一亲自授学，而让生徒相互传授。马融门徒可考知者有郑玄、卢植、延笃、范冉、杨充等十余人③，其中郑玄和卢植尤为出众。郑、卢二人皆为“海内大儒”④、经学名家，二人生徒也很多，如刘备、公孙瓒等皆从卢植受学，郑玄生徒可考知姓名者多达三十余人⑤。可见，马融对经学的传播以及汉魏经学的发展做出了巨大的贡献。

从以上分析可以看出，一代大儒马融，作为东汉中期经学的代表人物，对东汉经学的发展产生了极大的影响，其有力地推动了汉魏经学的发展。

三、马融与汉代士风

马融不仅在经学著述和文学创作等方面对后世产生了深刻的影响，而且其表现出来的“不合群”言行风范对后世士风产生了很大的影响，实开魏晋风流之先河。

（一）外戚身份，多染骄奢之习

与其他儒师相比，马融具有特殊的身份与地位。马援小女于明帝永平

---

① 刘珍等撰，吴树平校注：《东观汉记校注》，中华书局 2008 年版，第 454 页。本文所引《东观汉记》均引自此本，后不再一一注明。

② 姚之骃：《后汉书补逸》，影印文渊阁《四库全书》第 402 册，台湾商务印书馆 1986 年版，第 418 页。

③ 详情参见附录五《马融弟子》。

④ 彭伯称卢植“海内大儒，人之望也”，曹操称卢植“名著海内，学为儒宗，士之楷模，国之桢干”。范晔：《后汉书》卷六十四《卢植传》，中华书局 1965 年版，第 2119 页。

⑤ 王利器：《弟子》，王利器：《郑康成年谱》，齐鲁书社 1986 年版，第 269—311 页。

三年(60)立为皇后,章帝时尊为皇太后,直至章帝建初四年(79)方卒。马援女为皇后、太后时,其兄弟马廖、马防、马光等,尊宠无比。马融祖父乃马援之兄,其父马严与马皇后为从兄妹关系,马融则为马皇后从侄。外戚的身份使得马融骄贵、富足,甚至多染豪奢之习。唐晏《两汉三国学案》:"夫(马)融以儒者联姻帝室,遂染骄贵之习。"[①]《后汉书·郑玄传》:"融素骄贵。"《后汉书·卢植传》:"融外戚豪家。"《东观汉记·马融传》:"居宇器服,多存侈饰。"其至从妹夫赵岐家,"多从宾"[②],其嫁女则嫁妆甚丰。《后汉书·列女传·袁隗妻传》:"融家世丰豪,装遣甚盛。"外戚身份和骄奢之习使得马融逐渐远离士人。《郑玄别传》:"扶风马季长以英儒著名,(郑)玄往从之,参考同异。季长后戚,嫚于待士,玄不得见。"[③]经卢植引见,郑玄方被马融纳为弟子,但郑玄在其门下"三年不得见,乃使高业弟子传授于玄"(《后汉书·郑玄传》)。马彪"尝从马融欲访大义,融疾不获见"(《后汉书·文苑列传·高彪传》)。这样,马融逐渐走到了士人的对立面,以至为士人所不耻。赵岐《三辅决录》:"(赵)岐亦厉节,不以妹婿之故屈志于融也。与其友书曰:'马季长虽有名当世,而不持士节,三辅高士未曾以衣裾撇其门也。'岐曾读《周官》,二义不通,一往造之,贱融如此也。"甚至后人编造出马融谋杀其弟子郑玄一事[④]。马融高足郑玄对其亦颇为鄙视。王鸣盛《蛾术编》卷五十八:"融欲害郑,未必有其事,而郑鄙融却有之。盖融以侈汰为贞士所轻,载《赵岐传注》。郑虽师融,著述中从未引融语。独于《月令注》云:"俗人云:'周公作《月令》,未通于古。'疏云:'俗人,马融之徒'。"[⑤]郑玄将其师马融称为"俗人",可见对其鄙视了。

(二)知行分离,学高人陋

马融才学渊博,学为儒宗。《后汉书·马融传》称其"博通经籍",《东观

---

① 唐晏:《两汉三国学案》,中华书局1986年版,第54页。

② 赵岐撰,挚虞注,张澍辑:《三辅决录》(与《三辅故事》《三辅旧事》合刊),三秦出版社2006年版,第3页。除特殊注明外,本书所引《三辅决录》均引自此本,后不再一一注明。

③ 《世说新语·文学》注引。刘义庆著,刘孝标注,余嘉锡笺疏,周祖谟、余淑宜、周士琦整理:《世说新语笺疏》,中华书局2007年第2版,第223页。

④ 此说乃出于民间传闻,不可信从。刘孝标、余嘉锡和冯浩菲等学者对此说作了有力辩驳,其结论广为学术界所认同。

⑤ 王鸣盛:《蛾术编》,《续修四库全书》第1150册,上海古籍出版社2002年版,第574页。

汉记·马融传》称其"才高博洽，为通儒"。马融勤于著述，曾遍注群经，衣被后世。儒家强调以学识修身治国，做到内圣外王。在马融身上，知与行是相分离的。虽然其才学渊博，学为师范，但他并不以儒家礼教纲常来规范自己，相反，他曲媚于权贵，做了许多为人所不齿之事。马融为梁冀作飞书，诬陷太尉李固，以至李固被罢官①。后又作《梁大将军西第颂》，为大将军梁冀唱赞歌②。马融一味曲从权势，以至有"党附成讥"(《后汉书·马融传论》)之说。马融为南阳太守时，甚至有受贿赂之举。赵岐《三辅决录》卷二："马融为南郡太守，二府以融在郡贪浊，受主计掾岐肃钱四十万。融子强又受吏白向钱六十万，布三百匹，以肃为孝廉，向为主簿。"知与行的分离，使得马融知与行相去愈远，逐渐趋于两极。一方面，其勤于著述和讲学，提升自己的学识，渐近圣贤之境；另一方面，其为人日益卑劣，曲媚于权势，以至受贿获罪，流放边地③。

(三)儒道合一，讲儒行道

马融身上知行分离表现得非常明显。细而察之，便可发现马融在学识方面以儒学为宗，而在行为则以道家全身适性为准则。永初二年(108)，马融不愿意为大将军邓骘舍人，遂客于凉州武都、汉阳界中。适逢边乱，米谷踊贵。马融饥困，遂舍儒家"安贫乐道"之论，而从道家贵生全身之举。《后汉书·马融传》："谓其友人曰：'古人有言："左手据天下之图，右手刎其喉，愚夫不为。"'所以然者，生贵于天下也。今以曲俗咫尺之羞，灭无赀之躯，殆非老、庄所谓也。""生贵于天下""老、庄所谓也"等表明，马融精通于老、庄之学。马融"达生任性，不拘儒者之节"(《东观汉记·马融传》)。在"贵生""全身"的老庄之学支配下，马融在现实中不断沦落。在东观久不得升迁，于是马融结好于大将军邓骘之子侍中邓凤，希望邓凤帮助自己升迁。《后汉书·邓骘传》："(邓)骘子侍中凤，尝与尚书郎张龛书，属郎中马融宜在台

---

① 马融飞章仅导致太尉李固罢官，而李固之死与马融飞章无关。详情参见本书中冲帝永憙元年(145)"马融为梁冀诬奏李固"条。

② 《后汉书·马融传》："融惩于邓氏，不敢复违忤势家，遂为梁冀草奏李固，又作《梁大将军西第颂》。"此说不尽可信，此说可能出于马融自我辩护之辞，后史学家不审，将其写入马融传记之中。

③ 马融流放朔方实因受人贿赂获罪，并非《后汉书·马融传》所言，因得罪大将军梁冀而遭流放。

阁。”后曲从大将军梁冀，作飞章诬陷太尉李固，又作《梁大将军西第颂》，讨好于大将军梁冀。后来竟沦至因受贿赂而流放边地。

（四）纵情任性，耽于声色

在老庄全身适情思想支配下，马融在行为方面离圣贤之道越去越远，以至一味地追求个人的感官享受。马融颇好音乐。《长笛赋序》：“又性好音律，鼓琴吹笛。”《东观汉记·马融传》：“善鼓瑟，好吹笛。”马融曾作《长笛赋》和《琴赋》等。不仅如此，马融颇好声色享受。《后汉书·马融传》：“居宇器服，多存侈饰。常坐高堂，施绛纱帐，前授生徒，后列女乐，弟子以次相传，鲜有入其室者。”《后汉书·卢植传》：“融外戚豪家，多列女倡歌舞于前。”《东观汉记·马融传》《马融别传》等皆有类似的记载。赵岐《三辅决录》：“岐娶马敦女宗姜为妻。敦兄子（马）融尝至岐家，多从宾，与从妹宴饮佚乐，日夕乃出。”“日夕乃出”，足见马融对宴饮娱乐之嗜好了。对此史学家范晔作了较好的评说：“马融辞命邓氏，逡巡陇、汉之间，将有意于居贞乎？既而羞曲士之节，惜不赀之躯，终以奢乐恣性，党附成讥，固知识能匡欲者鲜矣。”

简而言之，马融身为外戚，故多染骄奢之习气，这些使得马融日渐远离士林。马融精通儒道，知行相分使得儒道在马融身上得到了较好的交融。马融学识尚儒，勤于学，以至识近于圣贤；而行则从道，全身适性，好音乐，耽声色。不仅如此，马融因全身而曲从于权势，做了许多可耻之事，遂为士林所不齿。马融知行相分、儒道合一、全身弃义等做法实开魏晋士风之先河。祢衡、杨修等人的不拘儒节，阮籍、嵇康等人的儒道合一，何晏、阮咸等耽于声色等，无不可追溯到马融身上。

综上所述，不管是文学创作、儒学经注，还是士风、士人心态，马融不仅在当时产生了很大的影响，而且对后世影响极其深远。因此，马融可谓东汉时期学术与士风转型期的代表，他起着重要的承上启下作用，上承传统儒学，下开魏晋风流之先声。对此葛兆光有很好的总结：“在他（马融）的身后，不仅出现了郑玄这样博通的学者，而且出现了各各不同的经典谈诠释者，如杜预、王弼、王肃等改变一代学风，为思想的嬗变提供了资源的学问家与思想家，也多少在他与他的著作中接受过启迪，而他的去世，也多多少少象征了一个旧时代的结束和一个新时代的到来。”①

范晔《后汉书·马融传》对马融一生作了较详细的记载，是研究马融生平最为重要的资料。不无遗憾的是，该传记有不少缺失。多年以来，马融研究较为滞后，目前能见到的最早的马融年谱乃晚清陈邦福编著的《马季长年谱》②。陈氏所编《马季长年谱》虽然对马融一生行迹作了罗列，但较为简略，且错误较多。后出的各种文学编年史或学术编年史著作，虽然作了一些补充，但依然不够完整。基于此，笔者将日常研读马融传记及作品所获心得汇集一编，以请教于方家名贤。

① 葛兆光：《中国思想史》（卷一），复旦大学出版社1998年版，第316页。

② 原载宣统三年（1911）排印《国粹学报》第七卷第八号，后收入吴洪泽、尹波、舒大刚主编：《儒藏·史部·儒林年谱（3）》，四川大学出版社2007年版（影印本），第343—362页。

凡 例

一、马融是东汉时期著名的经学家、文学家，其在经学方面成就卓著，实为一代儒学大师；其在文学方面也取得了较高成就，是东汉时期代表作家之一。为了展示马融多方面的学术成就，故将当时经学、文学等方面的事件多加以编录。

二、马融一生横跨了近半个东汉王朝，其奔波于仕途五十余年，先后目睹和卷入了众多重大政治事件，如窦宪事件、邓骘事件、梁冀事件等。为了清晰展示马融生活的时代，故对当时政治生活、政治制度等方面的重要事件亦加以编录。

三、为了便于加深对马融的理解，故在卷首对马融之前的马氏家族世系作一简单梳理，对马氏家族重要人物的生平作一简单介绍。

四、本年谱以马融及马氏家族为主体，故每年记事，先叙马融，次叙马氏家族，最后附以其他事件。

五、马氏家族事件，每年皆以月份先后为序；如有月份不明者，则系于本部分末尾。

六、其他事件，每年亦均以月份先后为序；如有月份不明者，则置于后。

七、本年谱所涉及的文学作品的篇名均依严可均辑《全后汉文》，如有异名者，则加以补充说明。

八、为了便于了解学者的学术成就，一般在卒年对其著述情况作一总体概说，如卒年不在本年谱编辑范围内，则将其著述概说置于其生年或第一次出现时。

九、为了节省篇幅，本书所引常见古代典籍一般不一一注标明版本、页码等，其版本参见文后《参考文献》。对于可能会引起歧义、误解或不易查找的引文，则详细标明版本、卷数、页码等。

十、对于现代学者的研究成果，包括著作、学术论文等，均详细注明出处，一示不掠人之美，二为便于查找核实。

总　目

详　目

卷四　顺冲质时期(126—146)

卷五　桓帝时期（147—166）

卷首　汉代马氏世系(前127—78)

○扶风马氏渊源

《后汉书》卷二十四《马援传》:"马援字文渊,扶风茂陵人也。其先赵奢为赵将,号曰马服君,子孙因为氏。"注引《东观记》曰:"徙茂陵成懽里。"《新唐书》卷七十二下《宰相世系表二下》:"马氏出自嬴姓,伯益之后。赵王子赵奢为惠文王将,封马服君,生牧,亦为赵将,子孙因以为氏,世居邯郸。秦灭赵,牧子兴徙咸阳,秦封武安侯。三子:珪、琛、嵩。嵩生述,字贞惠,汉太子大夫、平通侯。生权,为宁东将军。三子:何罗、通、伦。通字达,黄门郎、侍中、重合侯,坐何罗反,徙扶风茂陵成懽里。"《元和姓纂》卷七:"嬴姓,伯益之后,赵王子奢封马服君,子孙氏焉。奢孙兴,赵灭徙咸阳。"①

【考论】马权之前马氏世系:赵奢——赵牧——马兴——马嵩——马述——马权。

○汉武帝元朔二年(前127),马权举家迁茂陵

《后汉书》卷二十四《马援传》:"(马氏)武帝时,以吏二千石自邯郸徙焉。"注引《东观记》曰:"徙茂陵成懽里。"《新唐书》卷七十二下《宰相世系表二下》:"(马述)生权,为宁东将军。三子:何罗、通、伦。通,字达,黄门郎、侍中、重合侯,坐何罗反,徙扶风茂陵成懽里。"《元和姓纂》卷七:"汉马权,为将军,生阿逻(案:《汉书》阿逻作何罗)、通。通封重合侯,生昌,昌生况、余、援。余生歆、融,融南郡太守。援子廖,女为明德皇后,生章帝歆。"②

【考论】《元和姓纂》所记西汉马氏谱系大体可信,但遗漏、错误较多,不

① 林宝:《元和姓纂》,影印文渊阁《四库全书》第890册,台湾商务印书馆1986年版,第670页。
② 林宝:《元和姓纂》,影印文渊阁《四库全书》第890册,台湾商务印书馆1986年版,第670页。

可完全信从。马权，生卒年不详，马何罗、马通之父。《后汉书》卷二十四《马援传》言“武帝时，以吏二千石自邯郸徙焉”，指的当是马权。《汉书》卷六《武帝纪》：“（元朔二年）三月……又徙郡国豪杰及訾三百万以上于茂陵。”可见马权于汉武帝元朔二年（前127年）举家由邯郸迁到长安茂陵。《后汉书》卷二十四《马援传》：“曾祖父通，以功封重合侯，坐兄何罗反，被诛，故援再世不显。”《新唐书》卷七十二下《宰相世系表二下》言马通“坐何罗反，徙扶风茂陵成懽里”，显然误。

○马何罗

马何罗（？—前88），马权之子，马通之兄。马何罗，《汉书》又称为“莽何罗”。《后汉书集解》引惠士奇云：“莽马音同，古文通。”[①]《汉书》对马何罗事迹记载较少，仅记载马何罗与其弟马通谋反之事。《汉书》卷六《武帝纪》：“后元元年……夏六月……侍中仆射莽何罗与弟重合侯通谋反，侍中驸马都尉金日磾、奉车都尉霍光、骑都尉上官桀讨之。”《汉书》卷六十八《金日磾传》：“初，莽何罗与江充相善。及江充败卫太子，何罗弟通用诛太子时力战得封。后上知太子冤，乃夷灭充宗族党与。何罗兄弟惧及，遂谋为逆。日磾视其志意有非常，心疑之，阴独察其动静，与俱上下。何罗亦觉日磾意，以故久不得发。是时上行幸林光宫，日磾小疾卧庐。何罗与通及小弟安成矫制夜出，共杀使者，发兵。明旦，上未起，何罗亡何从外入。日磾奏厕心动，立入内坐户下。须臾，何罗袖白刃从东箱上，见日磾，色变，走趋卧内欲入，行触宝瑟，僵。日磾抱何罗，因传曰：‘莽何罗反！’上惊起，左右拔刃欲格杀之，上恐并中日磾，止勿格。日磾捽胡投何罗殿下，得禽缚之。穷治皆伏辜。”自此之后，马氏衰微，不闻于世。

○马通

马通（？—前88），马权之次子，马何罗之弟。《后汉书》卷二十四《马援传》：“曾祖父通，以功封重合侯，坐兄何罗反，被诛，故援再世不显。”马通，《汉书》又称为“莽通”。《汉书》无传，但对其事迹多有所记载。马通原为侍郎，因戾太子事件有功，封为重合侯。《汉书》卷六《武帝纪》：“（征和二年）

---

① 王先谦：《后汉书集解》，中华书局1984年版，第302页。

秋七月,按道侯韩说、使者江弃等掘蛊太子宫。壬午,太子与皇后谋斩充,以节发兵与丞相刘屈氂大战长安,死者数万人。庚寅,太子亡,皇后自杀。”《汉书》卷六十六《刘屈氂传》:“太子既诛(江)充发兵……太子引兵去,驱四市人凡数万众,至长乐西阙下,逢丞相军,合战五日,死者数万人,血流入沟中。丞相附兵浸多,太子军败,南奔覆盎城门,得出。……上曰:‘侍郎莽通获反将如侯……其封通为重合侯。’”《后汉书》卷二十四《马援传》注云:“重合,县,属勃海郡。”可见,马通因功封为县侯。后马通多次出征匈奴,屡立战功。《汉书》卷六《武帝纪》:“(征和)三年……三月,遣贰师广利将七万人出五原,御史大夫商丘成二万[①]人出西河,重合侯马通四万骑出酒泉,成至浚稽山与虏战,多斩首。通至天山,虏引去,因降车师,皆引兵还。”《汉书》卷九十四上《匈奴传上》:“于是汉遣贰师将军七万人出五原,御史大夫商丘成将三万余人出西河,重合侯莽通将四万骑出酒泉千余里。……重合侯军至天山,匈奴使大将偃渠与左右呼知王将二万余骑要汉后兵,见汉兵强,引去。重合侯无所得失。是时,汉恐车师兵遮重合侯,乃遣闿陵侯将兵别围车师,尽得其王民众而还。”《汉书》卷九十六下《西域传下》:“征和四年,遣重合侯马通将四万骑击匈奴,道过车师北,复遣开陵侯将楼兰、尉犁、危须凡六国兵别击车师,勿令得遮重合侯。诸国兵共围车师,车师王降服,臣属汉。”后因与其兄马何罗谋反,伏诛,故马氏不显于世。

○马伦

马伦(?—前88),马权之三子,马何罗、马通之弟。《汉书》卷六十八《金日磾传》:“何罗与通及小弟安成矫制夜出,共杀使者,发兵。”

【考论】安成,当是马伦。可见马伦亦参与谋反,因此其亦与二位兄长同时被诛。

○马通之后马氏世系

《后汉书》卷二十四《马援传》注引《东观汉记》云:“通生宾,宣帝时以郎持节,号使君。使君生仲,仲官至玄武司马。仲生援。”此合于《后汉书·马援传》中所言“曾祖父通”。《后汉书》卷二十四《马援传》注引《续汉书》云:

① 《汉书》卷九十四《匈奴传上》作“三万”,此处“二万”可能是“三万”之误。

“援过北地任氏畜牧。自援祖宾，本客天水，父仲又尝为牧师令。是时员为护苑使者，故人宾客皆依援。”《元和姓纂》卷七：“（马）通封重合侯，生昌，昌生况、余、援。余生歆、融，融南郡太守。援子廖，女为明德皇后，生章帝歆。”[①]《新唐书》卷七十二下《宰相世系表二下》：“（马权）三子：何罗、通、伦。通字达，黄门郎、侍中、重合侯，坐何罗反，徙扶风茂陵成懽里。生宾，议郎、绣衣使者。三子：庆、昌、襄。昌生仲，玄武司马。四子：况、余、元、援。余字圣卿，中垒校尉、扬州牧。二子：严、敷。严字威卿，后汉将作大匠。七子：固、伉、歆、鳟、融、留、续。”

【考论】《元和姓纂》所记遗漏甚多。《后汉书·马援传》及《东观汉记》皆言马通为马援“曾祖”，《续汉书》明言“援祖宾”“父仲”，而马通至马援之间，《元和姓纂》仅记一代，显然不确。《后汉书·马援传》明言马援有三兄：况、余、员，而《元和姓纂》仅记马况和马余，遗漏马员。《后汉书》卷二十四《马严传》：“（马）严字威卿。父余。……严七子，唯续、融知名。”可见，马余是马严父，是马融祖父。《元和姓纂》将马余与马融直接相承，显然误。《后汉书集解》引周寿昌云：“武帝至后汉光武初，更八帝，将百五十年，而马通至援尚止四代，恐其世系尚有未确。”[②]惠栋曰：“《世系》云宾三子：庆、昌、襄。昌生仲。案：此则仲为宾孙，与《传》异也。”[③]此类说法颇有道理。可见，《新唐书》所记较为可信。《后汉书》卷二十四《马严传》：“弟敦，字孺卿，亦知名。”《新唐书》卷七十二下《宰相世系表二下》：“（马余）二子：严、敷。”“敷”显然是“敦”之误。《后汉书》卷二十四《马援传》：“援年十二而孤。”马援生于成帝永始三年（前14），据此，马援父马仲卒于哀帝建平四年（前3）。

自马权至马援传承谱系：马权（生卒年不详）——马通（？—前88）——马宾（生卒年不详）——马昌（生卒年不详）——马仲（？—前3）——马援。

○马援长兄马况

《后汉书》卷二十四《马援传》：“援三兄况、余、员，并有才能，王莽时皆为二千石。”注引《东观记》曰：“况，字长平，余字圣卿，员字季主。”《后汉

---

① 林宝：《元和姓纂》，影印文渊阁《四库全书》第890册，台湾商务印书馆1986年版，第670页。
② 王先谦：《后汉书集解》，中华书局1984年版，第302页。
③ 转引自王先谦：《后汉书集解》，中华书局1984年版，第302页。

书·马援传》注:“况,为河南太守,余,国垒校尉,员,增山连率。”《后汉书集解》引惠栋曰:“袁宏《纪》:‘况封穷虏侯,余封致符子,况兄员,皆二千石封侯。’《蔡邕集》曰:‘余为中水侯。’”①

马况(?—约15),字长平,生卒年不详。王莽时曾为河南太守,封穷虏侯。马况早卒,马援为之服期年。《后汉书》卷二十四《马援传》:“援年十二而孤。少有大志,诸兄奇之。尝受《齐诗》,意不能守章句,乃辞况,欲就边郡田牧。况曰:‘汝大才,当晚成。良工不示人以朴,且从所好。’会况卒,援行服期年,不离墓所,敬事寡嫂,不冠不入庐。”注引《东观汉纪》:“援以况出为河南太守,次两兄为吏京师,见家用不足,乃辞况欲就边郡畜牧也。”

【考论】马援少孤,可能自幼依附于长兄马况,故有马况劝其边郡田牧之事。据《后汉书·马援传》,马况卒后,马援为其守丧一年。后马援为郡督邮,纵囚,亡命北发地,遇赦免。这前后当有两三年之久。马援后于北地田牧,大富,亦当有三四年之久。至王莽末(地皇三年,22),马援始仕于王莽。以此倒推之,马况当卒于王莽始天凤二年(15)左右。

〇马援二兄马余

马余(?—23),字圣卿,生年不详。王莽时曾为国垒校尉、扬州牧。《后汉书》卷二十四《马严传》:“父余,王莽时为杨州牧。”王莽时曾受封,封为致符子、中水侯。

【考论】据《后汉书·马援传》记载,王莽败时,仅言马援与马员去郡,未言及马余,可见马余已卒。《后汉书》卷二十四《马严传》:“严少孤。”《东观汉记》卷十二《马严传》:“余卒时,严七岁。”据《后汉书·马严传》所记马严卒年及年数推算,马严生于王莽天凤四年(17)。以此推之,马余当卒于王莽地皇四年(23)。

马余至少有一女,另有二子:马严、马敦。

《后汉书》卷二十四《马援传》:“初,援兄子婿磐子石②,王莽从兄平阿侯仁之子也。”《东观汉记》卷十二《马严传》:“余卒时,严七岁,依姊婿父九江连率平阿侯王述。”可见,马余有一女嫁平阿侯王述之子。

---

① 王先谦:《后汉书集解》,中华书局1984年版,第302页。
② 《后汉书》卷二十四《马援传》注云:“子石,磐字也。”

【考论】《汉书》卷九十八《元后传》:"河平二年,上悉封舅(王)谭为平阿侯……平阿侯谭薨,谥曰安侯,子仁嗣侯。……(仁自杀)仁谥曰剌侯,子述嗣。是岁,元始三年也。"吴树平认为"'王述'与'王术'为一人"[①]。《后汉书集解》引惠栋云:"案《恩泽表》,剌侯仁生述,则磐当为仁孙也。"[②]惠栋所言甚是。据《汉书》卷九十九上《王莽传上》:"是岁,绥和元年也,年三十八矣。"以此推之,王莽当生于元帝初元四年(前45)。其从兄王仁出生当早于此。至元始三年(3)卒时,王仁已五十余岁,其长子王述当有三十来岁。再过二十年,至马余卒时(23),王述当有五十来岁,其子亦当有二三十岁,与文中"姊婿父"相合。王仁卒时已五十余岁,至马余卒时(23),王仁已卒二十年,其不可能有如此的幼子与马余女配婚,故王磐当为王仁之孙、王述之子[③]。

○马余之子马严

马严(17—98),字威卿,马余长子。马严少孤。《东观汉记》卷十二《马严传》:"余卒时,严七岁……明年,母复终。"可见,其父马余卒于王莽地皇四年(23),次年(24)其母亦卒。

《东观汉记》卷十二《马严传》:"余卒时,严七岁,依姊婿父九江连率平阿侯王述。明年,母复终,会述失郡,居沛郡。建武三年,余外孙右扶风曹贡为梧安侯相,迎严归,养视之。至四年,叔父援从车驾东征,过梧安,乃将严兄弟西。严年十三至洛阳,留寄郎朱仲孙舍,大奴步护视之也。"《后汉书》卷二十四《马严传》:"严少孤,而好击剑,习骑射。后乃白援,从平原杨太伯讲学,专心坟典,能通《春秋左氏》,因览百家群言,遂交结英贤,京师大人咸器异之。""仕郡督邮,援常与计议,委以家事。"可见马援对马严比较倚重。马援卒后(49),马严与其弟敦俱归安陵,居钜下。三辅称其义行,号曰"钜下二卿"。马援卒后受谮诬,不得葬。《后汉书》卷二十四《马援传》:马严"与马援妻子草索相连,诣阙请罪","上书诉冤,前后六上,辞甚哀切,然后得葬"。

---

① 吴树平:《东观汉记校注》,中华书局2008年版,第452页。
② 王先谦:《后汉书集解》,中华书局1984年版,第310页。
③ 吴树平先生认为"王述当为马严姊婿之昆弟",显然不确。吴树平:《东观汉记校注》,中华书局2008年版,第452页。

马援死后，家益失势，数为权贵侵侮，马严不胜忧愤，乃白马援妻，求进掖庭。时援有未嫁三女，大者十五，次者十四，小者十三。建武二十八年(52)，小女选入太子宫。小女即后来的明帝马皇后。

马皇后立(60)，马严闭门自守，又遂更徙北地，断绝宾客。永平十五年(72)，明帝敕使移居洛阳，诏与校书郎杜抚、班固等杂定《建武注记》。常与议论政事，甚见宠幸。后拜将军长吏，出屯西河美稷。章帝即位(75)，征拜马严御史中丞，除子鱄为郎。建初元年(76)，迁五官中郎将，除三子为郎，后复以五官中郎将行长乐卫尉事。建初二年(77)，拜陈留太守，典郡四年，征拜太中大夫。其子马融便生于其为陈留太守时。马严七子。《后汉书》卷二十四《马援传》注："固、伉、歆、鱄、融、留、续。"

○马余之子马敦

马敦，生卒年不详。马严之弟，字孺卿。马援卒后(49)，与其兄马严归安陵，居钜下。后官至虎贲中郎将。

【考论】赵岐《三辅决录》卷二："傅闻马氏兄弟五人共屠居此，作五门客舍，因以为名。主养猪卖豚。故民为之语曰：'苑中三公，钜下二卿。五门霍霍，但闻猪声。'"此处"马氏兄弟五人"指的是马余二子马严、马敦，马援三子马廖、马防、马光。马援四子马客卿早卒，故不在其列。《后汉书》卷二十四《马严传》："援卒后，严乃与敦俱归安陵，居钜下。……明德皇后既立，严乃闭门自守，犹复虑致讥嫌，遂更徙北地，断绝宾客。永平十五年，皇后敕使移居洛阳。"马援卒于建武二十五年(49)，马援小女于永平三年(60)立为皇后。马严兄弟当于此期间居于钜下。马皇后立，其兄马廖拜为羽林左监，后迁虎贲中郎将，其兄马防、马光亦拜有官职。永平十二年(69)，马防、马光为黄门侍郎。直至章帝继位，马廖升为卫尉，马防为中郎将。至死，马氏兄弟皆未为三公。可见，"钜下二卿"合于实情，而"苑中三公"显然有夸大之嫌。

○马援三兄马员

马员(？—约26)，字季主，生年不详。王莽时曾先后为护苑使者、增山连率等职。《后汉书》卷二十四《马援传》注引《续汉书》云："(马)援过北地任氏畜牧……是时(马)员为护苑使者。"《后汉书》卷二十四《马援传》："及莽败，援兄员时为增山连率，与援俱去郡，复避地凉州。"《后汉书》卷二十四

《马援传》注云:“莽改上郡为增山,连率亦太守也。莽法,典郡者公为牧,侯称卒正,伯称连率,其无封爵者为尹也。”后归顺光武帝,复官。《后汉书》卷二十四《马援传》:“世祖即位,员先诣洛阳,帝遣员复郡,卒于官。”

【考论】据《后汉书·光武帝纪》,光武帝于建武元年(25)六月称帝,冬十月定都洛阳。马员当于本年诣洛阳,复官,当于次年(26)卒于官。

○马援

马援(前14—49),字文渊,扶风茂陵人,为先秦时赵国名将赵奢之后。《后汉书》卷二十四《马援传》:“马援字文渊,扶风茂陵人也。其先赵奢为将将,号曰马服君,子孙因为氏。武帝时,以吏二千石自邯郸徙焉。曾祖父通,以功封重合侯,坐兄何罗反,被诛,故援再世不显。援三兄况、余、员,并有才能,王莽时皆为二千石。”

马援父早卒。《后汉书》卷二十四《马援传》:“援年十二而孤。”《后汉书》卷二十四《马援传》:马援“尝受《齐诗》,不能守章句,乃辞(马)况,欲就边郡田牧”。《东观汉记》卷十二《马援传》:“受《齐诗》,师事颍川满昌。”又云:“援以况出为河南太守,次两兄为吏京师,见家用不足,乃辞况欲就边郡畜牧。”其兄马况从其所请。

马援兄马况早卒,马援为之服期年。《后汉书》卷二十四《马援传》:“会况卒,援行服期年,不离墓所,敬事寡嫂,不冠不入庐。”《东观汉记》卷十二《马援传》:“马援外类倜傥简易,而内重礼,事寡嫂,虽在阃内,必帻然后见之也。”

马援后为郡督邮,纵囚亡命北地。遇赦,因留牧畜,宾客多归附者,遂至数百家。《后汉书》卷二十四《马援传》注引《续汉书》云:“援过北地任氏畜牧。自援祖宾,本客天水,父仲又尝为牧师令。是时员为护苑使者,故人宾客皆依援。”马援货殖盈丰,乃施于故旧。《东观汉记》卷十二《马援传》:“马援叹曰:‘凡殖产,贵其能施民也,否则守钱奴耳。’乃尽散以班昆弟故旧,身衣羊裘皮裤。”

王莽末,因王莽从弟王林推荐,马援为新成大尹,即汉中太守。《后汉书》卷二十四《马援传》注云:“王莽改太守为大尹……莽改汉中为新成也。”王莽败,其兄王员时为增山连率,马援与兄马员避乱凉州。

建武元年（25）六月，刘秀称帝，十月定都洛阳。刘秀称帝之后，马员先诣洛阳，帝遣马员归郡，卒于官。马援留西州，隗嚣甚敬重之，以援为绥德将军。时，公孙述称帝于蜀。隗嚣使马援出使公孙述，公孙述善待之，欲以高官留之，马援不从。建武四年（28）冬，隗嚣遣马援奉书至洛阳，光武帝厚待之，以为待诏。隗嚣信马援言，遣子恂入质洛阳，马援因将家属随之至洛阳。居数月而无它职，马援乃上书，求屯田上林苑中，帝许之。后隗嚣拒汉，马援劝光武帝伐之。光武帝乃使马援将突骑五千，往来游说隗嚣将高峻、任禹之属，下及羌豪，以离隗嚣支党。建武八年（32），光武帝征隗嚣，马援为之策划。九年（33），拜为太中大夫。十一年（35）为陇西太守，多次击破先零羌。十三年（37），平定武都参狼羌等叛乱。十七年（41），征入为虎贲中郎将。交阯叛乱，拜马援为伏波将军，率兵伐之。十八年（42）春，大败叛军。十九年（43），斩贼首，封新息侯，食邑三千户。二十年（44）秋，赐马援兵车一乘，朝见位次九卿。同年十二月，出征襄国。二十一年（45），率兵出征雁门，无所得。二十四年（48），率兵击讨武陵蛮夷，不利。二十五年（49），马援病卒于军中。

马援有三夫人、四子和四女。《后汉书》卷十上《皇后纪上·明德马皇后纪》："时后前母姊女贾氏亦以选入。""前母"表明马援有一夫人，生马姜，可能早亡。《后汉纪》卷九《孝明皇帝纪上》："（永平三年）二月甲子，立皇后马氏。……后，马援女也。后有四兄二姊。长兄廖及防、光、二姊，与后同母。兄客卿，幼而岐嶷。"[①]此处"二姊"指与马皇后同母者，不包括前母姊马姜。《后汉书》卷十上《皇后纪上·明德马皇后纪》："少丧父母。兄客卿惠敏早夭，母蔺夫人悲伤发疾慌惚。"《后汉书》卷二十四《马光传》："丧母过哀，帝以是特亲爱之。"《后汉书》卷二十四《马援传》："至（永平）十七年，援夫人卒，乃更修封树，起祠堂。"可见，马皇后母早卒，马客卿母为蔺氏，卒于永平十七年（74）。马援别有一女嫁贾复五子贾仲武。

马援另有一姊，嫁曹氏，姊子曹训。《后汉书》卷二十四《马援传》："援谓姊子曹训曰：'王氏，废姓也。……'"

---

① 《后汉纪》原载于"永元二年"，显然误，此从《后汉书》《东观汉记》改。详情参见周天游：《后汉纪校注》，天津古籍出版社1987年版，第244页。

马援有四子：廖、防、光、客卿。前三子、二姊与马皇后同母，客卿则与马皇后等异母。另，马姜长于马皇后六岁，与马皇后等人异母。

○马援长子马廖

马廖（？—92），字敬平，马援长子，少以父任为郎。《东观汉记》卷十二《马廖传》："廖少习《易经》，清约沈静。援击武溪无功，卒于师，廖不得嗣爵。"马皇后立（60），拜为羽林左监、虎贲中郎将。明帝崩（75），受遗诏典掌门禁，为卫尉。章帝时，深受器重，朝廷大议，辄以询之。

《后汉书》卷八十上《文苑列传上·杜笃传》："女弟适扶风马氏。建初三年，车骑将军马防击西羌，请笃为从事中郎，战殁于射姑山。"《后汉书》卷四十一《第五伦传》："及马防为车骑将军，当出征西羌，（第五）伦又上疏曰：'……闻防请杜笃为从事中郎，多赐财帛。笃为乡里所废，客居美阳。女弟为马氏妻，恃此交通，在所县令苦其不法，收系论之。今来（马）防所，议者咸致疑怪，况乃以为从事，将恐议及朝廷。"《后汉书》卷二十四《马防传》："防兄弟贵盛……宾客奔凑，四方毕至，京兆杜笃之徒数百人，常为食客，居门下。"

【考论】《后汉书》卷八十上《文苑列传上·杜笃传》："笃少博学，不修小节，不为乡人所礼。居美阳，与美阳令游，数从请托，不谐，颇相恨。令怒，收笃送京师。会大司马吴汉薨，光武诏诸儒诔之，笃于狱中为诔。辞最高，帝美之，赐帛免刑。"《后汉书》卷一下《光武帝纪下》："二十年……五月辛亥，大司马吴汉薨。"据第五伦所言，杜笃嫁妹于马氏早于其下狱之前。不知杜笃妹所嫁为马援哪个儿子。马防为车骑将军，不可能辟妻父入幕。马客卿早卒。马援长子马廖为人低调。《后汉书》卷十二《马廖传》："廖性质诚畏慎，不爱权势声名，尽心纳忠，不屑毁誉。……每有赏赐，辄辞让不敢当，京师是以称之。……又防、光奢侈，好树党与。"《后汉书》卷四十八《杨终传》："太后兄卫尉马廖，谨笃自守，不训诸子。"《后汉书·马防传》所言"防兄弟贵盛"指的是马防和其弟马光，二人"奢侈，好树党与"，杜笃可能常为马防、马光兄弟食客。杜笃不可能为妹婿食客，故杜笃妹为马援长子马廖妻可能性较大。

马廖二子马豫、马遵。

马豫(？—83),为步兵校尉。太后崩后(79),马氏失势。马豫投书怨诽。建初八年(83)被免,随其父马廖归国,“考击物故”。《后汉书》卷二十四《马廖传》:“豫随廖归国,考击物故。”

马遵,生卒年不详。因兄马豫早亡,故马廖卒后,马遵嗣。永元四年(92)徙封程乡侯。《后汉书》卷二十四《马防传》:“后宪奴诬(马)光与宪逆,自杀。……而防及廖子遵坐徙封丹阳。”

马度,生卒年不详,马廖长子马豫之子。《后汉书》卷二十四《马廖传》:“元初三年,邓太后诏封廖孙度为颍阳侯。”马遵无子,马度当为马豫之子。

○马援次子马防

马防(？—101),永平十二年(69),与弟马光俱拜为黄门侍郎。章帝即位(75),拜为中郎将,迁城门校尉。建初二年(77)八月,拜马防行车骑将军事,讨伐金城、陇西叛羌,大破之。次年(78)冬十二月,征还,拜为车骑将军。建初四年(79)封为颍阳侯。建初八年(83),因马廖子马豫事件,免就国。永元四年(92),坐窦宪,徙为翟乡侯。马防子马钜。

马钜(62—?),为常从小侯,深受章帝宠信。建初六年(80),马钜当冠,特拜黄门侍郎。行冠礼,章帝自临冠之。马防卒后,嗣侯位,后为长水校尉。

【考论】《后汉书》卷二十四《马防传》:“(建初)六年(81)正月,以钜当冠,特拜为黄门侍郎。肃宗亲御章台下殿,陈鼎俎,自临冠之。”《礼记·内则》:“二十而冠。”以此推之,马钜当生于永平五年(62)。

○马援三子马光

马光(？—92),永平十二年(69),与兄马防俱拜黄门侍郎。后为越骑校尉,迁执金吾。建初四年(79)封为许侯。建初八年(83),因马廖子马豫事件,免就国。永元二年(90)为侍中。永元四年(92),坐窦宪事件免官,自杀。马光二子马康、马朗。

马康(？—92),黄门侍郎。永元四年(92),父马光坐窦宪免官归郡,马康亦随之归本郡。其父马光自杀后,马康为本郡所杀。

马朗,生卒年不详。马光之子。《后汉书》卷二十四《马防传》:“永初七年,邓太后诏诸马子孙还京师,随四时见会如故事,复诏封光子朗为合乡侯。”可见,马光卒后其国除。

○马援四子马客卿

马客卿(39—49),早卒。《后汉书》卷二十四《马援传》:“客卿幼而歧嶷,年六岁,能应接诸公,专对宾客。尝有死罪亡命者来过,客卿逃匿不令人知。外若讷而内沈敏。援甚奇之,以为将相器,故以客卿字焉。援卒后,客卿亦夭没。”《后汉纪》卷十九《孝明皇帝纪上》:“(永平二年)兄客卿,幼而岐嶷。初,援南定百越,北征匈奴,谋议之士集于门下,客卿年六岁,能应接诸公,专对宾客。尝有死罪亡命者,客卿匿之,不令人知。援甚奇器之,以为壮大必任将相,故以秦时官号字焉。援薨后,客卿早死,太夫人悲伤发疾,恍惚昏乱。”

【考论】据《后汉书·马援传》,马援于建武二十年(44)平定南夷蛮之乱,于建武二十一年(45)秋,出雁门击匈奴。此时,客卿六岁,可见其生于建武十五年(39)。马客卿当与马援同年卒,即卒于建武二十五年(49),年仅十一岁。马客卿卒年不可能晚于建武二十五年(49)。据《后汉书·马皇后纪》记载,马客卿卒时,马皇后十岁。如若马客卿卒年晚于建武二十五年(49),至建初四年(79)卒时,马皇后不足四十岁,与《后汉书·明德马皇后纪》所言“年四十余”不合。

○马援小女马皇后

马援有四女。明德马皇后(40—79),马援小女。据《后汉书》卷十上《皇后纪上·明德马皇后纪》:“少丧父母。兄客卿惠敏早夭,母蔺夫人悲伤发疾慌惚。后时年十岁,干理家事,敕制僮御,内外咨禀,事同成人。……由是选后入太子宫。时年十三。……显宗即位,以后为贵人。……(建初)四年……至六月,崩。在位二十三年,年四十余。”《太平御览》卷一百三十七引司马彪《续汉书》:“孝明明德马皇后,伏波将军新息侯援之女也。后年七岁[①],干治家事,敕制僮御,出入授计,一以贯之。……建武二十八年,年十三,以选入太子宫。”[②]

【考论】马客卿卒时(49),其十岁。以此推之,马皇后当生建武十六年

---

① 《后汉书》和《后汉纪》皆言“十岁”,故此“七”当为“十”之误。

② 李昉等:《太平御览》,中华书局1960年版,第665页。

(40)。十三岁(52)入选太子宫。明帝继位(57),为贵人。永平三年(60),立为皇后。章帝建初四年(79)六月卒,年四十。自为贵人(57)至卒时(79)共二十三年,与《后汉书·马皇后纪》所言“在位二十三年”合。卒时,马皇后四十岁,与《后汉纪·马皇后纪》所言“四十余”大体相合。

○马援女马姜

马援有一女马姜嫁给贾复之五子贾武仲。《贾武仲妻马姜墓记》:“夫人马姜,伏波将军新息忠成侯之女,明德皇后之姊也。……春秋七十三,延平元年七月四日薨。”[1]

【考论】马姜卒于殇帝延平元年(106),年七十三。以此推之,其当生于光武帝建武十年(34)。至建武二十八年(52)时,年已十九岁。《后汉书·马皇后纪》:“后从兄严不胜忧愤,白太夫人绝窦氏婚,求进女掖庭。乃上书曰:‘……援有三女,大者十五,次者十四,小者十三,仪状发肤,上中以上。皆孝顺小心,婉静有礼。愿下相工,简其可否。”故学者认为,马严上书所言“援有三女”指的是未嫁之女,马姜时已嫁于贾氏,故不在三女之内[2]。此说可信。马姜当为马援第一位夫人所生。

○马毅、马棱

《后汉书》卷二十四《马棱传》:“棱字伯威,援之族孙也。少孤,依从兄毅共居业,恩犹同产。毅卒无子,棱心丧三年。建初中,仕郡功曹,举孝廉。”注引《东观记》:“毅,张掖属国都尉。”

【考论】马棱为马援族孙,与马融同辈。章帝建初中,马棱已仕郡功曹、举孝廉,而马融生于建初四年(79),可见马棱长于马融,当为马融族兄。马毅为马棱从兄,可见其亦长于马融,亦是马融族兄。

---

① 高文:《汉碑集释》,河南大学出版社1997年版,第20页。

② 参见杨树达:《汉贾武仲夫人马姜墓门石记跋》,载杨树达《积微居小学金石论丛》,中华书局1955年版,第305页。

卷一　章帝时期(79—88)

章帝建初四年(79)　己卯　一岁

○**马融生**。

《后汉书》卷六十上《马融传》:"马融字季长,扶风茂陵人也,将作大匠(马)严之子。……年八十八,延熹九年卒于家。"《后汉书·马援传》李贤注:"谓固、伉、歆、鱄、融、留、续。"

【考论】马融卒于延熹九年(166),年八十八。以此推之,马融当生于本年。

《东观汉记》卷十二《马融传》注云:"案:融,严第五子。"[①]严可均《全后汉文》卷十八亦认为马融为"严第五子",不知二者何据。《后汉书》卷二十四《马严传》:"肃宗即位,征拜侍御史中丞,除子鱄为郎。……建初元年,迁五官中郎将,除三子为郎。"马严先后保四子为郎。据常理,最先保长子为官,后依次保之。故马鱄当为长子。马严保四子为郎时,马融尚未出生。《后汉书》卷八十四《列女传·曹世叔妻传》:"后又诏融兄马续继昭成之。"注云:"融兄名续,见《马援传》。"《后汉书》明言马续为马融之兄,且李贤注从之。这些表明马严保为郎的四子以及马续皆长于马融,因此,马融不可能是马严第五子。李贤注将马鱄位列第四,将马续列于最末,显然李贤注中马严七子并非依照长幼之序排列。据《后汉书》卷二十四《马严传》记载,马严卒于和帝永元十年(98),年八十二。以此推之,马严当生于王莽天凤四年(17)。马融生时,马严已六十三岁了,而马严卒时,马融年仅二十岁。综合

① 刘珍等:《东观汉记》,影印文渊阁《四库全书》第370册,台湾商务印书馆1986年版,第138页。

以上资料,可以断定马融当为马严第六子或最小子。马严六十三岁之后再生子的可能性比较小,故马融为其最小子可能性最大。

○四月,马廖、马防、马光封侯。五月,马廖、马防、马光皆以特进就第。车骑将军马防罢。

《后汉书》卷二十四《马廖传》:“建初四年,(马廖)遂封为顺阳侯,以特进就第。”《后汉书》卷二十四《马防传》:“四年,封(马)防颍阳侯,(马)光为许侯,兄弟二人各六千户。防以显宗寝病,入参医药,又平定西羌,增邑千三百五十户。屡上表让位,俱以特进就第。”《后汉书》卷十上《皇后纪上·明德马皇后纪》:“四年,天下丰稔,方垂无事,帝遂封三舅廖、防、光为列侯。并辞让,愿就关内侯。……廖等不得已,受封爵而退位归第焉。”《后汉书》卷三《肃宗孝章帝纪》:“(建初四年)五月丙辰,车骑将军马防罢。”《后汉纪》卷十一《孝章皇帝纪上》:“(夏四月)癸卯,封车骑将军防为顺阳侯,卫尉廖为颍阳侯,执金吾光为亲汲侯。廖等既受封,上书让位,天子许焉,皆以特进归第。”《资治通鉴》卷四十六:“夏,四月……癸卯,遂封卫尉廖为顺阳侯,车骑将军防为颍阳侯,执金吾光为许侯。……廖等并辞让,愿就关内侯,帝不许。廖等不得已受封爵而上书辞位,帝许之。五月,丙辰,防、廖、光皆以特进就第。”

【考论】《后汉书》未记诸马封侯及就第月份,此从《资治通鉴》。据上引史料,马防于本年四月封侯,五月罢车骑将军之职。陈邦福《马季长年谱》言“罢车骑之职而封颍阳侯也”[①],颠倒了前后次序,显然误。

《后汉书》多处明言马廖为顺阳侯,马防为颍阳侯,《东观汉记》卷十二《马防传》:“防为颍阳侯。”《后汉纪》却言马防为顺阳侯,马廖为颍阳侯,显然误[②]。另,《后汉书》言马光封为许侯,而《后汉纪》言马光封为亲汲侯,二者不一致,似《后汉纪》误。

○六月,马太后卒,七月葬。马氏失势。

《后汉书》卷三《肃宗孝章帝纪》:“六月癸丑,皇太后马氏崩。秋七月壬

① 陈邦福:《马季长年谱》,吴洪泽、尹波、舒大刚主编:《儒藏·史部·儒林年谱(3)》,四川大学出版社2007年版(影印本),第346页。

② 详情参见周天游:《后汉纪校注》,天津古籍出版社1987年版,第318页。

戌,葬明德皇后。"《后汉书》卷十上《皇后纪上·明德马皇后纪》:"太后其年寝疾,不信巫祝小医,数敕绝祷祀。至六月,崩。在位二十三年,年四十余。"《后汉书》卷二十四《马廖传》:"太后崩后,马氏失势。"

○章帝令马防赐贾逵钱二十万。

《后汉书》卷三十六《贾逵传》:"(贾)逵母常有疾,帝欲加赐,以校书例多,特以钱二十万,使颍阳侯马防与之。"《后汉书》卷二十四《马防传》:"(建初)四年封防颍阳侯。……皇太后崩,明年,拜防光禄勋。"《后汉书》卷三《肃宗孝章帝纪》:"(建初三年)夏四月……行车骑将军马防破烧当羌于临洮。……冬十二月丁酉,以马防为车骑将军。……(四年)五月丙辰,车骑将军马防罢。……六月癸丑,皇太后马氏崩。"

【考论】《后汉书·贾逵传》称马防为"颍阳侯"而不称官职,可能马防时无官职,故赐钱之事,当在马防罢车骑将军之后,任光禄勋之前,故系于本年。

○五月,第五伦作《上疏论窦宪》。

《后汉书》卷四十一《第五伦传》:"及诸马得罪归国,而窦氏始贵,伦复上疏曰……"《后汉纪》卷十一《孝章皇帝纪上》:"(马)廖等既受封,上书让位,天子许焉,皆以特进归第,于是窦氏始贵。司空第五伦上疏曰:'当今承百王之弊,人民文巧……'"

○七月,杨终作《上言宜令诸儒论考五经同异》。

《后汉书》卷四十八《杨终传》:"(杨终)年十三,为郡小吏,太守奇其才,遣诣京师受业,习《春秋》。……终又言:'宣帝博征群儒,论定《五经》于石渠阁。方今天下少事,学者得成其业,而章句之徒,破坏大体。宜如石渠故事,永为后世则。'于是诏诸儒于白虎观论考同异焉。"《资治通鉴》卷四十六:"秋,七月……校书郎杨终建言……"

【考论】《后汉书》未载杨终上书月份,此从《资治通鉴》。

○八月,刘苍作《上言明德皇后在世祖庙坐位》。

《东观汉记》卷五《郊祀志》:建初四年八月,上以公卿所奏明德皇后在世祖庙坐位驳议示东平宪王苍,苍上言:"文、武、宣元祫食高庙,皆以后配。先帝所制,典法设张。《大雅》曰:‘诏哉来御,从其祖武。’又曰:‘不愆不忘,率由旧章。’明德皇后宜配孝明皇帝。”《后汉书》志第九《祭祀志下》刘昭注引谢沈《后汉书》云:“上以公卿所奏明德皇后在世祖庙坐位驳议示苍,上言:‘……明德皇后宜配孝明皇帝于世祖庙,同席而供馔。’”

○十一月,白虎观会议,校定《五经》异同。

《后汉书》卷三《肃宗孝章帝纪》:“十一月……于是下太常、将、大夫、博士、议郎、郎官及诸生、诸儒会白虎观,讲义《五经》同异,使五官中郎将魏应承制问,侍中淳于恭奏,帝亲称制临决,如孝宣甘露石渠故事,作《白虎议奏》。”《后汉书》卷七十九上《儒林列传序》:“建初中,大会诸儒于白虎观,考详同异,连月乃罢。肃宗亲临称制,如石渠故事,顾命史臣,著为《通义》。”《后汉纪》卷十一《孝章皇帝纪上》:“是秋,诏儒会白虎观,议《五经》同异,曰《白虎通》。”《资治通鉴》卷四十六:“名儒丁鸿、楼望、成封、桓郁、班固、贾逵及广平王羡皆与焉。”

○白虎观会议中,魏应掌难问,侍中淳于恭奏之。

《后汉书》卷六十九下《儒林列传下·魏应传》:“(魏)应经明行修,弟子自远方至,著录数千人。肃宗甚重之,数进见,论难于前,特受赏赐。时会京师诸儒于白虎观,讲论《五经》同异,使应专掌难问,侍中淳于恭奏之,帝亲临称制,如石渠故事。”

○丁鸿与桓郁、贾逵等人于白虎观论《五经》同异。

《后汉书》卷三十七《丁鸿传》:“(丁)鸿年十三,从桓荣受《欧阳尚书》,三年而明章句,善论难,为都讲,遂笃志精锐,布衣荷担,不远千里。……肃宗诏鸿与广平王羡及诸儒楼望、成封、桓郁、贾逵等,论定《五经》同异于北宫白虎观,使五官中郎将魏应主承制问难,侍中淳于恭奏上,帝亲制临决。”

○丁鸿于白虎观会议论难最明。

《后汉书》卷三十七《丁鸿传》:“(丁)鸿以才高,论难最明,诸儒称之,帝数嗟美焉。时人叹曰:‘殿中无双丁孝公。’数受赏赐,擢徙校书,遂代成封为少府。”

〇杨终参与白虎观会议。

《后汉书》卷四十八《杨终传》:“于是诏诸儒于白虎观论考同异焉。会终坐事系狱,博士赵博、校书郎班固、贾逵等,以终深晓《春秋》,学多异闻,表请之,终又上书自讼,即日贯出,乃得与白虎观焉。”

〇陈敬王刘羡参与白虎观会议。

《后汉书》卷五十《孝明八王列传·陈敬王羡传》:“(刘)羡博涉经书,有威严,与诸儒讲论于白虎殿。”

〇鲁恭议参与白虎观会议。

《后汉书》卷二十五《鲁恭传》:“十五,与母及(鲁)丕俱居太学,习《鲁诗》,闭户讲诵,绝人间事,兄弟俱为诸儒所称,学士争归之。……肃宗集诸儒于白虎观,(鲁)恭特以经明得召,与其议。”

〇白虎观会议,李育以《公羊》义难贾逵。

《后汉书》卷七十九下《儒林列传下·李育传》:“少习《公羊春秋》。沉思专精,博览书传,知名太学,深为同郡班固所重。……常避地教授,门徒数百。颇涉猎古学。尝读《左氏传》,虽乐文采,然谓不得圣人深意,以为前世陈元、范升之徒更相非折,而多引图谶,不据理体,于是作《难左氏义》四十一年。……四年,诏与诸儒论《五经》于白虎观,育以《公羊》义难贾逵,往返皆理证,最为通儒。”

〇班固作《白虎通德论》。

《后汉书》卷四十上《班固传》:“年九岁,能属文诵诗赋,及长,遂博贯载籍,九流百家之言,无不穷究。所学无常师,不为章句,举大义而已。……天子会诸儒讲论《五经》,作《白虎通德论》,令固撰集其事。”

【考论】对于《白虎通》《白虎通德论》及《白虎议奏》之间的关系,学者们意见不一。一般认为《白虎通》是《白虎通义》的省称。将白虎会议当时的奏章及皇帝的批答编辑成一部书,就称为《白虎议奏》,可以说它是较原始的材料。班固依据这些原始的材料,将议奏产生的统一看法、皇帝的决断等集中编写成书,就称为《白虎通义》①。

○王充作《论衡》。

《后汉书》卷四十九《王充传》:“后到京师,受业太学,师事扶风班彪。好博览而不守章句。家贫无书,常游洛阳市肆,阅所卖书,一见辄能诵忆,遂博通众流百家之言。后归乡里,屏居教授。”《论衡·对作》:“建初孟年,中州颇歉,颍川、汝南民流四散。圣主忧怀,诏书数至。《论衡》之人,奏记郡守,宜禁奢侈,以备困乏。言不纳用,退题记草,名曰《备乏》。酒糜五谷,生起盗贼,沉湎饮酒,盗贼不绝。奏记郡守,禁民酒,退题记草,名曰《禁酒》。”《后汉书》卷四十九《王充传》:“仕郡为功曹,以数谏争不合去。……乃闭门潜思,绝庆吊之礼,户牖墙壁各置刀笔,著《论衡》八十五篇,二十余万言。释物类同异,正时俗嫌疑。”

【考论】王充于建初元年(76)为郡功曹,后“以数谏不合去”。此表明王充此次为官时间不长,故不久便归乡里,潜心作《论衡》。《论衡·佚文》:“孝明世好文人,并征兰台之官,文雄会聚。今上即命,诏求亡失,购募以金,安得不有好文之声?”“今上”指的是章帝。“诏求亡佚,购募以金”,是指以金钱征集散佚图书,当与白虎通会议有关。可见此篇当作于建初四年(79)前后。又《论衡·佚文》:“《论衡》篇以十数,亦一言也,曰:疾虚妄。”此处称《论衡》“篇以十数”,表明《论衡》至此大体完成。故此后王充多自称“《论衡》之人”,以后诸篇多及言及《论衡》。《论衡·须颂》:“《论衡》之人,为此毕精,故有《齐世》《宣汉》《恢国》《验符》。……《论衡》为汉平说。……《论衡》之人,在古荒流之地,其远非徒门庭也。”《论衡·对作》:“是故《论衡》之造也,起众书并失实,虚妄之言胜真美也。”

○太尉牟融卒。

《后汉书》卷二十六《牟融传》:“牟融字子优,北海安丘人也。少博学,以《大夏侯尚书》教授,门徒数百人,名称州里。……建初四年薨,车驾亲临其丧。”

---

① 参见庄述祖:《白虎通义考》,载陈立《白虎通疏证·附录二》,中华书局1994年版,第604—609页;以及钟肇鹏:《〈白虎通义〉的哲学和神学思想》,《中国史研究》1990年第4期。

章帝建初五年(80)　庚辰　二岁

○马防为光禄勋,马光为卫尉。

《后汉书》卷二十四《马防传》:"皇太后崩,明年,拜(马)防光禄勋,(马)光为卫尉。防数言政事,多见采用。"

○马防作《奏上迎气乐》。

《后汉书》卷三《肃宗孝章帝纪》:"冬,始行月令迎气乐。"《后汉书》卷二十四《马防传》:"是冬始施行十二月迎气乐,(马)防所上也。"《后汉书》志第一《律历志上》注引《薛莹书》曰:"上以太常乐丞鲍邺等上乐事,下车骑将军马防。防奏言:'建初二年七月,邺上言:"王者饮食,必道须四时五味,故有食举之乐,所以顺天地,养神明,求福应也。移风易俗,莫善于乐。乐者天地之和,不可久废。今官乐但有太簇,皆不应月律。可作十二月均,各应其月气,乃能顺天地,和气宜应。明帝始令灵台六律候,而未设其门。《乐经》曰十二月行之。所以宣所丰物也。月开斗建之门,而奏歌其律。诚宜施行。愿与待诏严崇及能作乐器者共作治,考工给所当。"诏下太常。太常上言:"作乐器直钱百四十六万,请太仆作成上。"奏寝。今明诏下臣防,臣辄问邺及待诏知音律者,皆言圣人作乐,所以宣气致和,顺阴阳也。……'"《隋书》卷十五《音乐志下》:"按《东观书·马防传》:大予丞鲍邺等上作乐事,下防。防奏言曰……其条贯甚具,遂独施行。起于十月,为迎气之乐矣。"

○二月,鲁恭拜中牟令。

《后汉书》卷二十五《鲁恭传》:"建初初,(鲁)丕举方正,恭始为郡吏。太傅赵憙闻而辟之。……憙复举恭直言,特诏公车,拜中牟令。"《后汉书》卷三《肃宗孝章帝纪》:"(五年五月)戊辰,太傅赵憙薨。"

【考论】考之《后汉书·章帝纪》,自建初以来,至本年二月,举直言仅此一次,而本年五月太傅赵憙卒。故赵憙荐鲁恭以及鲁恭为牟令当在本年。

○十月,始行月令迎气乐。

《后汉书》卷三《肃宗孝章帝纪》:"冬,始行月令迎气乐。"《后汉书》卷二十四《马防传》:"是冬始施行十二月迎气乐,(马)防所上也。"《隋书》卷十五

《音乐志下》："按《东观书·马防传》：大予丞鲍邺等上作乐事，下防。防奏言曰……其条贯甚具，遂独施行。起于十月，为迎气之乐矣。"

【考论】《后汉书》未载始行迎气乐月份，此从《隋书·音乐志下》。

○**梁鸿作《五噫歌》。**

《后汉书》卷八十三《逸民列传·梁鸿传》："后受业太学，家贫而尚节介，博览无不通，而不为章句。……乃共入霸陵山中，以耕织为业，咏《诗》《书》，弹琴以自娱。仰慕前世高士，而为四皓以来二十四人作颂。因东出关，过京师，作《五噫之歌》曰……肃宗闻而非之，求鸿不得。乃易姓运期，名耀，字侯光，与妻子居齐鲁之间。"《后汉纪》卷十一《孝章皇帝纪上》："五年……是时承平久，宫室台榭渐为壮丽，扶风梁鸿作《五噫歌》曰……上闻而非之，求索不得。鸿乃逃会稽，依大家皋伯通，以赁舂为事。"

【考论】梁鸿作《五噫之歌》时间不详，此从《后汉纪》，系于本年。

○**陈宠作《省刑疏》。**

《后汉书》卷四十六《陈宠传》："三迁，肃宗初，为尚书。是时承永平故事，吏政尚严切，尚书决事率近于重。宠以帝新即位，宜改前世苛俗。乃上疏曰……帝敬纳宠言，每事务于宽厚。其后遂诏有司，绝钻钻诸惨酷之科，解妖恶之禁，除文致之请献五十余事，定著于令。是后人俗和平，屡有嘉瑞。"《后汉纪》卷十一《孝章皇帝纪上》："五年……是时用永平故事，吏治尚严，尚书决事类近于重。尚书陈宠上疏曰……帝纳宠言，每事务于宽厚。其后遂诏有司禁绝惨酷之制五十余事。"

○**杨终受诏删《太史公书》为十余万言。**

《后汉书》卷四十八《杨终传》："终又上书自讼，即日贳出，乃得与白虎观焉。后受诏删《太史公书》为十余万言。"

【考论】杨终受诏删《史记》在白虎观会议之后，具体时间不详，故暂系于本年。《后汉书集解》引周寿昌曰："《隋书·经籍志》：'《卫飒史要》十卷，约《史记》要言，绎类相从。'飒当建武时。本传不载。终在显宗建初间，又后于飒。又应奉《汉事》七十卷，亦去删《史记》《汉书》及《汉纪》，则史公书在东汉羼被删削。然世所行原本也。”①

○**班超作《上言宜招慰乌孙》**。

《后汉书》卷四十七《班超传》：“平陵人徐幹素与（班）超同志，上疏愿奋身佐超。五年，遂以幹为假司马，将驰刑及义从千人就超。……会徐幹适至，超遂与幹击番辰，大破之。斩首千余级，多获生口。超既破番辰，欲进攻龟兹。以乌孙兵强，宜因其力，乃上言：‘乌孙大国，控弦十万，故武帝妻以公主，至孝宣皇帝，卒得其用。今可遣使招慰，与共合力。’帝纳之。”《后汉书》卷三《肃宗孝章帝纪》：“是岁……西域假司马班超击疏勒，破之。”

【考论】《后汉书·章帝纪》言“假司马”，误。《后汉书》卷四十七《班超传》：“十六年，奉车都尉窦固出击匈奴，以超为假司马。……超晓告抚慰，遂纳子质。还奏于窦固，固大喜，具上超功效，并求更选使使西域，帝壮超节，诏固曰：‘吏如班超，何故不遣而更选乎？今以超为军司马，令遂前功。’……十八年，帝崩。……肃宗初即位……”可见，班超早于明帝时已由假司马迁为军司马，故徐幹得以授予“假司马”之职。

○**郑璩作《拜内史上疏》**。

《东观汉记》卷十六《郑璩传》：“郑璩，字平卿，黎阳人也。建初五年，辟司徒府，拜侍御史。上疏曰：‘臣斗筲之小吏……’由是显名，转司隶校尉。”

章帝建初六年（81）　辛巳　三岁

○**马融父马严征拜太中大夫，后迁将作大匠**。

《后汉书》卷二十四《马严传》：“二年，拜陈留太守。……典郡四年，坐与宗正刘轶、少府丁鸿等更相属托，征拜太中大夫。十余日，迁将作大匠。”

○**正月，马防子马钜为黄门侍郎，章帝亲为之冠**。

《后汉书》卷二十四《马防传》：“子钜，为常从小侯。六年正月，以钜当冠，特拜为黄门侍郎。肃宗亲御章台下殿，陈鼎俎，自临冠之。”

---

① 王先谦：《后汉书集解》，中华书局1984年版，第562页。《后汉书集解》所引《隋书·经籍志》，与今本《隋书·经籍志》略有差异。《隋书》卷三十三《经籍志二》：“《史要》十卷，汉桂阳太守卫飒撰。约《史记》要言，以类相从。”

○七月,郑众为大司农,反对复盐铁官。

《后汉书》卷三《肃宗孝章帝纪》:“六月丙辰,太尉鲍昱薨。……秋七月癸巳,以大司农邓彪为太尉。”《后汉书》卷三十六《郑众传》:“年十二,从父受《左氏春秋》,精力于学,明《三统历》,作《春秋难记条例》,兼通《易》《诗》,知名于世。……建初六年,代邓彪为大司农。是时肃宗议复盐铁官,众谏以为不可。诏数切责,至被奏劾,众执之不移。帝不从。”

【考论】本年六月太尉鲍昱卒,故七月以大司农邓彪为太尉。郑众为大司农当在邓彪由大司农升迁为太尉之后,故系于七月。

○贾逵作《古文尚书同异》《诗同异》《周官解故》,迁卫士令。

《后汉书》卷三十六《贾逵传》:“逵数为帝言《古文尚书》与经传《尔雅》训诂相应,诏令撰《欧阳》《大小夏侯尚书古文》同异,逵集为三卷,帝善之。复令撰《齐》《鲁》《韩诗》与《毛氏》异同,并作《周官解故》,迁逵为卫士令。八年,乃诏诸儒各选举高才生,受《左传》《穀梁春秋》《古文尚书》《毛诗》。”

【考论】刘汝霖《汉晋学术编年》将贾逵此三种著作系于建初六年(81):“按《贾逵传》有帝使颍阳侯马防赐钱二十万之事,考防以建初四年为颍阳侯,七年乞骸骨,则其赐逵当在七年与四年之间也。赐逵后乃有撰书之事,当非短时可成,故志之于此。”[①]此说颇有道理,今从之。

章帝建初七年(82)　壬午　四岁

○将作大匠马严坐事免官,不仕。

《后汉书》卷二十四《马严传》:“七年,复坐事免。后既为窦氏所忌,遂不复在位。”

○马防以特进就第。

《后汉书》卷二十四《马防传》:“六年正月……明年,防复以病乞骸骨,诏赐故中山王田庐,以特进就第。”

○三月,章帝赐东平王刘苍秘书。

《后汉书》卷四十二《光武十王列传·东平宪王苍传》:“三月,大鸿胪奏

---

① 刘汝霖:《汉晋学术编年》,华东师范大学出版社2010年版,296页。

遣诸王归国,帝特留(刘)苍,赐以秘书,列仙图、道术秘方。”

〇**宋贵人卒**。

《后汉书》卷五十五《章帝八王列传·清河孝王庆传》:“庆出居承禄观。数月,窦后讽掖庭诬奏前事,请加验实。七年,帝遂废太子庆而立皇太子肇。……遂出贵人姊妹置丙舍,使小黄门蔡伦考实之,皆承讽旨傅致其事,乃载送暴室。二贵人同时饮药自杀。帝犹伤之,敕掖庭令葬于樊濯聚。”《后汉书》卷十上《皇后纪上·章德窦皇后纪》:“初,宋贵人生皇太子庆,梁贵人生和帝。后既无子,并疾忌之,数间于帝,渐致疏嫌。因诬宋贵人挟邪媚道,遂自杀,废庆为清河王。”《后汉纪》卷十一《孝章皇帝纪上》:“初,宋贵人有宠,生太子庆。会窦后宠盛,心恶贵人,外令兄弟求宋氏微过,内令御者伺察贵人。贵人尝病,思生菟,令家求之。窦后诬言欲咒诅,上信之,出贵人姊妹于丙舍,使小黄门蔡伦考之。窦后讽厉考者皆致以巫蛊事,送暴室。二贵人同时饮药死,并葬于濯龙中。”

【考论】据《后汉书·皇后纪上》记载,宋贵人卒后,原太子庆废为清河王。

〇**六月,废太子庆为清河王,以皇子肇为皇太子**。

《后汉书》卷三《肃宗孝章帝纪》:“夏六月甲寅,废皇太子庆为清河王,立皇子肇为皇太子。”《后汉书》卷五十五《章帝八王列传·清河孝王庆传》:“七年,帝遂废太子庆而立皇太子肇。肇,梁贵人子也。乃下诏曰:‘皇太子有失惑无常之性,爰自孩乳,至今益章,恐袭其母凶恶之风,不可以奉宗庙,为天下主。大义灭亲,况降退乎!今废庆为清河王。皇子肇保育皇后,承训怀衽,导达善性,将成其器。盖庶子慈母,尚有终身之恩,岂若嫡后事正义明哉!今以肇为皇太子。’”

〇**十月,韦彪作《建言封萧何等后裔》**。

《后汉书》卷二十六《韦彪传》:“好学洽闻,雅称儒家。……建初七年,车驾西巡狩,以彪行太常从,数召入,问以三辅旧事,礼仪风俗。彪因建言:‘今西巡旧都,宜追录高祖、中宗功臣,褒显先勋,纪其子孙。’帝纳之。行至长安,乃制召京兆、右扶风求萧何、霍光后。时光无苗裔,唯封何末孙熊为酂侯。建初二年已封曹参后曹湛为平阳侯,故不复及焉。乃厚赐彪钱珍羞食物,使归平陵上冢。还,拜大鸿胪。"《后汉纪》卷十一《孝章皇帝纪上》:"冬十月,行幸长安,祀园陵。上召奉车都尉韦彪,问以三辅旧事,彪对讫,因言巡省旧都,宜录先帝功臣及其子孙。上嘉纳焉,即封萧何、曹参、霍光后为列侯,擢为鸿胪卿。"

○郑众作《春秋删》。

《后汉书》卷三十六《郑众传》:"建初六年,代邓彪为大司农。是时肃宗议复盐铁官,众谏以为不可。诏数切责,至被奏劾,众执之不移。帝不从。在位以清正称。其后受诏作《春秋删》十九篇。八年,卒官。"

【考论】郑众建初六年(81)为大司农,建初八年(83)卒,故其作《春秋删》当在本年。

○王景作《金人论》,颂洛邑之美。

《后汉书》卷七十六《循吏列传·王景传》:"建初七年,迁徐州刺史。先是杜陵杜笃奏上《论都赋》,欲令车驾迁还长安。耆老闻者,皆动怀土之心,莫不眷然伫立西望。景以宫庙已立,恐人情疑惑,会时有神雀诸瑞,乃作《金人论》,颂洛邑之美,天人之符,文有可采。"

○杨终作《戒卫尉马廖书》。

《后汉书》卷四十八《杨终传》:"时太后兄卫尉马廖,谨笃自守,不训诸子。终与廖交善,以书戒之曰……廖不纳。子豫后坐县书诽谤,廖以就国。"《后汉书》卷二十四《马廖传》:"太后崩后,马氏失势,廖性宽缓,不能教勒子孙,豫遂投书怨诽。又防、光奢侈,好树党与。八年,有司奏免豫,遣廖、防、光就封。"

【考论】明年(83)马氏败,杨终此文当作于马氏败之前,故系于本年。《资治通鉴》卷四十六将杨终此文系于马氏败时,显然是出于史书体例,不可信从。

○班固撰成《汉书》。

《后汉书》卷四十上《班固传》:"父彪卒,归乡里。固以彪所续前史未详,乃潜精研思,欲就其业。……固自永平中始受诏,潜精积思二十余年,至建初中乃成。"

【考论】建武三十年(54)班彪卒,班固始有志于作《汉书》。自永平元年(58)受诏作《汉书》至本年,前后共二十四年。《后汉书》卷八十四《列女传·曹世叔妻传》:"兄固著《汉书》,其八表及《天文志》未及竟而卒。"班固卒于和帝永元四年(92)。此表明章帝时,班固仅完成了纪、传等主体部分,全书可能没有全部完成。

○窦固代马防为光禄勋。

《后汉书》卷二十三《窦固传》:"七年,代马防为光禄勋。"

章帝建初八年(83)　癸未　五岁

○马氏败,马廖、马防、马光归封地。马廖之子马豫卒。

《后汉书》卷二十四《马廖传》:"子豫,为步兵校尉。太后崩后,马氏失势,廖性宽缓,不能教勒子孙,豫遂投书怨诽。又防、光奢侈,好树党与。八年,有司奏免豫,遣廖、防、光就封。豫随廖归国,考击物故。"《后汉书》卷二十四《马防传》:"八年,因兄子豫怨谤事,有司奏防、光兄弟奢侈逾僭,浊乱圣化,悉免就国。"

【考论】《东观汉记》卷十二《马廖传》:"司隶校尉梁松奏特进防、光、廖、廖子豫,三家奴婢千人,兄弟父子并受爵土,荣显冠世,多买京师膏腴美田,作大庐,近带城郭,妨困小民。"王先谦曰:"据《松传》卒于显宗永平四年,马氏之败在肃宗建初八年,松殁久矣。"[①]王氏所言甚是,《东观汉记》显然误记[②]。据《后汉书》卷四十五《袁安传》,袁安自永平十六年(73)为河南尹,"在职十年,京师肃然,名重朝廷",直至章帝建初八年(83),方迁为太仆。时马氏兄弟均任职于京师,故马氏兄弟可能为袁安所弹劾。

○马援族孙马棱征拜谒者。

《后汉书》卷二十四《马棱传》:"棱字伯威,援之族孙也。……建初中,仕郡功曹,举孝廉。及马氏废,肃宗以棱行义,征拜谒者。"

---

① 王先谦:《后汉书集解》,中华书局1984年版,第312页。

② 严可均认为"此盖别有一梁松也",似不确。严可均辑:《全后汉文》,商务印书馆1999年版,第329页。

○正月,东平王刘苍卒,诏令封上刘苍所作文章。

《后汉书》卷三《肃宗孝章帝纪》:“八年春正月壬辰,东平王苍薨。”《后汉书》卷四十二《光武十王列传·东平宪王苍传》:“明年正月薨,诏告中傅,封上苍自建武以来章奏及所作书、记、赋、颂、七言、别字、歌诗,并集览焉。”又见《后汉纪》卷十二《孝章皇帝纪下》。

○三月,东平王刘苍葬,章帝作《东平宪王哀策》。

《后汉书》卷三《肃宗孝章帝纪》:“三月辛卯,葬东平宪王,赐銮辂、龙旂。”《后汉书》卷四十二《光武十王列传·东平王刘苍传》:“遣大鸿胪持节,五官中郎将副监丧,及将作使者凡六人,令四姓小侯诸国王主悉会诣东平奔丧,赐钱前后一亿,布九万匹。及葬,策曰……”又见《后汉纪》卷十二《孝章皇帝纪下》。

【考论】《隋书》卷三十五《经籍志四》载梁时有《东平王苍集》五卷,唐初已佚。今存文九篇,诗一首。

○六月,班固作《匈奴和亲议》。

《后汉书》卷三《肃宗孝章帝纪》:“八年……夏六月,北匈奴大人率众款塞降。”《后汉书》卷八十九《南匈奴传》:“八年,北匈奴三木楼訾大人稽留斯等率三万八千人、马二万匹、牛羊十余万,款五原塞降。”《后汉书》卷四十下《班固传》:“时北单于遣使贡献,欲求和亲,诏问群僚。议者或以为:‘匈奴变诈之国,无内向之心……今若遣使,恐失南虏亲附之欢,而成北狄猜诈之计,不可。’固议曰……”

○十二月,诏书辟四科取士。

《后汉书》卷四《和帝纪》注:“《汉官仪》:‘建初八年十二月己未,诏书辟士四科:一曰德行高妙,志节清白;二曰经明行修,能任博士;三曰明晓法律,足以决疑,能案章覆问,文任御士;四曰刚毅多略,遭事不惑,明足照奸,勇足决断,才任三辅令。皆存孝悌清公之行。自今已后,审四科辟召,及刺史、二千石察举茂才尤异孝廉吏,务实校试以职。有非其人,不习曹事,正举得故不以实法。’”《论衡·超奇》:“诏书每下,文义经传四科,诏书斐然,郁郁好文之明验也。”

【考论】据方诗铭、方小芬编著《中国史历日和中西历日对照表》，本年十二月无己未日，而十一月有己未日，《汉官仪》“十二月”或为“十一月”之误。

○十二月，贾逵受诏选高才生受《左传》《穀梁传》《古文尚书》《毛诗》四经。

《后汉书》卷三《肃宗孝章帝纪》：“冬十二月……诏曰：‘《五经》剖判，去圣弥远，章句遗辞，乖疑难正，恐先师微言将遂废绝，非所以重稽古，求道真也。其令群儒选高才生，受学《左氏》《穀梁春秋》《古文尚书》《毛诗》，以扶微学，广异义焉。”《后汉书》卷三十六《贾逵传》：“八年，乃诏诸儒各选高才生，受《左氏》《穀梁春秋》《古文尚书》《毛诗》。由是四经遂行于世，皆拜逵所选弟子及门生为千乘王国郎，朝夕受业黄门署，学者皆欣欣羡慕焉。”《后汉纪》卷十二《孝章皇帝纪下》：“（八年冬十一月）戊申，诏曰：‘《五经》剖判，去对弥远，章句传说，难以正义，恐先师道丧，微言遂绝，非所以稽古求道也。其令诸儒学《古文尚书》《毛诗》《穀梁》《左氏传》，以扶明学教，网罗圣旨。’”

【考论】据方诗铭、方小芬编著《中国史历日和中西历日对照表》，本年十一月无戊申日，而十二月有戊申日，可见《后汉纪》“十一月”当为“十二月”之误。

○韦彪作《郡国贡举议》。

《后汉书》卷二十六《韦彪传》：“建初七年，车驾西巡狩，以彪行太常从……还，拜大鸿胪。是时，陈事者多言郡国贡举率非功次，故守职益懈而吏事浸疏，咎在州郡。有诏下公卿朝臣议。彪上议曰……帝深纳之。”

【考论】《后汉书》卷三《肃宗孝章帝纪》：“（建初七年）冬十月癸丑，西巡狩，幸长安。……十二月丁亥，车驾还宫。”章帝这次西巡狩于冬十二月丁亥还宫，故韦彪此文当作于次年。《资治通鉴》卷四十六系于元和元年（84），不知何据。

○窦固代马光为卫尉。

《后汉书》卷二十三《窦固传》：“明年，复代马光为卫尉。”

【考论】《后汉书》卷二十三《窦固传》“马光”原文作“马防”，显然误。据《马防传》，建初五年（80），马防为光禄勋，马光为卫尉。《窦固传》：“七年，代马防为光禄勋。明年,复代马防为卫尉。"《马防传》言马防于七年病乞骸骨"以特进就第",此时其弟马光正为卫尉,马防不可能由光禄勋转为卫尉。本年,因马廖之子马豫事件,马氏兄弟"悉免就国",马光亦被罢卫尉一职。可见,窦固是代马光为卫尉,而不是马防。陈邦福《马季长年谱》认为马防罢光禄勋之后"明年复拜防为卫尉"[①],显然与《马防传》不合。章帝让窦固接任马氏兄弟职务,足见马氏废而窦氏兴。

〇李育因马氏败而免官。

《后汉书》卷七十九下《儒林列传下·李育传》:"建初元年(76),卫尉马廖举育方正,为议郎,后拜博士。……及马氏废,育坐为所举免归。"

〇傅毅因马氏败而免官。

《后汉书》卷八十上《文苑列传上·傅毅传》:"建初中,肃宗博召文学之士,以毅为兰台令史,拜郎中,与班固、贾逵共典校书。……车骑将军马防,外戚尊重,请毅为军司马,待以师友之礼。及马氏败,免官归。"

〇郑众卒。

《后汉书》卷三十六《郑众传》:"八年,卒于官。"

【考论】郑众著有《毛诗传》、《婚礼》、《周官解诂》、《春秋难记条例》九卷、《春秋删》十九篇、《春秋外传训注》、《孝经注》二卷、《牒例章句》九卷等[②]。黄奭《黄氏逸书考》辑有《郑众易义》,马国翰《玉函山房辑佚书》辑有《周礼郑司农解诂》六卷、《郑氏婚礼》一卷、《郑众春秋牒例章句》,王仁俊《玉函山房辑佚书续编》辑有《周易郑司农注》一卷、《毛诗先郑义》一卷,严可均《全后汉文》辑有《婚礼》《婚礼谒文》等。

〇梁竦卒。

《后汉书》卷三十四《梁竦传》:"竦字叔敬,少习《孟氏易》,弱冠能教授。后坐兄松事,与弟恭俱徙九真。既徂南土,历江、湖,济沅、湘,感悼子胥、屈原以非辜沉身,乃作《悼骚赋》,系玄石而沉之。显宗后诏听还本郡。竦闭门自养,以经籍为娱,著书数篇,名曰《七序》。……有三男三女,肃宗纳其二

---

① 陈邦福:《马季长年谱》,吴洪泽、尹波、舒大刚主编:《儒藏·史部·儒林年谱(3)》,四川大学出版社2007年版(影印本),第346页。

② 参见刘汝霖:《汉晋学术编年》,华东师范大学出版社2010年版,第297页。

女，皆为贵人。小贵人生和帝，窦皇后养以为子，而竦家私相庆。后诸窦闻之，恐梁氏得志，终为己害，建初八年，遂谮杀二贵人，而陷竦等以恶逆。诏使汉阳太守郑据传考竦罪，死狱中，家属复徙九真。辞语连及舞阴公主，坐徙新城，使者护守。宫省事密，莫有知和帝梁氏生者。"《后汉纪》卷十四《孝和皇帝纪下》："初，梁贵人生和帝，窦后以为己子。养而隐之。贵人者，梁竦女也。……竦生二男三女：长男棠及翟，长女凭及二贵人。初，肃宗选良家女，贵人与姊以选入宫，得幸于帝，生和帝。竦不胜喜，与舞阴长公主（梁松妻）私相庆，语泄，闻于窦氏。窦氏欲专名太子外家，心恶梁氏，欲毁贬之，乃诬以恶逆。诏郡县考竦，死狱中，家属徙九真。舞阴公主居新野，使者护守之。贵人与姊以忧死，葬礼有阙。"

○**荀淑生**。

《后汉书》卷六十二《荀淑传》："年六十七，建和三年卒。"

【**考论**】荀淑卒于建和三年（149），年六十七，以此推之，其当生于本年。

章帝建初九年　章帝元和元年（84）　甲申　六岁

○**正月，班固奏用《周颂·载芟》祠先农**。

《南齐书》卷十一《乐志》："藉田歌辞，汉章帝元和元年，玄武司马班固奏用《周颂·载芟》祠先农。"《通典》卷一百四十一《乐一》："章帝元和元年，籍田，玄武司马班固奏：'籍田，歌辞用《商颂·载芟》，祠先农。'自东京大乱，绝无金石之乐，乐章亡缺，不可复知。"《通典》卷四十六《礼六》："章帝元和中正月，北巡耕于怀县。"

○**正月，章帝耕于怀**。

《通典》卷一百四十一《乐一》："章帝元和元年，籍田。"《通典》卷四十六《礼六》："章帝元和中正月，北巡耕于怀县。其籍田仪：正月始耕，常以乙日，祠先农及耕于乙地。昼漏上水初纳，执事告祠先农，已享。耕日，以太牢祭先农于田所。耕时，有司请行事，就耕位，天子、三公、九卿、诸侯、百官以次耕。推数如周法。力田种櫌各讫，有司告事毕。是月，命郡国守皆劝人始耕。"

【考论】《后汉书》及《后汉纪》均未载此次籍田礼,幸《通典》详载之。

〇六月,韦彪作《上疏谏置选职不以才》。

《后汉书》卷二十六《韦彪传》:"彪以世承二帝吏化之后,多以苛刻为能,又置选职,不必以才,因盛夏多寒,上疏谏曰:'臣闻政化之本,必顺阴阳。伏见立夏以来,当暑而寒,殆以刑罚刻急,郡国不奉时令之所致也。农人急于务而苛吏夺其时,赋发充常调而贪吏割其财,此其巨患也。夫欲急人所务,当先除其所患。天下枢要,在于尚书。尚书之选,岂可不重?……'书奏,帝纳之。"《资治通鉴》卷四十六:"六月……彪又上疏曰:'天下枢要,在于尚书……'帝皆纳之。"

【考论】《后汉书·韦彪传》和韦彪上书皆言"盛夏多寒""当暑而寒",考之《后汉书》等,并无相关记载。《资治通鉴》卷四十六系于本年六月,当出有据,故此从之。

〇八月,改元元和。

《后汉书》卷三《肃宗孝章帝纪》:"(八月癸酉)诏曰:'……其改建初九年为元和元年。'"

〇八月,章帝南巡,十一月车驾还宫。

《后汉书》卷三《肃宗孝章帝纪》:"八月……丁酉,南巡狩。……九月……辛丑,幸章陵,祠旧宅园庙,见宗室故人,赏赐各有差。冬十月己未,进幸江陵,诏庐江太守祠南岳。……十一月己丑,车驾还宫"

〇崔骃作《南巡颂》。

《后汉书》卷三《肃宗孝章帝纪》:"八月……丁酉,南巡狩,诏所经道上,郡县无得设储跱。"《后汉书》卷五十二《崔骃传》:"年十三能通《诗》《易》《春秋》,博学有伟才,尽通古今训诂百家之言,善属文。少游太学,与班固、傅毅同时齐名。常以典籍为业,未遑仕进之事。……元和中,肃宗始修古礼,巡狩方岳。骃上《四巡颂》以称汉德,辞甚典美,文多,故不载。"《南巡颂序》:"建初九年,秋谷始登,改历元和……"

【考论】崔氏《南巡颂》,严可均《全后汉文》所录仅为佚文,全文可见于

《文馆词林》卷三百四十六①。

○班固作《南巡颂》。

班固《南巡颂》云："惟汉再受命，系叶十一……既禘祖于西都，又将袷于南庭。"

【考论】《后汉书》卷三十五《曹褒传》元和二年诏引《河图》："赤九会昌，十世以光，十一以兴。"注："九谓光武，十谓明帝，十一谓章帝也。"可见此文作于章帝时。《后汉书》卷三《肃宗孝章帝纪》："（七年）冬十月癸丑，西巡狩，幸长安。丙辰，祠高庙，遂有事十一陵。"此与班固文"祖于西都"相合。章陵，刘秀父亲刘钦之陵墓。《后汉书》卷一下《光武帝纪下》："（建武十一年）三月己酉，幸南阳。还，幸章陵，祠园陵。"此次南巡章帝曾"幸章陵，祠旧宅园庙"，此与文中"袷于南庭"相合。故知此颂当作于本年②。陆侃如《中古文学系年》"再受命指章帝以前的光武与昭帝，十一指章和以前的建初八年与元和三年"③，显然是误解，将此文系于和章元年（87），显然误。章和元年八月，章帝虽南巡，但仅"遣使祠沛高原庙"，并非亲祭其祖先，与班固文中"袷于南庭"不合。《太平御览》卷五百八十八引此颂，标明作者为班固，而《古文苑》卷二十一则标明作者为"蔡邕"，显然误。

○十二月，解妖言禁。

《后汉书》卷三《肃宗孝章帝纪》："十二月壬子，诏曰：'……往者妖言大狱，所及广远，一人犯罪，禁至三属，莫得垂缨仕宦王朝。如有贤才而没齿无用，朕甚怜之，非所谓与之更始也。诸以前妖恶禁锢者，一皆蠲除之，以明弃咎之路，但不得在宿卫而已。'"

○鲁丕拜赵相，作《奏止赵王避疾学官》。

《后汉书》卷二十五《鲁丕传》："元和元年征，再迁，拜赵相。门生就学者常百余人，关东号之曰'《五经》复兴鲁叔陵'。赵王商尝欲避疾，便时移住学官，丕止不听。王乃上疏自言，诏书下丕。丕奏曰：'臣闻《礼》，诸侯薨于

---

① 罗国威：《日藏弘仁本文馆词林校证》，中华书局 2001 年版，第 102—104 页。

② 《中国文学编年史》（汉魏卷）："章帝章和元年秋虽另有一次南巡，然其年（87）秋冬班固正处于丁忧期间，似不应有作颂事，故班固《南巡颂》当作于此年冬。"石观海主编：《中国文学编年史》（汉魏卷），湖南人民出版社 2006 年版，第 230 页。

③ 陆侃如：《中古文学系年》，人民文学出版社 1985 年版，第 112 页。

路寝,大夫卒于嫡室,死生有命,未有逃避之典也。学官传五帝之道,修先王礼乐教化之处,王欲废塞以广游宴,事不可听。’诏从丕言,王以此惮之。”

【考论】严可均《全后汉文》作“学宫”,据《后汉书·鲁丕传》,当作“学官”更为合理。

○孔僖作《上书自讼》,下诏勿问,拜为兰台令史

《后汉书》卷七十九上《儒林列传上·孔僖传》:“自安国以下,世传《古文尚书》《毛诗》。……僖与崔篆孙骃复相友善,同游太学,习《春秋》。……事下有司,骃诣吏受讯。僖以吏捕方至,恐诛,乃上书肃宗自讼曰……帝始亦无罪僖等意,及书奏,立诏勿问,拜僖兰台令史。”《资治通鉴》卷四十六:“(元和元年)鲁国孔僖、涿郡崔骃同游太学……书奏,帝立诏勿问,拜僖兰台令史。”

【考论】《后汉纪》卷十二《孝章皇帝纪下》:“(元和三年)孔僖、崔骃同习《春秋》,语吴王夫差时事,僖废书而叹曰……上始无罪骃等意,及得(孔)僖奏,下制勿问。僖以才学为郎,校书东观。”《后汉纪》显然误。此次孔僖仅为兰台令史,直至明年章帝东巡至鲁,祠孔子之后方拜孔僖为郎中。兰台令史秩仅百石,而郎中秩比三百石。

○殷肜作《上言召严崇子宣》。

《后汉书》志第一《律历志上》:“元和元年,待诏候钟律殷肜上言:‘官无晓六十律以准调音者,故待诏严崇具以准法教子男宣,宣通习,愿召宣补学官,主调乐器。’诏曰:‘崇子学审晓律,别其族、协其声者,审试。不得依托父学,以聋为聪。声微妙,独非莫知,独是莫晓。以律错吹,能知命十二律不失一,方为能传崇学耳。’”

○曹褒上疏,建议制礼。

《后汉书》卷三十五《曹褒传》:“褒少笃志,有大度,结发传(曹)充业,博雅疏通,尤好礼事。常感朝廷制度未备,慕叔孙通为汉礼仪,昼夜研精,沉吟专思,寝则怀抱笔札,行则诵习文书,当其念至,忘所之适。……元和二年下诏曰……褒知帝旨欲有兴作,乃上疏曰:‘昔者圣人受命而王,莫不制礼作乐,以著功德。功成作乐,化定制礼,所以救世俗,致祯祥,为百姓获福于皇天者也。今皇天降祉，嘉瑞并臻，制作之符，甚于言语。宜定文制，著成汉礼，丕显祖宗盛德之美。’章下太常，太常巢堪以为一世大典，非褒所定，不可许。”

〇**黄香受诏诣东观，读所未见书。**

《后汉书》卷八十上《文苑列传上·黄香传》：“香家贫，内无仆妾，躬执苦勤，尽心奉养。遂博学经典，究精道术，能文章，京师号曰‘天下无双江夏黄童’。初除郎中，元和元年，肃宗诏香诣东观，读所未尝见书。”

〇**伏恭卒。**

《后汉书》卷七十九下《儒林列传下·伏恭传》：“伏恭字叔齐，琅邪东武人，司徒湛之兄子也。湛弟黯，字雅文，以明《齐诗》，改定章句，作《解说》九篇，位至光禄勋，无子，以恭为后。恭性孝，事所继母甚谨，少传黯学，以任为郎。……四年，帝临辟雍，于行礼中拜恭为司空，儒者以为荣。……初，父黯章句繁多，恭乃省减浮辞，定为二十万言。……建初二年冬，肃宗行飨礼，以恭为三老。年九十，元和元年卒，赐葬显节陵下。”

章帝元和二年(85)　乙酉　七岁

〇**二月甲寅，始用《四分历》。**

《后汉书》卷三《肃宗孝章帝纪》：“二月甲寅，始用《四分历》。”《后汉书》志第二《律历志中》：“至元和二年……二月甲寅，遂下诏曰：‘……今改行《四分》，以遵于尧，以顺孔圣奉天之文。……’于是《四分》施行。”《资治通鉴》卷四十七：“《太初历》施行百余年，历稍后天。上命治历编䜣、李梵等综校其状，作《四分历》。二月甲寅，始施行之。”

〇**二月，贾逵等论历。**

《后汉书》志第二《律历志中》：“至元和二年，《太初》失天益远，日月宿度相觉浸多……于是《四分》施行。……行之未期，章帝复发圣思，考之经谶，使左中郎将贾逵问治历者卫承、李崇、太尉属梁鲔、司徒掾严勖、太子舍人徐震、钜鹿公乘苏统及(编)䜣、(李)梵数十人。……逵论集状，后之议者，用得折衷，故详录焉。”

○二月,章帝东巡,耕于定陶。四月,车驾还宫。

《后汉书》卷三《肃宗孝章帝纪》:“(二月)丙辰,东巡狩。己未,凤皇集肥城。乙丑,帝耕于定陶。……使使者祠唐尧于成阳灵台。辛未,幸太山,柴告岱宗。有黄鹄三十从西南来,经祠坛上,东北过于宫屋,翱翔升降。进幸奉高。壬申,宗祀五帝于汶上明堂。癸酉,告祠二祖、四宗,大会外内群臣。……夏四月……乙卯,车驾还宫。”

○丁鸿作《奏东巡瑞应》。

《后汉书》卷三十七《丁鸿传》注引《东观记》:“元和二年,车驾东巡狩。鸿以少府从,上奏曰:‘臣闻古之帝王统治天下,五载巡狩,至于岱宗……’”

○杨终作赞颂十五篇。

《后汉书》卷四十八《杨终传》:“帝东巡狩,凤凰黄龙并集,终赞颂嘉瑞,上述祖宗鸿业,凡十五章,奏上。”

○崔骃作《东巡颂》。

崔骃《东巡颂》:“伊汉中兴三叶……延儒林,以咨询岱岳之事。”

【考论】“中兴三叶”指光武帝中兴以来第三世,即章帝。章帝此次东巡曾幸太山,柴告岱宗,与咨询岱岳之事合。可见此颂当作于本年。《全后汉文》仅收录片断,全文载于《文馆词林》卷三百四十六①。

○班固作《东巡颂》(即《岱宗颂》)。

班固《东巡颂》:“窃见巡狩岱宗,柴望山虞……谨上《岱宗颂》一篇。”

【考论】《岱宗颂》即《东巡颂》,亦当作于本年。

○三月,章帝祠孔子及七十二弟子,命儒者讲《论语》,赐孔氏男女。

《后汉书》卷三《肃宗孝章帝纪》:“三月……庚寅,祠孔子于阙里,及七十二弟子,赐褒成侯及诸孔男女帛。”《后汉书》卷七十九上《儒林列传上·孔僖传》:“元和二年春,帝东巡狩,还过鲁,幸阙里,以太牢祠孔子及七十二弟子,作六代之乐,大会孔子氏男子二十以上者六十三人,命儒者讲《论语》。……赐褒成侯损及孔子男女钱帛。”《后汉纪》卷十二《孝章皇帝纪

---

① 罗国威:《日藏弘仁本文馆词林校证》,中华书局2001年版,第99—101页。

下》:“三月……庚寅,祠孔子及七十二弟子。”

〇三月,孔僖作《上书自陈》,拜校书郎,校书东观。

《后汉书》卷七十九上《儒林列传上·孔僖传》:“元和二年春,帝东巡狩,还过鲁……诏僖从还京师,使校书东观。”《孔丛子》卷下《连丛子下》:“元和二年三月,孝章皇帝东巡过鲁,幸阙里,以太牢祠圣师,作六代之乐。……子和自陈曰……遂拜子和郎中,诏随车驾。”《资治通鉴》卷四十七:“(元和二年)三月,乙丑,幸鲁;庚寅,祠孔子于阙里…… 拜(孔)僖郎中,诏随车驾。赐孔氏男女钱帛。子和从还京师,遂校书东观。”《后汉纪》卷十二《孝章皇帝纪下》:“僖以才学为郎,校书东观。”

【考论】《后汉纪》认为孔僖以才学为郎,显然不确。冢田虎曰:“孔僖,字子和,子丰之子。”[①]《后汉书·儒林列传·孔僖传》:“孔僖字仲和。”“仲和”可能是“子和”之误。《上书自陈》,《全后汉文》未收。

〇章帝东巡狩至沛,使使者祀桓谭冢,乡里以为荣。

《后汉书》卷二十八上《桓谭传》:“桓谭字君山,沛国相人也。父成帝时为太乐令。谭以父任为郎,因好音律,善鼓琴。博学多通,遍习《五经》,皆诂训大义,不为章句。能文章,尤好古学,数从刘歆、杨雄辨析疑异。性嗜倡乐,简易不修威仪,而憙非毁俗儒,由是多见排抵。……初,谭著书言当世行事二十九篇,号为《新论》,上书献之,世祖善焉。《琴道》一篇未成,肃宗使班固续成之。所著赋、诔、书、奏,凡二十六篇。元和中,肃宗行东巡狩,至沛,使使者祠桓谭冢,乡里以为荣。”

〇四月,章帝作歌诗四首及灵台十二门诗。

《后汉书》志第八《祭祀志中》:“章帝即位,元和二年……四月……又为灵台十二门作诗,各以其月祀而奏之。和帝无所增改。”《宋书》卷十九《乐志一》:“章帝元和二年,宗庙乐,故事:食举有《鹿鸣》《承元气》二曲。三年,自作诗四篇,一曰《思齐皇姚》,二曰《六骐驎》,三曰《竭肃雍》,四曰《陟叱根》。合前六曲,以为宗庙食举。”《玉海》卷一百四《音乐》:“孝章皇帝亲著歌诗四

---

① 转引自傅亚庶:《孔丛子校释》,中华书局2011年版,第482页。

章,列在食举。又制灵台十二门诗,各以其月祀而奏之。"①《玉海》卷二十九《圣文·御制诗歌》云:"歌诗四首,章帝元和二年四月作。灵帝熹平四年正月作《十二门新诗》。章帝亲著歌诗四章,列在食举。一曰《思齐皇姚》,二曰《六骐骥》,三曰《竭肃雍》,四曰《涉叶相》。故事有《鹿鸣》《承元气》二曲,合帝作四篇为六。"②

【考论】《玉海》卷二十九"涉叶相"当为"陟叱根"之误。

○十二月,孔僖为临晋令。崔骃以不吉劝之,孔僖不从。

《后汉书》卷七十九上《儒林列传上·孔僖传》:"(元和二年)冬,拜临晋令。崔骃以《家林》筮之,谓为不吉,止僖曰:'子盍辞乎?'僖曰:'学不为人,仕不择官,凶吉由己 ,而由卜乎?'"《孔丛子》卷下《连丛子下》:"元和二年……其年十二月为临晋令。其友崔骃以其家《卦林》占之,谓为不吉……"

○陈宠作《奏驳贾宗断狱尽三冬议》。

《后汉书》卷四十六《陈宠传》:"汉旧事断狱报重,常尽三冬之月,是时帝始改用冬初十月而已。元和二年,旱,长水校尉贾宗等上言,以为断狱不尽三冬,故阴气微弱,阳气发泄,招致灾旱,事在于此。帝以其言下公卿议,宠奏曰……书奏,帝纳之,遂不复改。"

○曹褒为博士,作《上疏请定汉礼》。

《后汉书》卷三十五《曹褒传》:"征拜博士。会肃宗欲制定礼乐,元和二年下诏曰……褒知帝旨欲有兴作,乃上疏曰:'昔者圣人受命而王,莫不制礼作乐,以著功德。功成作乐,化定制礼,所以救世俗,致祯祥,为万姓获福于皇天者也。今皇天降祉,嘉瑞燕臻,制作之符,甚于言语。宜定文制,著成汉礼,丕显神宗盛德之美。'章下太常,太常巢堪以为一世大典,非褒所定,不可许。"

---

① 王应麟:《玉海》,影印文渊阁《四库全书》第945册,台湾商务印书馆1986年版,第742页。
② 王应麟:《玉海》,影印文渊阁《四库全书》第943册,台湾商务印书馆1986年版,第696页。

章帝元和三年(86)　丙戌　八岁

○正月,章帝北巡,耕于怀。三月,车驾还宫。

《后汉书》卷三《肃宗孝章帝纪》:“三年春正月……丙申,北巡狩。……辛丑,帝耕于怀。……三月丙子,诏高邑令祠光武于即位坛。复元氏七年徭役。己卯,进幸赵。庚辰,祠房山于灵寿。辛卯,车驾还宫。”

○崔骃作《北巡颂》。

《北巡颂序》:“元和三年正月,上既毕郊祀之事,乃东巡狩。出河内,经青兖之郊,回舆冀州,遂礼北岳。……”

【考论】崔氏《北巡颂》,《全后汉文》仅收录片断,全文可见于《文馆词林》卷三百四十六①。

○四月,郑弘作《疾笃上书》,不久病卒。

《后汉书》卷三十三《郑弘传》:“元和元年,代邓彪为太尉。……在位四年……(窦)宪奏弘大臣漏泄密事。帝诘让弘,收上印绶。弘自诣廷尉,诏敕出之,因乞骸骨归,未许。病笃,上书陈谢,并言窦宪之短。帝省章,遣医占弘病,比至已卒。”《后汉书》卷三《肃宗孝章帝纪》:“(三年)夏四月丙寅,太尉郑弘免。”《后汉纪》卷十二《孝章皇帝纪下》:“三年三月丙寅,太尉郑弘薨。……迁大司农、太尉。数陈窦宪势太盛,放权海内,言苦切。为宪不容,奏弘漏泄奏事,坐诘让,收印绶。弘乞骸,未许。疾笃,上书曰……章省,上遣太医占弘疾。”

【考论】郑弘建初九年(84)八月为太尉。其年九月改元元和。至本年,历经四年,故称“在位四年”。据方诗铭、方小芬编著《中国史历日和中西历日对照表》,元和三年三月无丙寅日,而四月有丙寅日,故《后汉纪》误,当从《后汉书·章帝纪》。据《后汉纪》言“丙寅,太尉弘薨”,给人感觉郑弘卒于太尉任上。其实不然。《后汉书·郑弘传》以及《后汉纪》记载,郑弘罢太尉后,虽病笃,但还活了些时间,方有章帝遣医看病之事。

---

① 罗国威:《日藏弘仁本文馆词林校证》,中华书局2001年版,第106—108页。

○八月,崔骃作《西巡颂》。

《西巡狩序》:“惟元和三年八月己丑,行幸河东。……”

【考论】《太平御览》卷五三七引《西巡颂》:“惟永平三年八月己丑,行幸河东。”[①]据《后汉书》记载,明帝永平三年(60)八月未有西巡之事。《后汉书》卷三《肃宗孝章帝纪》:“(元和三年)秋八月乙丑,幸安邑,观盐城。九月,至自安邑。”注引许慎云:“河东盐,袤十一里,广七里,周进一十六里。今蒲州虞乡县西。”《后汉书》志第十九《郡国志一》:“河东郡……安邑,有铁,有盐池。”安邑县隶属于河东郡,故《西巡狩序》与《章帝纪》合。可见《太平御览》误,当从《文馆词林》。

崔氏此颂,《全后汉文》仅收录片断,全文可见于《文馆词林》卷三百四十六[②]。

○崔骃作《上四巡颂表》,为章帝赏识。

《后汉书》卷五十二《崔骃传》:“元和中,肃宗始修古礼,巡狩方岳。骃辄上《四巡颂》以称汉德,辞甚典美,文多不载。帝雅好文章,自见骃颂后,常嗟叹之,谓侍中窦宪曰:‘卿宁知崔骃乎?’……帝悟曰:‘吾能令骃朝夕在傍,何必于此。’适欲官之,会帝崩。”

【考论】《四巡颂》乃四篇颂文总称,并于元和三年奏上。《全后汉文》仅收录片断,四篇全文皆可见于《文馆词林》卷三百四十六[③]。

○九月,孔僖卒。

《后汉书》卷七十九上《儒林列传上·孔僖传》:“(元和二年)冬,拜临晋令……在县三年,卒官,遗令即葬。”《孔丛子》卷下《连丛子下》:“三年秋八月,天子巡后土,登龙门。子和自请从行在所。天子识其状貌,燕见移量,赐帛十端而还。九月既望,寝疾不瘳,乃命其二子留葬焉。”

【考论】《孔丛子》对孔僖之死记载如此详细,可信,此从之。

○章帝任曹褒制礼乐,班固建议广招京城说礼之儒以制作礼乐,章帝以为曹褒一人足矣。

---

① 李昉等编:《太平御览》,中华书局1960年版,第2437页。
② 罗国威:《日藏弘仁本文馆词林校证》,中华书局2001年版,第104—105页。
③ 罗国威:《日藏弘仁本文馆词林校证》,中华书局2001年版,第99—101页。

《后汉书》卷三十五《曹褒传》:“明年复下诏曰:‘……汉遭秦余,礼坏乐崩,且因循故事,未可观省,有知其说者,各尽其能。’褒省诏,乃叹息谓诸生曰:‘昔奚斯颂鲁,考甫咏殷。夫人臣依义显君,竭忠彰主,行之美也。当仁不让,吾何辞哉!’遂复上疏,具陈礼乐之本,制改之意。拜褒侍中,圣驾南巡,既还,以事下三公,未及奏,诏召玄武司马班固,问改定礼制之宜。固曰:‘京师诸儒,多能说礼,宜广诏集,共议得失。’帝曰:‘谚曰:“作舍道边,三年不成。”会礼之名家,名为聚讼,互生疑异,笔不得下。昔尧作《大章》,一夔足矣。’”《资治通鉴》卷四十七:“博士鲁国曹褒上疏,以为‘宜定文制,著成汉礼’。太常巢堪,以为‘一世大典,非褒所定,不可许’。帝知诸儒拘挛,难与图始,朝廷礼宪,宜以时立,乃拜褒侍中。玄武司马班固以为‘宜广集诸儒,共议得失’。帝曰:‘谚曰:“作舍道边,三年不成。”昔尧作《大章》,一夔足矣。’”

○**玄武司马班固奉诏对改定礼制**。

【考论】事见上引《后汉书》卷三十五《曹褒传》及《资治通鉴》卷四十七。

○**王充徙家丹阳等地**。

《论衡·自纪》:“充以元和三年徙家辟,诣扬州部丹阳、九江、庐江。”

○**崔瑗题门**。

惠栋曰:《世说》:骃有文才,不其县令往造之。骃子年九岁,书门曰:“虽无干木,君非文侯,何为光光入我里闾?”令见之,问骃,曰:“必儿所书。”召瑗使书,乃书曰:“君使臣以礼,臣事君以忠。”[①]又见鲁迅《古小说钩沉》所辑《殷芸小说》。

【考论】《后汉书》卷五十二《崔瑗传》:“汉安初……岁余,光禄大夫杜乔为八使,洵行郡国,以臧罪奏瑗,征诣廷尉。瑗上书自讼,得理出。会病卒,年六十六。”张怀瓘《书断》卷中:“崔瑗……以顺帝汉安三年卒,年六十六。”以此推之,崔瑗当生于章帝建初三年(78),至本年,年九岁。崔瑗题门当在本年。

① 转引自王先谦:《后汉书集解》,中华书局1984年版,第603页。

章帝元和四年　章帝章和元年(87)　丁亥　九岁

○马棱迁广陵太守,有政绩。

《后汉书》卷二十四《马棱传》:"章和元年,迁广棱太守。时谷贵民饥,奏罢盐官,以利百姓,赈贫羸,薄赋税,兴复陂湖,溉田二万余顷,吏民刻石颂之。"注引《东观记》:"棱在广陵,蝗虫入江海,化为鱼虾,兴复陂湖,增岁租十余万斛。"

○正月,曹褒受诏条正《汉仪》。

《后汉书》卷三十五《曹褒传》:"章和元年正月,乃召褒诣嘉德门,令小黄门持班固所上叔孙通《汉仪》十二篇,敕褒曰:'此制散略,多不合经,今宜依礼条正,使可施行。于南宫、东观尽心集作。'"《后汉纪》卷十二《孝章皇帝纪下》:"乃使(曹)褒于南宫东观差序礼事,依旧仪,参《五经》,验以谶记,自天子至于庶人,百五十篇。"

○六月,何敞说祥瑞。

《后汉书》卷四十三《何敞传》:"是时京师及四方累有奇异鸟兽草木,言事者以为祥瑞。敞通经传,能为天官,意甚恶之。乃言于二公曰:'夫瑞应依德而至,灾异缘政而生。……'(宋)由、(袁)安惧然不敢答,居无何而肃宗崩。"《后汉纪》卷十二《孝章皇帝纪下》:"六月戊辰……自元和已来,凤皇、麟麟、白虎、黄龙、鸾鸟、嘉禾、朱草、三足乌、木连理为异者数百,不可胜纪。咸曰福祥以为瑞应。何敞辟太尉宋由府,乃言于宋由、袁安曰……由、安不敢应。"

【考论】《说祥瑞》当为一篇文章,《全后汉文》未录。

○七月,改元章和。

《后汉书》卷三《肃宗孝章帝纪》:"(秋七月)壬戌,诏曰……今改元和四年为章和元年。"

○八月,章帝南巡狩。

《后汉书》卷三《肃宗孝章帝纪》:"八月癸酉,南巡狩。壬午,遣使者祠昭灵后于小黄园。……己丑,遣使祠沛高原庙,丰枌榆社。……己未,幸汝阴。冬十月丙子,车驾还宫。”

○十二月,曹褒奏上所制礼百五十篇,章帝纳之,不用。

《后汉书》卷三十五《曹褒传》:“章和元年正月,乃诏褒诣嘉德门,令小黄门持班固所上叔孙通《汉仪》十二篇,敕褒曰:‘此制散略,多不合经,今宜依礼条正,使可施行。于南宫、东观尽心集作。’褒既受命,乃次序礼事,依准旧典,杂以《五经》谶记之文,撰次天子至于庶人冠婚吉凶终始制度,以为百五十篇,写以二尺四寸简。其年十二月奏上。帝以众论难一,故但纳之,不复令有司平奏。”

【考论】《资治通鉴》卷四十七系之于本年九月。章帝本年八月南巡,至十月方车驾回宫,故曹褒上书不太可能在九月,当在十二月,故此从《后汉书》。

○郭躬作《上封事言赦宜及亡命》。

《后汉书》卷四十六《郭躬传》:“章和元年,赦天下系囚在四月丙子以前减死罪一等,勿笞,诣金城,而文不及亡命未发觉者。躬上封事曰……肃宗善之,即下诏赦焉。”亦见《东观汉记》卷十六《郭躬传》。

○崔骃入侍中窦宪门下。

《后汉书》卷五十二《崔骃传》:“帝雅好文章,自见骃颂后,常嗟叹之,谓侍中窦宪曰:‘卿宁知崔骃乎?’对曰:‘班固数为臣说之,然未见也。’帝曰:‘公爱班固而忽崔骃,此叶公之好龙也。试请见之。’骃因此候宪。宪屣履迎门……遂揖入为上客。居无几何,帝幸宪第,时骃适在宪所,帝闻而欲召见之。宪谏,以为不宜与白衣会。……适欲官之,会帝崩。”

【考论】章帝崩于次年二月,而崔骃献颂于上年,故崔骃入窦宪府及章帝欲见之当在本年。

章帝章和二年(88)　戊子　十岁

○马严退居于家,子马融从其受业。

《后汉书》卷二十四《马严传》:“及(章)帝崩,窦太后临朝,严乃退居自守,训教子孙。”

【考论】本年二月，章帝崩，窦太后临朝，马严于是退居，训教子孙。马融时年十岁，故当在教导之列。《后汉书》卷二十四《马严传》："从平原杨太伯讲学，专心坟典，能通《春秋左氏》，因览百家群言。……永平十五年……与校书郎杜抚、班固等杂定《建武注记》。"可见马严颇通经史之学，马融《春秋》学可能多受其父影响。

○正月，何敞作《奏记宋由》。

《后汉书》卷四十三《何敞传》："居无何而肃宗崩。时窦氏专政，外戚奢侈，赏赐过制，仓帑为虚。敞奏记(宋)由曰：'……盖以圣主贤臣不能相遭故也。今国家秉聪明之弘道……国恩覆载，赏赉过度，但闻腊赐，自郎官以上，公卿、王侯以下，至于空竭帑藏，损耗国资。寻公家之用，皆百姓之力。明君赐赉，宜有品制，忠臣受赏，亦应有度……'由不能用。"

【考论】《资治通鉴》卷四十七将此文系于章帝崩之前。《考异》曰："《敞传》，此事在肃宗崩后，云：'窦氏专政，外戚奢侈，赏赐过制，敞《奏记》云云。'袁《纪》在元和三年。按敞《记》云'明公视事，出入再期'，又言腊赐，知在此时。"①《考异》所说甚是。另外，何敞《奏记》所言君主当是章帝，而不是年仅十岁的和帝。

○二月，宋意作《谏留诸王不遣就国疏》。

《后汉书》卷四十一《宋意传》："肃宗性宽仁，而亲亲之恩笃，故叔父济南、中山二王每数入朝，特加恩宠，及诸昆弟并留京师，不遣就国。意以为人臣有节，不宜逾礼过恩，乃上疏谏曰……帝纳之。"《后汉书》卷三《肃宗孝章帝纪》："二年春正月，济南王康、阜陵王延、中山王焉来朝。"

【考论】《资治通鉴》卷四十七系于本年章帝崩之前，可信，此从之。"宋意"，《全后汉文》作"宗意"，显然误。

○二月，章帝崩，太子继位，是为和帝。窦太后临朝。

《后汉书》卷三《肃宗孝章帝纪》："(二月)壬辰，帝崩于章德前殿，年三十三。"《后汉书》卷四《和帝纪》："章和二年二月壬辰，即皇帝位，年十岁。尊皇后为皇太后，太后临朝。"

---

① 司马光：《资治通鉴》，中华书局1956年版，第1512页。

○崔骃作《章帝谥议》。

《章帝谥议》："臣闻号者功之表，谥者行之迹，据德录功，各当其实。……臣愚以为宜上尊号曰章。"

【考论】崔骃《章帝谥议》作于章帝崩后，故当作于本年。

○二月，窦宪遣刺客杀都乡侯刘畅，事泄，求击匈奴。

《后汉书》卷二十三《窦宪传》："齐殇王子都乡侯畅来吊国忧……得幸太后，被诏召诣上东门。宪惧见幸，分宫省之权，遣客刺杀畅于屯卫之中，而归罪于畅弟利侯刚，乃使侍御史与青州刺史杂考刚等。后事发觉，太后怒，闭宪于内宫。宪惧诛，自求击匈奴以赎死。"《后汉书》卷四十三《何敞传》："时齐殇王子都乡侯畅奔吊国忧，上书未报，侍中窦宪遂令人刺杀畅于城门屯卫之中，而主名不立。"

【考论】《后汉书·何敞传》所谓"国忧"即章帝之崩。据《后汉书·章帝纪》，章帝崩于本年二月，葬于三月。故窦宪遣客刺杀都乡侯刘畅当在此时。

○二月，何敞作《又说宋由》。

《后汉书》卷四十三《何敞传》："时齐殇王子都乡侯畅奔吊国忧，上书未报，侍中窦宪遂令人刺杀畅于城门屯卫之中，而主名不立。敞又说由曰：'刘畅宗室肺府，茅土藩臣，来吊大忧，上书须报，亲在武卫，致此残酷。奉宪之吏，莫适讨捕，踪迹不显，主名不立。敞备数股肱，职典贼盗，故欲亲至发所，以纠其变，而二府以为故事三公不与贼盗。……惟明公运独见之明，昭然勿疑，敞不胜所见，请独奏案。'由乃许焉。"《后汉书》卷二十三《窦宪传》："齐殇王子都乡侯畅来吊国忧，畅素行邪僻，与步兵校尉邓叠亲属数往来京师，因叠母元自通长乐宫，得幸太后，被诏召诣上东门。宪惧见幸，分宫省之权，遣客刺杀畅于屯卫之中。"

【考论】"大忧""国忧"指的都是章帝之丧，故此文当作于章帝崩之后。

○崔骃作《献书诫窦宪》。

《后汉书》卷五十二《崔骃传》："窦太后临朝，宪以重戚出内诏命。骃献书诫之曰……"《资治通鉴》卷四十七："太后临朝，窦宪以侍中内干机密，出宣诰命；弟笃为虎贲中郎将，笃弟景、瓌并为中常侍，兄弟皆在亲要之地。宪客崔骃以书戒宪曰……”

【考论】《资治通鉴》卷四十七将崔骃此文系于本年,此从之。

○鲍德作《说窦宪弟夏阳侯瓌》。

《后汉书》卷四十六《陈宠传》:“皇后弟侍中窦宪,荐真定令张林为尚书,帝以问宠,宠对‘林虽有才能,而素行贪浊’,宪以此深恨宠。林卒被用,而以臧污抵罪。及帝崩,宪等秉权,常衔宠,乃白太后,令典丧事,欲因过中之。黄门侍郎鲍德素敬宠,说宪弟夏阳侯瓌曰……瓌亦好士,深然之,故得出为太山太守。”

【考论】鲍德此文当作于章帝亡之后窦宪执政之时,故系于本年。

○窦宪作《上皇太后疏请以桓郁刘方入侍讲》。

《后汉书》卷三十七《桓郁传》:“和帝即位,富于春秋,侍中窦宪自以外戚之重,欲令少主颇涉经学,上疏皇太后曰:‘……臣伏惟皇帝陛下,躬天然之姿,宜渐教学,而独对左右小臣,未闻典义。昔五更桓荣,亲为帝师,子郁,结发敦尚,继传父业,故再以校尉入授先帝,父子给事禁省,更历四世,今白首好礼,经行笃备。又宗正刘方,宗室之表,善为《诗经》,先亲所褒。宜令郁、方并入教授,以崇本朝,光示大化。”《后汉纪》卷十二《孝章皇帝纪下》:“(窦)宪以外戚秉政,欲以经学为名,乃上疏曰:‘……窃见屯骑校尉桓郁,结发受学,白首不倦,经为人师,行为儒宗。昔侍帷幄,入授先帝,父子奕世,并为帝师。愚以为可任长乐少府,入授帝经。’”

○七月,耿秉作《上言宜许南单于出兵》。

《后汉书》卷八十九《南匈奴传》:“休兰尸逐侯鞮单于屯屠何,章和二年立。时北虏大乱,加以饥蝗,降者前后而至。南单于将并北庭,会肃宗崩,窦太后临朝。其年七月,单于上言:‘……故令乌桓、鲜卑讨北虏,斩单于首级,破坏其国。……去岁三月中发虏庭,北单于创刈南兵,又畏丁令、鲜卑,遁逃远去,依安侯河西。今年正月……又今月八日……期十二月同会虏地……’太后以示耿秉。秉上言:‘……今幸遭天授,北虏分争,以夷伐夷,国家之利,宜可听许。’秉因自陈受恩,分当出命效用。太后从之。”《资治通鉴》卷四十七系于本年。

【考论】《后汉书》卷三《孝章帝纪》："（章和元年）秋七月……鲜卑击破北单于，斩之。"《后汉书》卷八十九《南匈奴传》："章和元年，鲜卑入左地击北匈奴，大破之，斩优留单于。"南单于上书，言鲜卑斩北单于之事，皆在章和元年(87)，而文中又"今年正月"，可知此书作于章和二年(88)《后汉纪》卷十二《孝章皇帝纪上》："（章和元年）冬十月，北匈奴为鲜卑所杀，降者十余万。南单于上言……诏问于执金吾耿秉，言可听，师未出，而帝寝疾。"

【考论】《后汉纪》将南单于上书及耿秉此文皆系于章和元年(87)十月，显然误。

○七月，宋意作《上疏请不许南单于北徙》。

《后汉书》卷四十一《宋意传》："章和二年，鲜卑击破北匈奴，而南单于乘此请兵北伐，因欲还归旧庭。时窦太后临朝，议欲从之。（宋）意上疏曰：'……今北虏西遁，请求和亲，宜因其归附，以为外扞，巍巍之业，无以过此。若引兵费赋，以顺南虏，则坐失上略，去安即危矣。诚不可许。'会南单于竟不北徙。"《资治通鉴》卷四十七系于本年。

【考论】"宋意"，《全后汉文》作"宗意"，显然误。

○十月，窦宪为车骑将军，北伐匈奴。

《后汉书》卷四《和帝纪》："冬十月乙亥，以侍中窦宪为轻骑将军，伐北匈奴。"《后汉书》卷二十三《窦宪传》："会南单于请兵北伐，乃拜宪车骑将军，金印紫绶，官属依司空，以执金吾耿秉为副，发北军五校、黎阳、雍营、缘边十二郡骑士，及羌胡兵出塞。"又见《后汉纪》卷十二《孝章皇帝纪下》。

○乐恢作《上书谏征匈奴》。

《后汉书》卷四十三《乐恢传》："会车骑将军窦宪出征匈奴，恢数上书谏争，朝廷称其忠。入为尚书仆射。"

【考论】乐恢曾多次谏伐匈奴。观今存《上书谏征匈奴》，多言德化，不言征伐，当作于和帝命窦宪伐匈奴前后，故系于本年。

○崔骃为车骑将军窦宪掾。

《后汉书》卷五十二《崔骃传》："及宪为车骑将军，辟骃为掾。"

○曹褒为汉礼作章句,迁监羽林左骑。

《后汉书》卷三十五《曹褒传》:“会帝崩,和帝即位,褒乃为作章句,帝遂以《新礼》二篇冠。擢褒监羽林左骑。”

○王充罢官家居。谢夷吾举荐,不就。

《论衡·自纪》:“章和二年,罢州家居。”《后汉书》卷四十九《王充传》:“刺史董勤辟为从事,转治中,自免还家。友人同郡谢夷吾上书荐充才学,肃宗特诏公车征,病不行。”

卷二　和殇时期(89—106)

和帝永元元年(89)　己丑　十一岁

○**袁安作《上书谏伐匈奴》**。

《后汉书》卷四十五《袁安传》:“和帝即位,窦太后临朝,后兄车骑将军宪北击匈奴,安与太尉宋由、司空任隗及九卿诣朝堂上书谏,以为匈奴不犯边塞,而无故劳师远涉,损费国用,徼功万里,非社稷之计。书连上辄寝。宋由惧,遂不敢复署议,而诸卿稍自引止。惟安与任隗守正不移,至免冠朝堂固争者十上。太后不听,众皆为之危惧,安正色自若。”《资治通鉴》卷四十七:“永元元年……窦宪将征匈奴,三公、九卿诣朝堂上书谏,以为:‘匈奴不犯边塞,而无故劳师远涉,损费国用,徼功万里,非社稷之计。’书连上,辄寝,宋由惧,遂不敢复署议,而诸卿稍自引止,唯袁安、任隗守正不移,至免冠朝堂固争,前后且十上,众皆为之危惧,安、隗正色自若。”《资治通鉴》卷四十七系于本年,系于鲁恭文之前。

【考论】《后汉纪》卷十二《孝章皇帝纪下》系于章和二年(88)十月,窦宪出征之前,似不确,此从《资治通鉴》。

○**三月,鲁恭作《上疏谏击匈奴》**。

《后汉书》卷二十五《鲁恭传》:“和帝初立,议遣车骑将军窦宪与征西将军耿秉击匈奴,恭上疏谏曰:‘……会新遭大忧,人怀恐惧。陛下躬大圣之德,履至孝之行,尽谅阴三年,听于冢宰。百姓阙然,三时不闻警跸之音,莫不怀思皇皇,若有求而不得。今乃以盛春之朋,兴发军役,扰动天下,以事戎狄,诚非所以垂恩中国,改元正时,由内及外也。……’书奏’不从。”

【考论】据《后汉书》卷四《和帝纪》记载,已于上年十月,命窦宪、耿秉出征匈奴之事,故鲁恭言“暴师于外”。章帝崩于上年二月,故本文中多次提到“大忧”。和帝于上年继位,于本年改元,故鲁恭言“改元正时”。可见此文中的“盛春之月”当为本年三月。《后汉纪》卷十二将鲁恭此文系于章和二年十月窦固出征之时,显然误。《资治通鉴》卷四十七将此文系于本年,可信,此从之。

○何敞拜侍御史,作《上疏谏为窦笃窦景起邸第》。又作《理郅寿疏》,为郅寿辩护。

《汉书》卷四十三《何敞传》:“以高第拜侍御史。时遂以窦宪为车骑将军,大发军出击匈奴,而诏使者为宪弟笃、景并起邸第,兴造劳役,百姓愁苦。敞上疏曰……书奏不省。”《后汉书》卷二十九《郅寿传》:“是时,宪征匈奴,海内供其役费,而宪及其弟笃、景并起第宅,骄奢非法,百姓苦之。寿以府臧空虚,军旅未休,遂因朝会讥刺宪等,厉音正色,辞旨甚切。宪怒,陷寿以买公田诽谤,下吏当诛。侍御史何敞上疏理之曰……书奏,寿得减死,论徙合浦。未行,自杀,家属得归乡里。”《资治通鉴》卷四十七:“永元元年……又诏使者为宪弟笃、景并起邸第,劳役百姓。侍御史何敞上疏曰……”

○六月,车骑将军窦宪出征,击败北匈奴。班固为中护军,随车骑将军窦宪北伐,作《封燕然山铭》《涿邪山祝文》和《窦将军北征颂》。

《后汉书》卷四《和帝纪》:“夏六月,车骑将军窦宪出鸡鹿塞,度辽将军邓鸿出稒阳塞,南单于出满夷谷,与北匈奴战于稽落山,大破之,追至私渠比鞮海。窦宪遂登燕然山,刻石勒功而还。”《后汉书》卷四十下《班固传》:“永元初,大将军[1]窦宪出征匈奴,以固为中护军,与参议。”《后汉书》卷二十三《窦宪传》:“乃拜宪车骑将军,金印紫绶,官属依司空,以执金吾耿秉为副,发北军五校、黎阳、雍营、缘边十二郡骑士,及羌胡兵出塞。明年,宪与秉各将四千骑及南匈奴左谷蠡王师子万骑出朔方鸡鹿塞,南单于于屯屠河,将万余骑出满夷谷,度辽将军邓鸿及缘边义从羌胡八千骑,与左贤王安国万骑出稒

① 据《和帝纪》和《窦宪传》记载,窦宪是以车骑将军身份出击匈奴的,故此处“大将军”乃“车骑将军”之误。

阳塞,皆会涿邪山。……斩名王已下万三千纪,获生口马牛羊橐驼百余万头。于是温犊须、日逐、温吾、夫渠王柳鞮等八十一部奉众降者,前后二十余万人。宪、秉遂登燕然山,去塞三千余里,刻石勒功,纪汉威德,令班固作铭曰:'惟永元元年秋七月,有汉元舅曰车骑将军窦宪……'"《后汉书》卷八十九《南匈奴传》:"永元元年,以(耿)秉为征西将军,与车骑将军窦宪率骑八千,与度辽兵及南单于众三万骑,出朔方击北虏,大破之,北单于奔走,首虏二十余万人。"《窦将军北征颂》:"车骑将军应昭明之上德……亲率戎士,巡抚强城……于是封燕然以降高,禅广鞬以弘旷……"

【考论】《北征颂》见《古文苑》卷十二,章樵注云:"汉和帝永元元年,拜窦宪车骑将军,以执金吾耿秉为副……遂登燕然山,去塞三千里,刻石勒功,纪汉威德,命中护军班固作铭。又为之颂。铭载于本传。"[①]此次出征伐北匈奴,班固以中护军身份从车骑将军窦宪出征,时众师会于涿邪山。故《涿邪山祝文》当作于此时。

○九月,傅毅为车骑将军窦宪军司马,作《窦将军北征颂》。

《后汉书》卷八十上《文苑列传上·傅毅传》:"永元元年,车骑将军窦宪复请毅为主记室,崔骃为主簿。及宪迁大将军,复以毅为司马,班固为中护军。宪府文章之盛,冠于当世。"《窦将军北征颂》:"命窦将军之征讨,蹑卫、霍之遗风……"

【考论】傅毅时为车骑将军窦宪主记室,故《窦将军北征颂》亦当作于本年。

○九月,崔骃为车骑将军窦宪主簿,作《北征颂》《仲山父鼎铭》和《与窦宪笺》。

《后汉书》卷五十二《崔骃传》:"及宪为车骑将军,辟骃为掾。宪府贵重,掾属三十人,皆故刺史、二千石,唯骃以处士年少,擢在其间。宪擅权骄恣,骃数谏之。及出击匈奴,道路愈多不法,骃为主簿,前后奏记数十,指切长短。宪不能容,稍疏之,因察骃高第,出为长岑长。骃自以远去,不得意,遂不之官而归。"《后汉书》卷二十三《窦宪传》:"南单于于漠北遗宪古鼎,容

---

① 章樵注:《古文苑》,上海古籍出版社 1993 年版,第 288 页。

五斗,其傍铭曰‘仲山甫鼎,其万年子子孙孙永保用’。宪乃上之。”

【考论】《太平御览》卷三百五十一引崔骃《北征颂》:“人事协兮皇恩得,金精扬兮水灵伏。顺天机兮把刑德,戈所指兮罔不克。”①《全后汉文》仅录此段。《日藏弘仁本文馆词林》卷三百四十七存一残篇,此篇标题、作者及开篇部分已佚,但其残存部分有部分文字全同于《太平御览》卷三百五十一所引崔骃《北征颂》片断,可见此篇乃崔骃的《北征颂》残篇②。此篇大体完整,可补《全后汉文》之失。据《后汉书·窦宪传》,《仲山父鼎铭》当作于本年。崔骃《与窦宪笺》:“主簿崔骃言。”可见本文亦当作于此时。

○窦宪拜大将军。

《后汉书》卷四《和帝纪》:“九月庚申,以车骑将军窦宪为大将军。”《后汉书》卷二十三《窦宪传》:“诏使中郎将持节即五原拜宪大将军,封武阳侯,食邑二万户。”《资治通鉴》卷四十七:“九月,庚申,以窦宪为大将军。……旧,大将军位在三公下,至是,诏宪位次太傅下,三公上;长史、司马秩中二千石。”

○窦宪兄弟皆为官。

《后汉纪》卷十三《孝和皇帝纪上》:“即拜宪为大将军,封武阳侯,食邑二万户;耿秉为美阳侯。宪让不受。还京师。于是,窦笃为卫尉,景执金吾,瓌光禄勋。”

○崔骃作《窦大将军鼎铭》。

《艺文类聚》卷七十三:“大禹铸鼎,象物百神。……惟王建国,分之彝器,鼎为元宝,君臣享位。……纪功申戒,贻则后人。”③

【考论】《艺文类聚》原作“崔瑗”作。窦宪被诛于和帝永元四年(92)六月。据《后汉书·崔瑗传》记载推算,崔瑗生于章帝建初三年(78)。至窦宪诛时,崔瑗不过十五岁。窦宪诛后,此鼎当毁,故崔瑗不太可能为窦宪作鼎铭。崔瑗之父崔骃曾为窦宪掾,故其作此鼎铭较为合适。本年窦宪封为大将军,或为纪其功而铸此鼎,故鼎铭当作于本年。

---

① 李昉等编:《太平御览》,中华书局1960年版,第1617页。

② 罗国威:《日藏弘仁本文馆词林校注》,中华书局2001年版,第117—119页。

③ 欧阳询:《艺文类聚》,上海古籍出版社1982年版,第1307页。

○何敞作《上封事言诸窦》，又作《上疏谏济南王康》。

《后汉书》卷四十三《何敞传》："后拜为尚书，复上封事曰：'……伏见大将军宪，始遭大忧，公卿比奏，欲令典干国事。宪深执谦让，固辞盛位，恳恳勤勤，言之深至，天下闻之，莫不悦喜。今逾年无几，大礼未终，卒然中改，兄弟专朝。宪秉三军之重，笃、景总宫卫之权，而虐用百姓，奢侈僭逼，诛戮无罪，肆心自快……'敞数切谏，言诸窦之罪过，宪等深怨之。时济南王康尊贵骄甚，宪乃白出敞为济南太傅。敞至国，辅康以道义，数引法度谏正之，康敬礼焉。岁余，迁汝南太守。……立春日，常召督邮还府，分遣儒术大吏案行属县，显孝悌有义行者。……又修理鲖阳旧渠，百姓赖其利，垦田增三万余顷。吏人共刻石，颂敞功德。"《后汉书》卷二十三《窦宪传》："诏使中郎将持节即五原拜宪大将军，封武阳侯，食邑二万户。……是时，笃为卫尉，景、瓌皆侍中、奉车、驸马都尉，四家竞修第宅，穷极工匠。"《后汉纪》卷十三《孝和皇帝纪下》："宪等骄奢，不遵法度，唯瓌恭俭自守。尚书何敞上封事曰……敞辞旨切直深，为宪等所怨。济南王康，光武之子也，最为尊重，而骄奢太甚，于是左迁敞为济南王太傅。"《后汉书》卷四十二《光武十王传·济南安王康传》："建初八年，肃宗复还所削地，康遂多殖财货，大修宫室，奴婢至于千四百人，厩马千二百匹，私田八百顷，奢侈恣欲，游观无节。永元初，国傅何敞上疏谏康曰……康素敬重敞，虽无所嫌忤，然终不以改。"

【考论】何敞《上封事言诸窦》中的"大忧"指的是章帝之崩。章帝崩于章和二年(88)二月。"大礼未终"指章帝三年之丧未终。窦宪于本年九月拜为大将军，此时窦笃为卫尉，窦景为奉车都尉，窦瓌为驸马都尉。文中称窦宪"大将军"，"笃、景总卫之权"，皆合于此当时实情，故知何敞此文当作于本年。

窦宪败于永元四年(92)六月。《上疏谏济南王康》中所言"立春日"后又言修渠垦田诸多事功，可见"立春日"当指永元三年(91)立春。何敞为济南王太傅"年余"方转汝南太守。以此推之，何敞当于本年永元元年(89)已迁为济南王太傅，次年(90)，迁为汝南太守[①]。故此文当作于何敞初为济南

---

① 严耕望认为何敞于和帝永元二年(90)迁为汝南太守，与本文合。严耕望：《两汉太守刺史表》，商务印书馆1948年版，第128页。

王太傅时。

○**乐恢作《上疏言诸窦》《拜骑都尉上书辞谢》等**。

《后汉书》卷四十三《乐恢传》:"入为尚书仆射。……遂上疏谏曰:'臣闻百王之失,皆由权移于下。……四舅可长保爵土之荣,皇太后永无惭负宗庙之忧。诚策之上者也。'书奏不省。时窦太后临朝,和帝未亲万机,恢以意不得行,乃称疾乞骸骨。诏赐钱,太医视疾。恢荐任城郭均、成阳高凤,而遂称笃。拜骑都尉,上书辞谢曰……诏听上印绶,乃归乡里。窦宪因是风厉州郡迫胁,恢遂饮药死。"注云:《东观记》载恢所上书谏曰:"《春秋》大义,王者不理夷狄。得其地不可垦发,得其人无益于政,故明王之于夷狄,羁縻而已。孔子曰:'远人不服,则修文德以来之。'以汉之德,不务修舜、禹、周公之德,而无故兴干戈,动兵革,以求无用之物,臣诚惑之。"《后汉纪》卷十三《孝和皇帝纪上》:"(永元元年)夏六月……乃上疏曰……书御不省。恢乃乞骸骨,诏授恢为骑都尉。宪风郡县使迫胁恢,恢遂饮药而列。天下闻之,皆以为冤。"

【考论】《上疏言诸窦》中称"四舅""皇太后"等,表明此文作于和帝即位、窦太后临朝时。《后汉纪》卷十三《孝和皇帝纪上》将乐恢《上疏言诸窦》系于和帝永元元年,此从之。《后汉纪》卷十三《孝和皇帝纪上》将乐恢之死系于本年,故《拜骑都尉上书辞谢》亦当作于本年。

○**韦彪卒**。

《后汉书》卷二十六《韦彪传》:"韦彪……好学洽闻,雅称儒宗。……永元元年,卒。……彪清俭好施,禄赐分与宗族,家无余财。著书十二篇,号曰《韦彪子》。"

和帝永元二年(90)　庚寅　十二岁

○**马光为太仆,其子马康为侍中**。

《后汉书》卷二十四《马防传》:"子康,黄门侍郎。永元二年,光为太仆,康为侍中。"

○**马棱为汉阳太守**。

《后汉书》卷二十四《马棱传》:"永元二年,转广棱太守,有威严称。大将军窦宪西屯武威，棱多奉军费，侵赋百姓。"《后汉书》卷四《和帝纪》："秋七月乙卯，大将军窦宪出屯凉州。"

【考论】东汉武威郡属凉州，屯武威即是屯凉州。马棱为汉阳太守在大将军窦宪出屯凉州之前。

○六月，窦宪兄弟封侯。

《后汉书》卷二十三《窦宪传》："明年，诏曰：'……其封宪冠军侯，邑二万户；笃郾侯，景汝阳侯，瓌夏阳侯，各六各户。'宪独不受封。"《资治通鉴》卷四十七："六月……诏封窦宪为冠军侯，笃为郾侯，瓌为夏阳侯。"

○七月，大将军窦宪出屯凉州。崔骃作《大将军西征赋》。

《后汉书》卷四《和帝纪》："秋七月乙卯，大将军窦宪出屯凉州。"崔骃《大将军西征赋》："主簿骃言……于是袭孟秋而西征，跨雍梁而远踪，陟陇阻之峻城，升天梯以高翔。"

【考论】赋中所言时间及方位皆合于此次出军，故此赋当作于本年。

○十月，中郎将班固出使北匈奴。

《后汉书》卷四《和帝纪》："冬十月，遣中郎将班固报命南单于。"《后汉纪》卷十三《孝和皇帝纪上》："（永和二年）九月，匈奴北单于遣使款塞，愿朝见。宪中护军班固迎单于。单于为南单于所破，远遁漠北，固至私渠海而还。"《后汉书》卷二十三《窦宪传》："北单于以汉还侍弟，复遣车谐储王等款居延塞，欲入朝见，愿请大使。宪上遣大将军中护军班固行中郎将，与司马梁讽迎之。会北单于为南匈奴所破，被创遁走，固至私渠海而还。"《后汉书》卷四十下《班固传》："北单于闻汉军出，遣使款居延塞，欲修呼韩邪故事，朝见天子，请大使。宪上遣固行中郎将事，将数百骑与虏使俱出居延塞迎之。会南匈奴掩破北庭，固至私渠海，闻虏中乱，引还。"

【考论】上引《后汉书·和帝纪》中"南单于"当为"北单于"。《后汉书》卷四《和帝纪》："九月，北匈奴遣使称臣"。《后汉书·窦宪传》和《后汉纪·孝和皇帝纪上》都明言北单于遣使欲朝见，班固出塞迎之。《资治通鉴》卷四十七："北单于以汉还其侍弟，九月，复遣使款塞称臣，欲入朝见。冬十月，窦宪遣班固、梁讽迎之。"《后汉书·和帝纪》此处言"南单于"，显然误。

○十月，大破北匈奴。

《后汉书》卷四《和帝纪》："冬十月……遣左谷蠡王师子出鸡鹿塞，击北匈奴于河云北，大破之。"《后汉书》卷八十九《南匈奴传》："二年春……南单于复上求灭北庭，于是遣左谷蠡王师子等交左右部八千骑出鸡鹿塞，中郎将耿谭遣从事将护之。至涿邪山，乃留辎重，分为二部，各引轻兵两道袭之。左部北过西海至河北云，右部从匈奴河水西绕天山，南度甘微河，二军俱会，夜围北单于。单于大惊，率精兵千余人合战。单于被创，堕马复上，将轻骑数十遁走，仅而免脱。"

和帝永元三年(91)　辛卯　十三岁

○马融从父马严受学。

【考论】《北堂书钞》卷六十六引谢承《后汉书》："马融字季长，年十三明经，为太子舍人，校书东观。"[①]姚之骃《后汉书补逸》案语："融见《东观记》。季长以永初二年辞邓骘召，四年复出拜校书，则年已非十三也，此定有误。"[②]姚氏所言甚是。马融生于汉章帝建初四年(79)，至和帝永元三年(91)仅十三岁。据《后汉书》卷五《孝和帝纪》载，和帝于章和二年(88)二月继位，年十岁。至永元三年(91)，年仅十三年，不当有太子。《后汉书》志第二十七《百官志四》："太子舍人，二百石。"本注曰："无员，更直宿卫，如三署中郎。"《通典》卷三十《职官十二》："(太子)舍人，秦官也。汉因之，比郎中，选良家子孙。后汉无员，更直宿卫，如三署郎中。凡帝初即位，未有太子，太子官属皆罢，唯舍人不省，属少府。"永元三年(91)时，和帝未有太子，但可能有太子舍人。太子舍人的职责是"更直宿卫"，此非十三岁少年所能承担。太子舍人的职责是守护、保卫，故不需要经学背景，马融怎么能因"明经"而入选呢？十三岁又如何校书东观呢？又《后汉书》卷六十上《马融传》："初，京兆挚恂以儒术教授，隐于南山，不应征聘，名重关西。融从其游学，博通经籍。恂奇融才，以女妻之。"如马融十三岁已入东观校书，焉有再从挚恂受学之理，挚

---

① 虞世南：《北堂书钞》(1)，学苑出版社2003年版，第506页。

② 姚之骃：《后汉书补逸》，影印文渊阁《四库全书》第402册，台湾商务印书馆1986年版，第456页。

恂又焉能以女妻之。故谢承《后汉书》所载不可信。

○正月，和帝加元服，仪用新礼。

《后汉书》卷四《和帝纪》："三年春正月甲子，皇帝加元服。"《后汉纪》卷十三《孝和皇帝纪上》："三年春正月甲子，皇帝加元服，仪用新礼。"《资治通鉴》卷四十七："春，正月，甲子，帝用曹褒新礼，加元服，擢褒监羽林左骑。"

○黄香作《天子冠颂》。

《天子冠颂》："惟永元之盛代……以三载之孟春，建寅月之上旬。皇帝将加玄冕，简甲子之元辰。"

○曹褒《新礼》行于世。

《后汉书》卷三十五《曹褒传》："会帝崩，和帝即位，褒乃为作章句，帝遂以《新礼》二篇冠。擢褒监羽林左骑。"

○二月，耿夔于金微山大破北匈奴。

《后汉书》卷四《后帝纪》："二月，大将军窦宪遣左校尉耿夔出居延塞，围北单于于金微山，大破之，获其母阏氏。"《后汉书》卷二十三《窦宪传》："明年，复遣右校尉耿夔、司马任尚、赵博等将兵击北虏于金微山，大破之，克获甚众。北单于逃走，不知所在。"《后汉书》卷八十九《南匈奴列传》："三年，北单于复为右校尉耿夔所破，逃亡不知所在。"

○十月，和帝幸长安。韩棱反对大臣见窦宪称万岁。

《后汉纪》卷十三《孝和皇帝纪上》："冬十月，幸长安，祠园陵。诏令大将军宪与轻驾会长安。"《后汉书》卷四十五《韩棱传》："及宪有功，还为大将军，威震天下，复出屯武威。会帝西祠园陵，诏宪与轻驾会长安。及宪至，尚书以下议欲拜之，伏称万岁。棱正色曰：'夫上交不谄，下交不黩，礼无人臣称万岁之制。'议者皆惭而止。"《后汉纪》卷十三《孝和皇帝纪上》："时，尚书见宪，皆欲释伏称万岁。尚书令韩棱曰：'枉道事人臣，非所以立身也。且礼无为人臣称万岁之制。'左右皆惭，遂已。"

○班固作《与窦宪笺》。

严可均辑《全后汉文》收录班固《与窦宪笺》佚文五条，其中有两条大同小异，实为一条。

【考论】班固作《与窦宪笺》多篇。这些文章当作于班固出使北匈奴之后,窦宪被诛之前,故系于本年。

○袁安作《奏议立左鹿蠡王阿佟为北单于》及《又上封事谏立北单于》。

《后汉书》卷四十五《袁安传》:"时窦宪复出屯武威。明年,北单于为耿夔所破,遁走乌孙,塞北地空,余部不知所属。宪日矜己功,欲结恩北虏,乃上立降者左鹿蠡王阿佟为北单于,置中郎将领护,如南单于故事。事下公卿议,太尉宋由、太常丁鸿、光禄勋耿秉等十人议可许。安与任隗奏,以为:'光武招怀南虏,非谓可永安内地,正以权时之算,可得扞御北狄故也。今朔漠既定,宜令南单于反其北庭,并领降众,无缘复更立阿佟,以增国费。'宗正刘方、大司农尹睦同安议。事奏,未以时定。安惧宪计遂行,乃独上封事曰……诏下其议,安又与宪更相难折。……宪竟立匈奴降者左鹿蠡王於除鞬为单于,后遂反叛,卒如安策。"《后汉书》卷四《和帝纪》:"三年……二月,大将军窦宪遣左校尉耿夔出居延塞,围北单于于金微山,大破之,获其母阏氏。……四年春正月,北匈奴右谷蠡王於除鞬自立为单于,款塞乞降。遣大将军左校尉耿夔授玺绶。"《后汉书》卷八十九《南匈奴列传》:"三年,北单于复为右校尉耿夔所破,逃亡不知所在。其弟右谷蠡王於鞬自立为单于,将右温禺鞬王、骨都侯以下众数千人,止蒲类海,遣使款塞。大将军窦宪上书,立於除鞬为北单于,朝廷从之。四年,遣耿夔即授玺绶……五年,於除鞬自畔还北。"

【考论】《后汉纪》卷十三《孝和皇帝纪上》将此二文系于永元二年(90),显然误。

○胡广生。

《后汉书》卷四十四《胡广传》:"年八十二,熹平元年薨。"

【考论】胡广卒于熹平元年(172),年八十二。以此推之,胡广当生于本年。《后汉书》卷四十四《胡广传》:"初,杨雄依《虞箴》作《十二州二十五官箴》,其九箴亡阙,后涿郡崔骃及子瑗又临邑侯刘騊駼增补十六篇,广复继作四篇,文甚典美。乃悉撰次首目,为之解释,名曰《百官箴》,凡四十八篇。其余所著诗、赋、铭、颂、箴、吊及诸解诂,凡二十二篇。”

和帝永元四年(92)　壬辰　十四岁

○马廖卒,子遵嗣。

《后汉书》卷二十四《马廖传》:“后诏廖还京师。永元四年,卒。和帝以廖先帝之舅,厚加賵赙,使者吊祭,王主会丧,谥曰安侯。子遵嗣,徙封程乡侯。”

○六月,马光坐窦宪免官。

《后汉书》卷四《和帝纪》:“六月……窦宪潜图弑逆。庚申,幸北宫,诏收捕宪党……使谒者仆射收宪大将军印绶,遣宪及弟笃、景就国,到皆自杀。”《后汉书》卷二十四《马防传》:“及窦宪诛,光坐与厚善,复免就封。”《东观汉记》卷十二《马光传》:“光前坐党附窦宪,归国。”

○六月,马防及马遵坐徙丹阳。

《后汉书》卷二十四《马防传》:“及窦宪诛,光坐与厚善,复免就封。……而防及廖子遵皆坐徙封丹阳。防为翟乡侯,租岁限三百万,不得臣吏民。防后以江南下湿,上书乞归本郡,和帝听之。”《后汉书》卷二十四《马廖传》:“子遵嗣,徙封程乡侯。”

○马棱坐窦宪抵罪。

《后汉书》卷二十四《马棱传》:“大将军窦宪西屯武威,棱多奉军费,侵赋百姓。宪诛,坐抵罪。”

○四月,大将军窦宪还京师。崔骃作《大将军临洛观赋》。

《后汉书》卷四《和帝纪》:“夏四月丙辰,大将军窦宪还至京师。”

【考论】崔骃此文当作于窦宪归洛之时,故系于本年。

○班固作《马仲都哀辞》。

《马仲都哀辞》:“车骑将军顺文侯马仲都,明帝舅也。从车驾于洛水,浮桥马惊,入水溺死。帝顾谓侍御曰:‘班固为马上三十步哀辞。’”

【考论】此文错误较多。据《后汉书·明帝纪》及《后汉书·皇后纪》记载,明帝仅一后,即马皇后。马皇后于永平三年(60)立为皇后,直至明帝卒。

班固文中所言“明帝舅”显然指的是马皇后兄弟。马皇后有四兄，马客卿年幼早卒，唯马廖卒于明帝时，可见“马仲都”指的是马廖。据《后汉书·马廖传》，马廖，曾任虎贲中郎将、卫尉等职，未曾任车骑将军。马廖曾封为顺阳侯，班固文中“顺文侯”当为“顺阳侯”之误。

○六月，丁鸿作《日食上书封事》，和帝因收窦氏之权。

《后汉书》卷四《和帝纪》：“六月戊戌朔，日有食之。丙辰，郡国十三震。窦宪潜图弑逆。……”《后汉书》卷三十七《丁鸿传》：“永和四年，代袁安为司徒。是时窦太后临政，宪兄弟各擅威权。鸿因日食，上封事曰：‘臣闻日者阳精，守实不亏，君之象也；月者阴精，盈毁有常，臣之表也。故日食者，臣乘君，阴陵阳……’书奏十余日，帝以鸿行太尉兼卫尉，屯南、北宫。于是收窦宪大将军印绶，宪兄弟皆自杀。”《资治通鉴》卷四十八：“六月，戊戌朔，日有食之。丁鸿上疏曰：‘昔诸吕擅权，统嗣几移……’”

【考论】《后汉纪》卷十三《孝和皇帝纪上》：“（永元四年）四月丁丑，太常丁鸿上封事曰……上深纳之。丙辰，京师地震。是时窦氏骄横，威震海内。……是月，宪还京师，（郑）众白太后，帝当谨护玺绶。庚申，上幸北宫。诏公卿百官，使执金吾卫南、北宫，诏收宪大将军印绶……”丁鸿因“日食”上书，指的便是本年六月日食。且《后汉书·丁鸿传》明确记载，书奏十余日，和帝下诏收窦宪大将军印绶。可见《后汉纪》误。

○六月，窦宪被诛。

《后汉书》卷四《和帝纪》：“夏四月丙辰，大将军窦宪还至京师。六月……窦宪潜图弑逆。庚申，幸北宫，诏收捕宪党射声校尉郭璜，璜子侍中举，卫尉邓叠，叠弟步兵校尉磊，皆下狱死。使谒者仆射收宪大将军印绶，遣宪及弟笃、景就国，到皆自杀。”《后汉书》卷二十三《窦宪传》：“会宪及邓叠班师还京师，诏使大鸿胪持节郊迎，赐军吏各有差。宪等既至，帝乃幸北宫，诏执金吾、五校尉勒兵屯卫南、北宫，闭城门，收捕叠、磊、璜、举，皆下狱诛，家属徙合浦。遣谒者仆射收宪大将军印绶，更封为冠军侯。宪及笃、景、瓌皆遣就国。帝以太后故，不欲名诛宪，为选严能相督察之。宪、笃、景到国，皆迫令自杀。”

〇**韩棱理窦宪案**。

《后汉书》卷四十五《韩棱传》:“及窦氏败,棱典案其事,深竟党与,数月不休沐。帝以为忧国忘家,赐布三百匹。”

〇**何敞坐窦氏免归**。

《后汉书》卷四十三《何敞传》:“及窦氏败,有司奏敞子与夏阳侯(窦)瓌厚善,坐免官。”《后汉纪》卷十三《孝和皇帝纪上》:“于是何敞、班固免归家。敞子与(窦)瓌善,固党于窦氏也。”

〇**班固卒**。

《后汉书》卷四十下《班固传》:“及(窦)宪败,固先坐免官。固不教学诸子,诸子多不遵法度,吏人苦之。初,洛阳令种兢尝行,固奴干其车骑,吏椎呼之,奴醉骂,兢大怒,畏宪不敢发,心衔之。及窦氏宾客皆逮考,兢因此捕系固,遂死狱中。时年六十一。……固所著《典引》《宾戏》《应讥》、诗、赋、铭、诔、颂、书、文、记、论、议、六言,在者凡四十一篇。”

【**考论**】《隋书》卷三十五《经籍志四》著录“《班固集》十七卷”,“《太甲篇》一卷,《在昔篇》一卷……亡”。姚振宗《隋书经籍志考证》卷十:“《汉书·艺文志》曰……臣复续扬雄作十三章凡一百二章,无复字。……韦昭曰:臣班固自谓也。”[①]可见班固还作有《续仓颉篇》三十章。《全后汉文》收录其文三十四篇,《先秦汉魏晋南北朝诗》收录其诗八首。

〇**七月,太尉宋由坐党窦氏自杀**。

《后汉书》卷四《和帝纪》:“秋七月己丑,太尉宋由坐党宪自杀。”

〇**张酺作《上疏平窦氏罪刑》**。

《后汉书》卷四十五《张酺传》:“(张)酺少从祖父充受《尚书》,能传其业。又事太常桓荣,勤力不怠,聚徒以百数。永平九年,显宗为四姓小侯开学于南宫,置《五经》师。酺以《尚书》教授,数讲于御前。……及窦氏败,酺乃上疏曰……和帝感酺言,徙瓌封,就国而已。”《后汉纪》卷十三《孝和皇帝纪上》:“(永元四年)宪、笃、景皆自杀,宗族免归本郡。河南尹张酺上疏

① 姚振宗:《隋书经籍志考证》,二十五史刊行委员会员编:《二十五史补编》第4册,中华书局1955年版,第5199页。

曰……上感酺言,徙瓌为长沙侯。”

〇班昭受诏续作《汉书》八表。

《后汉书》卷八十四《列女传·曹世叔妻传》:“扶风曹世叔妻者,同郡班彪之女也,名昭,字惠班,一名姬。博学高才。世叔早卒,有节行法度。兄固著《汉书》,其八表及《天文志》未及竟而卒。和帝诏(班)昭就东观臧书阁踵而成之。”

〇贾逵作《历数论》。

《后汉书》志第二《律历志中》:“永元中,复令史官以《九道法》候弦望,验无有差跌。逵论集状,后之议者,用得折衷,故详录焉。逵论曰……案逵论,永元四年也。”

〇曹褒迁射声校尉。

《后汉书》卷三十五《曹褒传》:“永元四年,迁射声校尉。……褒在射声,营舍有停棺不葬者百余所,褒亲自履行,问其意故。”《太平御览》卷二百四十二引《续汉书》:“曹褒迁射声校尉,案行营舍,不葬者悉为买空地葬之,设祭,吏士咸称其仁。”①

〇李郃举孝廉,迁尚书令、太常。

《后汉书》卷八十二上《方术列传上·李郃传》:“李郃字孟节,汉中南郑人也。……郃袭父业,游太学,通《五经》。善《河》《洛》风星,外质朴,人莫识之。县召署幕门候吏。……时大将军窦宪纳妻,天下郡国皆有礼庆,郡亦遣使。郃进谏曰:‘窦将军椒房之亲,不修礼德,而专权骄恣,危亡之祸可翘足而待。愿明府一心王室,勿与交通。’太守固遣之,郃不能止。请求自行,许之。郃遂所在留迟,以观其变。行至扶风,而宪就国自杀,支党悉伏其诛。凡交通宪者,皆为免官,唯汉中太守不豫焉。郃岁中举孝廉,五迁尚书令,又拜太常。”

〇杨伦从丁鸿受《古文尚书》。

《后汉书》卷七十九上《儒林列传上·杨伦传》:“杨伦字仲理,陈留东昏人也。少为诸生,师事司徒丁鸿,习《古文尚书》。”《后汉书》卷三十七《丁鸿

① 李昉等编:《太平御览》,中华书局1960年版,第1146页。

传》："永元四年代袁安为司徒。是时窦太后临政，宪兄弟各擅威权。鸿因日食，上封事曰……书奏十余日，帝以鸿行太尉兼卫尉，屯南、北宫。……六年，鸿薨，赐赠有加常礼。"

【考论】丁鸿于本年为司徒，故杨伦从丁鸿受学当在此时。

○陈弇从丁鸿受《古文尚书》。

《后汉书》卷七十九上《儒林列传上·欧阳歙传》："又陈留陈弇，字叔明，亦受《欧阳尚书》于司徒丁鸿，仕为蕲长。"

【考论】丁鸿于本年为司徒，故陈弇从丁鸿受学当在此时。

○崔骃卒。

《后汉书》卷五十二《崔骃传》："永元四年，卒于家。所著诗、赋、铭、颂、书、记、表、《七依》《婚礼结言》《达旨》《酒警》合二十一篇。"

【考论】《隋书》卷三十五《经籍志四》："后汉长岑长《崔骃集》十卷。"严可均《后汉文》收录其文三十九篇。《先秦汉魏晋南北朝诗》收录其诗五首。

○杨秉生。

《后汉书》卷五十四《杨秉传》："秉字叔节，少传父业，兼明《京氏易》，博通书传，常隐居教授。……（延熹）八年薨，时年七十四，赐茔陪陵。"

【考论】杨秉卒于延熹八年（165），年七十四岁，以此推之，杨秉当生于本年。

和帝永元五年（93）　癸巳　十五岁

○正月，祀五帝于明堂。

《后汉书》卷四《和帝纪》："五年春正月乙亥，宗祀五帝于明堂，遂登灵台，望云物，大赦天下。"

○三月，诏令郡国举吏，试之以职。

《后汉书》卷四《和帝纪》："三月戊子，诏曰：'选举良才，为政之本。科别行能，必由乡曲。而郡国举吏，不加简择，故先帝明敕在所，令试之以职，乃得充选。又德行尤异，不须经职者，别署状上。而宣布以来，出入九年，二千石曾不承奉，恣心从好，司隶、刺史讫无纠察。今新蒙赦令，且复申敕，后有犯者,显明其罚。在位不以选举为忧,督察不以发觉为负,非独州郡也,是以庶官多非其人。下民被奸邪之伪,由法不行故也。”

○丁鸿作《上言举孝廉用口率》。

《后汉书》卷三十七《丁鸿传》:“时大郡口五六十万举孝廉二人,小郡口二十万并有蛮夷者亦举二人,帝以为不均,下公卿会议。鸿与司空刘方上言:‘凡口率之科,宜有阶品,蛮夷错杂,不得为数。自今郡国率二十万口岁举孝廉一人,四十万二人,六十万三人,八十万四人,百万五人,百二十万六人。不满二十二万岁一人,不满十万三岁一人。’帝从之。”

【考论】《后汉书·丁鸿传》中此文载于永元四年(92)之后,而丁鸿卒于永元六年(94),故此文当作于本年。

○张酺作《奏劾曹褒》,曹褒所制定《新礼》废而不行。

《后汉书》卷四《和帝纪》:“(五年)十一月乙丑,太仆张酺为太尉。”《后汉书》卷三十五《曹褒传》:“永元四年,迁射声校尉。后太尉张酺、尚书张敏等奏褒擅制《汉礼》,破乱圣术,宜加刑诛。帝虽寝其奏,而《汉礼》遂不行。”《资治通鉴》卷四十八:“十一月,乙丑,太仆张酺为太尉。酺与尚书张敏等奏:‘射声校尉曹褒,擅制汉礼,破乱圣术,宜加刑诛。’书凡五奏,帝知酺守学不通,虽寝其奏,而汉礼遂不行。”

【考论】此处称张酺为“太尉”,表明其劾曹褒在其为太尉之后,《资治通鉴》卷四十八系于本年,可信,此从之。《后汉纪》卷十三《孝和皇帝纪上》系于永元三年(91),似误。

○周纡作《上疏劾窦瓌》。

《后汉书》卷七十七《酷吏列传·周纡传》:“永元五年,复征为御史中丞。诸窦虽诛,而夏阳侯瓌犹尚在朝。纡疾之,乃上疏曰……会瓌归国,纡迁司隶校尉。”

○刘畅作《上疏辞谢和帝》。

《后汉书》卷五十《孝明八王列传·梁节王畅传》:“永元五年,豫州刺史梁相举奏畅不道,考讯,辞不服。有司请征畅诣廷尉诏狱,和帝不许。有司重奏除畅国,徙九真,帝不忍,但削成武、单父二县。畅惭惧,上疏辞谢曰……诏报曰……畅固让,章数上,卒不许。”

〇桓郁卒。

《后汉书》卷三十七《桓郁传》:“永元四年,代丁鸿为太常。明年,病卒。郁经授二帝,恩宠甚笃,赏赐前后数百千万,显于当世。门人杨震、朱宠,皆至三公。初荣受业朱普学章句四十万言,浮辞繁长,多过其实。及荣入授显宗,减为二十三万言。郁复删省定成十二万言。由是有《桓君大小太常章句》。”

和帝永元六年(94)　甲午　十六岁

〇二月,马光自杀,其子马康亦为郡所杀。马光子马朗上书求归葬。

《后汉书》卷四《和帝纪》:“二月……许侯马光自杀。”《后汉书》卷二十四《马防传》:“及窦宪诛,光坐与厚善,复免就封。后宪奴诬光与宪逆,自杀,家属归本郡。本郡复杀康。”《东观汉记》卷十二《马光传》:“光前坐党附窦宪,归国,为宪客奴所诬告。奴名玉当。初,窦氏有事,玉当亡,私从光乞,不与。恨去,怀挟欲中光。官捕得玉当,因告言光与宪有恶谋,光以被诬不能自明,乃自杀。光死后,宪他奴郭户自出证明光、宪无恶言,光子朗上书迎光丧葬旧茔,诏许之。”

〇三月,下诏群臣举贤良方正、能直言极谏之士,帝亲策问。

《后汉书》卷四《和帝纪》:“三月……丙寅诏曰:‘……其令三公、中二千石、二千石、内郡守相举贤良方正、能直言极谏之士各一人。昭岩穴,披幽隐,遣诣公车,朕将悉听焉。’帝乃亲临策问,选补郎吏。”《后汉纪》卷十三《孝和皇帝纪上》:“三月丙寅,诏三公、二千石举贤良方正、直言极谏之士各一人。”

〇春,张衡游三辅,作《温泉赋》。

《后汉书》卷五十九《张衡传》:“衡少善属文,游于三辅,因入京师,观太学,遂通《五经》,贯六艺。虽才高于世,而无骄尚之情。常从容淡静,不好交接俗人。”《温泉赋》云:“阳春之月,百草萋萋。余在远行,顾望有怀。遂适骊山,观温泉,浴神井,风中峦,壮厥类之独美,思在化之所原,美洪泽之普施,乃为赋云……"

【考论】张衡于下年(95)入太学(详后文),其游三辅当在入太学前一两年,故系于本年。

〇三月,养奋作《贤良方正对策》。

《后汉书》志第十五《五行志三》:"十二年六月,颍川大水,伤稼。……征三舅为列侯,位特进,赏赐累千金。"注引《广州先传》曰:"和帝时策问阴阳不和,或干或旱,方正郁林布衣养奋,字叔高,对曰……"《后汉书》卷四《和帝纪》:"(六年)三月……丙寅诏曰:'朕以眇末,承奉鸿烈。阴阳不和,水旱违度,济河之域,凶馑流亡,而未获忠言至谋,所以匡救之策。寤寐永叹,用思孔疚。惟官人不得于上,黎民不安于下,有司不念宽和,而竞为苛刻,覆案不急,以妨民事,甚非所以上当天心,下济元元也。思得忠良之士,以辅朕之不逮。其令三公、中二千石、二千石、内郡守相举贤良方正、能直言极谏之士各一人。昭岩穴,披幽隐,遣诣公车,朕将悉听焉。'帝乃亲临策问,选补郎吏。"

【考论】考之《后汉书》卷四《和帝纪》,永元十二年(100)六月"舞阳大水",但并无求对策之事。刘昭注将养奋对策文系于此时,显然误。刘跃进先生认为养奋此文乃本年对策结果①,可信,此从之。

〇七月,张奋作《因灾旱上疏》。

《后汉书》卷四《和帝纪》:"秋七月,京师旱。诏中都官徒各除半刑,谪其未竟,五月已下皆免遣。丁巳,幸洛阳寺,录囚徒,举冤狱。收洛阳令下狱抵罪,司隶校尉、河南尹皆左降。未及还宫而澍雨。"《后汉书》卷三十五《张奋传》:"(永元)六年,代刘方为司空。时岁灾旱,祈雨不应,乃上表曰……即时引见,复口陈时政之宜。明日,和帝召太尉、司徒幸洛阳狱,录囚徒,收洛阳令陈歆,即大雨三日。"《后汉纪》卷十三《孝和皇帝纪上》:"秋七月,京都旱。司空张奋上疏曰……"

〇杜崇作《上言备南单于》。

《后汉书》卷八十九《南匈奴列传》:"六年,皇甫棱免,以执金吾朱徽行

① 刘跃进:《秦汉文学编年史》,商务印书馆2006年,第445—446页。

度辽将军。时单于与中郎将杜崇不相平，乃上书告崇，崇讽河西太守令断单于章，无由自闻。而与崇与朱徽上言：‘南单于安国疏远故胡……’和帝下公卿议。”《后汉书》卷四《和帝纪》：“（六年）南单于安国从弟子逢侯率叛胡亡出塞。九月癸丑，以光禄勋邓鸿行车骑将军事，与越骑校尉冯柱、行度辽将军朱徽、使匈奴中郎将杜崇讨之。”《后汉纪》卷十三《孝和皇帝纪上》：“（六年）秋七月……安国乃委计降者，使图师子。安国既为单于，师子为左贤王，觉知安国之谋，乃阴为之备。每会议事，召师子，辄称病不往，安国益忿。是时中郎将杜使安国，安国心不平，因上书告崇。崇敕河西太守令断其章，安国欲自诉不得。而崇与度辽将朱徽上言……公卿处议中崇，遂发郡兵。”

【考论】据《后汉纪》所记，此文当作于七月之后，《资治通鉴》卷四十八将系于本年正月，不知何据。

○陈宠作《奏请删除律令》。

《后汉书》卷四十六《陈宠传》：“永元六年，宠代郭躬为廷尉，性仁矜。及为理官，数议疑狱，常亲自为奏，每附经典，务从宽恕，帝辄从之，济活者甚众。其深文刻敝，于此少衰。宠又钩校律令条法，溢于《甫刑》者除之，曰：‘臣闻《礼经》三百，威仪三千……’”

○王充作《养性》十六篇。

《论衡·自纪》：“年渐七十，时可悬舆。仕路隔绝，志穷无如。事有否然，身有利害。发白齿落，日月逾迈。俦伦弥索，鲜所恃赖。贫无供养，志不娱快。历数冉冉，庚辛域际，虽惧终徂，愚犹沛沛。乃作《养性》之书，凡十六篇。养气自辅，适食则酒，闭明塞聪，爱精自保，适辅服药引导，庶冀性命可延，斯须不老。”《后汉书》卷四十九《王充传》：“年渐七十，志力衰耗，乃造《养性书》十六篇，裁节嗜欲，颐神自守。”《太平御览》卷七百二十引《会稽典录》：“王充年渐七十乃作《养生》之书，凡十六篇。养气自守，闭明塞聪，爱精自辅，服药道引，庶几犹道。”①

【考论】王充生于建武三年(27)，至此年已六十八，合于“年渐七十”，故《养性》当作于本年前后。

---

① 李昉等编：《太平御览》，中华书局1960年版，第3189页。

○曹褒迁城门校尉、将作大匠。

《后汉书》卷三十五《曹褒传》:“褒在射声……迁城门校尉、将作大匠。时有疾疫,褒巡行病徒,为致医药,经理馑粥,多蒙济活。”

【考论】《后汉书·曹褒传》将此记于太尉张酺和尚书张敏反对曹褒《汉礼》之后,故曹褒迁城门校尉当在本年。刘汝霖《汉晋学术编年》将曹褒为城门校尉系于永元五年,显然不确。

○黄香迁尚书令。

《后汉书》卷八十上《文苑列传上·黄香传》:“六年,累迁尚书令。”《资治通鉴》卷四十八:“帝以尚书令黄香为东郡太守,香辞以:‘典郡从政,才非所宜,乞留备冗官,赐以督责小职,任之宫台烦事。’帝乃复留香为尚书令,增秩二千石,甚见亲重。香亦祗勤物务,忧公如家。”

○李固生。

《后汉书》卷六十三《李固传》:“李固字子坚,汉中南郑人,司徒郃之子也。……遂诛之,时年五十四”。

【考论】李固卒于建和元年(147),年五十四岁。以此推之,李固当生于本年。

和帝永元七年(95)　乙未　十七岁

○四月,诏选郎官三十人出补长、相。

《后汉书》卷四《和帝纪》:“夏四月……诏曰:‘元首不明,化流无良,政失于民,谪见于天。深惟庶事,五教在宽,是以旧典因孝廉之举,以求其人。有司详选郎官宽博有谋才任典城者三十人。’既而悉以所选郎出补长、相。”

○班昭作《东征赋》。

班昭《东征赋》:“惟永初之有七兮,余随子乎东征。”

【考论】李善《东征赋》注云:“和帝年号永初。”和帝在位时的年号只有“永元”而无“永初”。清代阮元认为此赋作于永元七年(95),“昭之东征,因子榖长垣长而出京师。考昭本传言昭卒年七十余。昭卒在邓太后之前。故邓太后素服使护丧事。又考安帝永初元年,昭谏邓骘之事,是昭在京师为太后所敬听,故其子成(即子穀)为中散大夫,必和帝永元七年为长垣长以后事。盖班固卒于永元四年,班固死,始召昭入宫续编《汉书》,亦当在子穀为长垣长之后。当时昭已年将六十矣。以此推之,则赋首‘永初’亦为‘永元’之误。李注所引和帝年号‘永初’亦为‘永元’之误。若是‘永初’则当作安帝矣。”[1]此说得到朱维铮等学者的赞同,认为班昭东征的时间当为永元七年[2]。阮元等学者所言甚是。《三辅决录》卷一:“齐相子穀,颇随时俗。曹成,寿之子也。司徒掾察孝廉,为长垣长。母为太后师。征拜中散大夫。子穀即成之字也。”《后汉书》卷十上《皇后纪上·和熹邓皇后纪》:“元兴元年,帝崩,长子平原王有疾,而诸皇子夭没,前后十数,后生者辄隐秘养于人间。殇帝生始百日,后乃迎立之。尊后为皇太后,太后临朝。……及殇帝崩,太后定策立安帝,犹临朝。”《后汉书》卷八十四《列女传·曹世叔妻传》:“(班昭)及邓太后临朝,与闻政事。以出入之勤,特封子成关内侯,官至齐相。”可见,班昭之子曹成为中散大夫及封关内侯当在殇帝、安帝在位邓太后临朝之时,而为长垣长则在此之前。《后汉书》志第二十五《百官志二》:“中散大夫,六百石。”《后汉书》志第二十八《百官志五》:“关内侯,承秦赐爵十九等,为关内侯,无土,寄食在所县,民租多少,各有户数为限。”《后汉书》志第二十一《郡国志三》:“长垣侯国。有匡城。有蒲城。有祭城。”《后汉书》志第二十八《百官志五》:“属官,每县、邑、道,大者置令一人,千石;其次置长,四百石;小者置长三百石。侯国之相,秩次亦如之。”中散大夫秩六百石,而侯国相仅三四百石。从职官变迁来看,曹成亦当先为长垣长,后迁为中散大夫。《后汉书》卷四《和帝纪》:“(永元七年)夏四月辛亥朔,日有食之。帝引见公卿问得失,令将、大夫、御史、谒者、博士、议郎、郎官会廷中,各言封事。诏曰:‘元首不明,化流无良,政失于民,谪见于天。深惟庶事,五教在宽,是以旧典因孝廉之举,以求其人。有司详选郎官宽博有谋才任典城者三十人。’既而悉以所选郎出补长、相。”可见,班昭之子曹成于本年出补长垣长,班昭随行,故作《东征赋》。班昭年四十六。

---

① 梁章钜撰,穆克宏点校:《文选旁证》,福建人民出版社 2000 年版,第 301—302 页。
② 参见朱维铮:《班昭考》,《中华文史论丛》,2006 年第 2 期。

○邓太后选入宫，从班昭学习。

《后汉书》卷十上《皇后纪上·和熹邓皇后纪》："七年，后复与诸家子俱选入宫。……太后自入宫掖，从曹大家受经书，兼天文、算数。"

○班超封为定远侯。

《后汉书》卷四十七《班超传》："六年秋……明年，下诏曰：'……其封超为定远侯，邑千户。'"

○崔瑗至京师。

《后汉书》卷五十二《崔瑗传》："年十八，至京师。"

【考论】《后汉书》卷五十二《崔瑗传》："汉安初……岁余，光禄大夫杜乔为八使，徇行郡国，不臧罪奏瑗，征诣廷尉。瑗上书自讼，得理出。会病卒，年六十六。"如上所说，崔瑗当生于章帝建初三年(78)，至本年，年十八岁。故崔瑗至京师当在本年。

○张衡至京师，入太学。

《后汉书》卷五十九《张衡传》："衡少善属文，游于三辅，因入京师，观太学，遂通《五经》，贯六艺。虽才高于世，而无骄尚之情，常从容淡静，不好交接俗人。"

【考论】张衡卒于顺帝永和四年(139)，年六十岁。以此推之，张衡当生于章帝建初三年(78)，与崔瑗同年，长马融一岁。至本年，年十八岁。张衡太学受业，当在此年前后，故能与崔瑗相善。

○曹褒拜河内太守。

《后汉书》卷三十五《曹褒传》："七年，出为河内太守。时春夏大旱，粮谷踊贵。褒到，乃省吏并职，退去奸残，澍雨数降。其秋大孰，百姓给足，流冗皆还。"《东观汉记》卷十五《曹褒传》："曹褒为河内太守，时旱，春至六月无雨，谷贵，百姓颇流离。褒到，省吏职，退去贪残，屡得澍雨。其秋大熟，百姓给足，流民皆还。"

和帝永元八年(96)　丙申　十八岁

○贾逵为侍中，领骑都尉。

《后汉书》卷三十六《贾逵传》："八年，复为侍中，领骑都尉。内备帷幄，兼领秘书近署，甚见信用。"

○崔瑗从贾逵受业，与马融、张衡交好。

《后汉书》卷五十二《崔瑗传》："年十八，至京师。从侍中贾逵质正大义，逵善待之，瑗因留游学，遂明天官、历数、《京房易传》、六日七分。诸儒宗之，与扶风马融、南阳张衡特友好。"

【考论】贾逵于本年方为侍中，崔瑗师从贾逵当在本年。崔瑗上年(95)至京师，可见崔瑗至京师和师从贾逵并非同一年。

○李尤为兰台令史。

《后汉书》卷八十上《文苑列传上·李尤传》："和帝时，侍中贾逵荐尤有相如、杨雄之风，召诣东观，受诏作赋，拜兰台令史。"

【考论】贾逵于本年为侍中，其荐李尤及李尤为兰台令史当在本年。

○班昭入宫讲学。

《后汉书》卷八十四《列女传·曹世叔妻传》："帝数召入宫，令皇后诸贵人师事焉，号曰大家。每有贡献异物，辄诏大家作赋颂。"《后汉书》卷十《皇后纪上·和熹邓皇后纪》："八年冬，入掖庭为贵人。……太后自入宫掖，从曹大家受经书。"

和帝永元九年(97)　丁酉　十九岁

○马棱为丹阳太守。后迁会稽太守、河内太守。

《后汉书》卷二十四《马棱传》："宪诛，坐抵罪。后数年，江湖多剧贼，以棱为丹阳太守。棱发兵掩击，皆禽灭之。"《后汉书》卷八十二上《方术列传上·李南传》："李南字孝山，丹阳句容人也。……和帝永元中，太守马棱坐盗贼事被征，当诣廷尉，吏民不安，南特通谒贺。……旦日，棱延望景晏，以为无征。至晡，乃有驿使赍诏书原停棱事。"《东观汉记》卷十二《马棱传》：

“马棱为会稽太守,诏诰会稽车牛不务坚强,车皆以桃枝细簟。”

【考论】陈邦福《马季长年谱》据《和帝纪》永元十四年(102)夏四月“遣使者督荆州兵讨巫蛮,破降之”,将马棱为丹阳太守定于永元十四年(102)①,显然过晚。且丹阳郡属扬州,而非荆州。窦宪于永元四年(92)被诛,马棱亦于此时免官,至永元十四年(102)有十年之久,显然不合于《马棱传》所言“后数年”。据《方术列传上·李南传》,马棱讨贼可能开始失利,故有被征一事。据此,马棱为丹阳太守时间不会少于二三年。后马棱转为会稽太守、河内太守,皆为和帝时事。故将马棱为丹阳太守系于本年,自其罢官以来已有五年,合于《马棱传》所言“后数年”;至和帝最后一年(105)尚有八年之久,故其能转迁会稽太守和河内太守。

○闰八月,窦太后卒。

《后汉书》卷四《和帝纪》:“八月……闰月辛巳,皇太后窦氏崩。丙申,葬章德皇后。”《后汉书·皇后纪上·章德窦皇后纪》:“九年,太后崩。”《后汉纪》卷十四《孝和皇帝纪下》:“闰月辛巳,皇太后窦氏崩。”

○梁扈作《遣从兄禅奏记三府》,梁嫕上书自讼。

《后汉书》卷三十四《梁竦传》:“永元九年,窦太后崩,松子扈遣从兄禅奏记三府,以为汉家旧典,崇贵母氏,而梁贵人亲育圣躬,不蒙尊号,求得申议。太尉张酺引禅讯问事理,会后召见,因白禅奏记之状。帝感恸良久,曰:‘于君意若何?’酺对曰:‘《春秋》之义,母以子贵。汉兴以来,母氏莫不隆显,臣愚以为宜上尊号,追慰圣灵,存录诸舅,以明亲亲。’帝悲泣曰:‘非君孰为朕思之!’会贵人姊南阳樊调妻嫕上书自讼曰:‘妾同产女弟贵人,前充后宫,蒙先帝厚恩,得见宠幸。皇天授命,诞生圣明。而为窦宪兄弟所见谮诉,使妾父竦冤死牢狱,骸骨不掩。……’帝览章感悟,乃下中常侍、掖庭令验问之,嫕辞证明审,遂得引见,具陈其状。”《后汉纪》卷十四《孝和皇帝纪下》:“窦后崩,舞阴公主长子梁扈遣从兄擅奏记三府曰:‘《春秋》之义,母以子贵,汉家旧典也。今梁贵人亲育圣躬,而不蒙尊号。’三府得记,谢遣擅。太尉张

① 参见陈邦福编:《马季长年谱》,吴洪泽、尹波、舒大纲主编:《儒藏·史部·儒林年谱(3)》,四川大学出版社2007年版(影印本),第350页。

酺独见擅,具问之,曰:‘此公之职而梁氏之福也。’会以蝗飞过京师,召见对说,因具言擅记,上曰:‘意云如酺,不知葬礼有阙也。’对曰:‘陵上宜置长史,加祠祭之礼;收录诸舅以明亲亲。’上复曰:‘于义如何?’酺曰:‘今《春秋》之义,今汉家有行事。梁、窦并为名姓,保守西河,以忠获封。窦宪兄弟不轨,太后谤议,籍籍闻于天下。姓族无以逾梁氏,加以亲外家,诚宜尊显。’上曰:‘非君,孰为朝廷恩大!家事籍籍,君所知。’上深纳酺言。会贵人姊凭上书曰……辞甚悲切,上恻然感寤,使中常侍、掖庭令杂讯问,凭辞证明审。”①

【考论】《后汉书》作“禅”,《后汉纪》作“擅”,《后汉纪》似误。《后汉书》和《全后汉文》作“嫕”,《后汉纪》作“凭”(凴),似误。

○张酺等上书贬窦太后,帝不许。

《后汉书》卷十上《皇后纪上·章德窦皇后纪》:“九年,太后崩。未及葬,而梁贵人姊嫕上书陈贵人枉殁之状。太尉张酺、司徒刘方、司空张奋上奏,依光武黜吕太后故事,贬太后尊号,不宜合葬先帝。百官亦多上言者。帝手诏曰:‘窦氏虽不遵法度,而太后常自减损。朕奉事十年,深惟大义。礼,臣子无贬尊上之文。恩不忍离,义不忍亏。案前世上官太后亦无降黜,其勿复议。’于是合葬敬陵。”又见《后汉纪》卷十四《孝和皇帝纪下》。

【考论】《后汉书》卷四《和帝纪》:“母梁贵人,为窦皇后所谮,忧卒,窦后养帝以为己子。”《后汉书》卷十上《皇后纪上·章德窦皇后纪》:“四年,(梁贵人)生和帝。后养为己子。欲专名外家而忌梁氏。八年,乃作飞书以陷(梁)竦,竦坐诛,贵人姊妹以忧卒。”和帝四岁母卒,为窦后所养,其立为皇太子及继位,皆得力于窦后,故不从群臣议,仅改葬其生母梁贵人。

○九月,追尊梁贵人为皇太后。十月,以礼改葬梁贵人。

《后汉书》卷四《和帝纪》:“九月……甲子,追皇妣梁贵人为皇太后。……冬十月乙酉,改葬恭怀梁皇后于西陵。”《后汉书》卷三十四《梁竦传》:“于是追尊恭怀皇后。其冬,制诏三公、大鸿胪曰……遣中谒者与嫕及扈,备礼西迎竦丧,诣京师改殡,赐东园画棺、玉匣、衣衾,建茔于恭怀陵傍。帝亲临送葬,百官毕会。”《后汉书》卷十上《皇后纪上·章德窦皇后纪》:“帝

① 张烈点校:《两汉纪》下册《后汉纪》,中华书局2002年版,第276—277页。

以贵人酷殁，敛葬礼阙，乃改殡于承光宫，上尊谥曰恭怀皇后，追服丧服，百官缟素，与姊大贵人俱葬西陵，仅比敬园。”又见《后汉纪》卷十四《孝和皇帝纪下》。

○清河王刘庆上祭母宋贵人冢。

《后汉书》卷五十五《章帝八王列传·清河孝王庆传》：“清河孝王庆，母宋贵人。……常以贵人葬礼有阙，每窃感恨，至四节伏腊，辄祭于私室。窦氏诛后，始使乳母于城北遥祠。及窦太后崩，庆求上冢致哀，帝许之，诏太官四时给祭具。庆垂涕曰：‘生虽不获供养，终得奉祭祀，私愿足矣。’”《后汉纪》卷十四《孝和皇帝纪下》：“宋贵人遇窦氏之谮，葬礼有阙。清河王庆涕泣不敢言，常私祭于室。及梁后改葬，庆乃上书，求上贵人冢，诏听许。悲喜曰：‘生虽不得供养，终得奉祭祀，私愿毕矣。’”

○十二月，张奋上《请定礼乐疏》。

《后汉书》卷四《和帝纪》：“十二月丙寅，司空张奋罢。”《后汉书》卷三十五《张奋传》：“九年，以病罢。在家上疏曰：‘圣人所美，政道至要，本在礼乐。《五经》同归，而礼乐之用尤急。孔子曰……臣以为汉当制作礼乐，是以先帝圣德，数下诏书，愍伤崩缺，而众儒不达，议多驳异。臣累世台辅，而大典未定，私窃惟忧，不忘寝食。臣犬马齿尽，诚冀先死见礼民乐之定。’”

【考论】《后汉纪》卷十四《孝和皇帝纪下》：“十一月丙寅，司空张奋老病致仕。……奋在家，上疏曰……”据方诗铭、方小芬编著《中国史历日和中西历日对照表》，本年十一月无丙寅日，而十二月有丙寅日，可见《后汉纪》误。

○班昭作《大雀赋》。

《后汉书》卷八十四《列女传·曹世叔妻传》：“帝数召入宫，令皇后诸贵人师事焉，号曰大家。每有贡献异物，辄诏大家作赋颂。”《大雀赋》：“大家同产兄西域都护定远侯班超献大雀，诏令大家作赋。”《后汉书·和帝纪》注：“郭义恭《广志》曰：‘大爵，颈及身、膺、蹄都似橐驼，举头高八九尺，张翅丈余，食大麦，其卵如瓮，即今之驼鸟也。”《后汉书》卷八十八《西域传》：“(永元)六年，班超复击破焉耆，于是五十余国悉纳质内属。其条支、安息诸国至于海濒四万里外，皆重译贡献。九年，班超遣掾甘英穷临西海而还。皆前世所不至,《山经》所未详,莫不备其风土,传其珍怪焉。"《后汉书》卷八十八《西域传·安息国》:"和帝永元九年,都护班超遣甘英使大秦,抵条支。临大海欲度,而安息西界船人谓英曰……英闻之乃止。"又《后汉书》卷八十八《西域传·条支国》:"土地暑湿,出师子,犀牛、封牛、孔雀、大雀。大雀其卵如瓮。"

【考论】班超于永元七年(95)封为定远侯,《大雀赋序》称班超为定远侯,故其文当作于此后。西域条支国产大雀。条支国远在西域之外,此前少与汉朝交往。自班超攻破焉耆之后,条支等国皆贡献。九年,班超遣使甘英穷临西海,至条支而止,且"传其珍怪"。班超于本年上献西域异物,条支国特产大雀当在其列。故班昭《大雀赋》当作于本年。

○黄香作《让东郡太守疏》和《留为尚书令上疏》。

《后汉书》卷八十上《文苑列传上·黄香传》:"(永元)六年,累迁尚书令。后以为东郡太守,香上疏让曰……帝亦惜香干用,久习旧事,复留为尚书令。……十二年……"

【考论】黄香于永元六年(94)为尚书令。汉代为官三年一迁,黄香由尚书令迁为东郡太守当在本年,故此二文作于本年。

○王充卒。

《后汉书》卷四十九《王充传》:"永元中,病卒于家。"

【考论】据《论衡·自纪》,王充作《养性》之书时虽年渐七十,"虽惧终徂,愚犹沛沛",而作《自纪》时有垂暮之感,"命以不延,吁叹悲哉"。王充当卒于作《养性》后数年,故系于本年。

和帝永元十年(98)　戊戌　二十岁

○马融父马严卒。

《后汉书》卷二十四《马严传》:"永元十年,卒于家,时年八十二。""严七子,唯续、融知名。"注:"谓固,伉,歆,鱄,融,留,续。"

○张衡始撰《二京赋》。

《后汉书》卷五十九《张衡传》:"时天下承平日久,自王侯以下,莫不逾侈。衡乃拟班固《两都》,作《二京赋》,因以讽谏。精思傅会,十年乃成。”

【考论】据《后汉书·张衡传》记载,《二京赋》当始作于张衡居京师时。如上所说,张衡于永元七年(95)入京师求学,至此已有三年之久,对京师情况较为熟悉,故作《二京赋》。

○贾逵作《上书谏宥刘恺》。

《后汉书》卷三十九《刘恺传》:“至永元十年,有司复奏之,侍中贾逵因上书曰:‘……今恺景仰前修,有伯夷之节,宜蒙矜宥,全其先功,以增圣朝尚德之美。’”

和帝永元十一年(99)　己亥　二十一岁

○四月,崔瑗作《大赦赋》。

《大赦赋》云:“惟汉之十一年四月,大赦,涤恶弃秽,与海内更始……”《古文苑》卷六章樵注:“按《汉书》和帝十一年夏四月丙寅大赦天下。此赋寔少年所作,至桓帝时,论事名曰《政论》。”[①]《后汉书》卷四《和帝纪》:“(十一年)夏四月丙寅,大赦天下。”

【考论】考之史书,东汉诸帝仅光武帝、明帝、和帝及献帝有某一年号长达十一年之上。而光武帝太早,献帝太晚,明帝永平十一年四月并无大赦之举,可见此文所言大赦当为和帝永元十一年四月大赦无疑。据《后汉书·崔瑗传》记载可知,崔瑗生于汉章帝建初三年(78),卒于顺帝汉安二年(143),至本年22岁。崔寔生年不详,其父崔瑗年仅22岁,其无论无何不会超过十岁,并无作此赋之可能,故崔寔当为崔瑗之误[②]。

○鲁丕迁中散大夫,作《上疏论说经》。

《后汉书》卷二十五《鲁丕传》:“十一年复征,再迁中散大夫。时侍中贾逵荐丕道艺深明,宜见任用。和帝因朝会,召见诸儒,丕与侍中贾逵、尚书令黄香等相难数事,帝善丕说,罢朝,特赐冠帻履袜衣一袭。丕因上疏曰:‘……臣闻说经者,传先师之言,非从己出,不得相让;相让则道不明,若

① 章樵注:《古文苑》,上海古籍出版社1993年版,第240页。
② 刘跃进先生“怀疑此赋非崔寔作也,或是崔瑗所作而误作崔寔”。刘跃进:《秦汉文学编年史》,商务印书馆2006年版,第449页。

规矩权衡之不可枉也。难者必明其据，说者务立其义，浮华无用之言不陈于前，故思精不劳而道术愈章。法异者，各令自说师法，博观其义。览诗人之旨意，察《雅》《颂》之终始，明舜、禹、皋陶之相戒，显周公、箕子之所陈，观乎人文，化成天下。陛下既广纳謇謇以开四聪，无令刍荛以言得罪；既显岩穴以求仁贤，无使幽远独有遗失。'"又见《资治通鉴》卷四十八。

和帝永元十二年(100)　庚子　二十二岁

○许慎作《说文解字》。

《后汉书》卷七十九下《儒林列传下·许慎传》："初，慎以《五经》传说臧否不同，于是撰为《五经异义》，又作《说文解字》十四篇，皆传于世。"《说文解字后叙》："粤在永元，困顿之年。"

【考论】刘汝霖以为："困顿者，子年也，故可考知为永元十二年庚子之事。"[①]刘说可信，此从之。

○班超作《上书求代》。

《后汉书》卷四十七《班超传》："十二年，上疏曰：'……臣不敢望到酒泉郡，但愿生入玉门关。臣老病衰困，冒死瞽言，谨遣子勇随献物入塞。及臣生在，令勇目见中土。'而超妹同郡曹寿妻昭亦上书请超曰……书奏，帝感其言，乃征超还。"

【考论】《后汉纪》卷十四《孝和皇帝纪下》将班超此文系于永元十三年(101)，显然误。

○朱穆生。

《后汉书》卷四十三《朱穆传》："延熹六年卒，时年六十四。"

【考论】据《后汉书·朱穆传》，朱穆卒于延熹六年(163)，年六十四。以此推之，朱穆当生于本年。

○杨终卒。

《后汉书》卷四十八《杨终传》："著《春秋外传》十二篇，改定章句十五万言。永元十二年，征拜郎中，以病卒。"

---

① 刘汝霖：《汉晋学术编年》，华东师范大学出版社2010年版，第318页。

○楼望卒。

《后汉书》卷七十九下《儒林列传下·楼望传》:“楼望字次子,陈留雍丘人也。少习《严氏春秋》。操节清白,有称乡闾。……教授不倦,世称儒宗,诸生著录九千余人。年八十,永元十二年,卒于官,门人会葬者数千人,儒家以为荣。”

和帝永元十三年(101)　辛丑　二十三岁

○马融从挚恂受业,娶其女。

《后汉书》卷六十上《马融传》:“初,京兆挚恂以儒术教授,隐于南山,不应征聘,名重关西,融从其游学,博通经籍。恂奇融才,以女妻之。”

【考论】马融出外求学当在父丧期满之后,故系于本年。

○马防卒,子钜嗣。

《后汉书》卷二十四《马防传》:“(永元)十三年,卒。子钜嗣,后为长水校尉。”

○正月,和帝幸东观,博选术艺之士以充官。

《后汉书》卷四《和帝纪》:“十三年正月丁丑,帝幸东观,览书林,阅篇籍,博选术艺之士以充其宫。”

○正月,李尤作《东观赋》和《东观铭》。

《后汉书》卷八十上《文苑列传上·李尤传》:“和帝时,侍中贾逵荐尤有相如、杨雄之风,诏诣东观,受诏作赋,拜兰台令史。”《后汉书集解》引惠栋曰:“《华阳国志》云:明帝诏作东观、辟雍、德阳诸观赋、铭、《怀戎颂》《百二十铭》,著《政事论》七篇。帝善之。”①

○张奋为太常,作《复上疏条礼乐异议三事》。

《后汉书》卷三十五《张奋传》:“十三年,更召拜太常。复上疏曰:‘汉当改作礼乐,图书著明。王者化定制礼,功成作乐。谨条礼乐异议三事,愿下有司,以时考定。昔者孝武皇帝、光武皇帝封禅告成,而礼乐不定,事不相副。先帝已诏曹褒,今陛下但奉而成之,犹周公斟酌文武之道,非自为制,诚

① 王先谦:《后汉书集解》,中华书局1984年版,第914页。

无所疑。久执谦谦,令大汉之业不以时成,非所以章显祖宗之功德,建太平之基,为后世法。'帝虽善之,犹未施行。其冬,复以病罢。"

〇贾逵卒。

《后汉书》卷三十六《贾逵传》:"逵所著经传义及论难百余万言,又作诗、颂、诔、书、连珠、酒令凡九篇,学者宗之,后世称为通儒。然不修小节,当世以此颇讥焉,故不至大官。永元十三年卒,时年七十二。"

【考论】贾逵著作甚丰。《欧阳大小夏侯尚书古文同异》三卷、《齐鲁韩毛四家诗异同》见载于《后汉书·贾逵传》。《古文尚书训》见载于《后汉书·儒林列传》。《风俗通·祀典篇》引《毛诗传》。《七录》著录《毛诗杂议难》十卷。《隋书·经籍志》著录《春秋左氏长经》二十卷,《春秋左氏解诂》三十卷,《春秋左氏经传朱墨列》一卷,《春秋外传国语注》二十卷,《春秋释训》一卷,《春秋三家经本训诂》十二卷。《贾逵集》二卷,今佚。马国翰《玉函山房辑佚书》辑有《周礼贾氏解诂》一卷,《春秋左氏长经章句》一卷。王仁俊《玉函山房辑佚书续编》辑有《周易贾氏义》一卷,《古文尚书训》一卷,《尚书古文同异》一卷,《毛诗贾氏义》一卷,《周礼贾氏注》一卷。

〇苏顺作《贾逵诔》。

《后汉书》卷八十上《文苑列传上·苏顺传》:"苏顺字孝山,京兆霸陵人也,和安间以才学见称。"

〇刘珍作《贾逵赞》。

《后汉书》卷八十上《文苑列传上·刘珍传》:"刘珍字秋孙,一名宝,南阳蔡阳人也。少好学。"《北堂书钞》卷一百:"刘珍赞贾逵诗云:'摛藻扬晖,如山如云。世有令闻,以迄于君。'"①

【考论】刘珍此语可能是贾逵诔后赞语,故系于本年。《全后汉文》未录。

〇张衡始为南阳太守鲍德主簿。

张衡《绶笥铭》:"南阳太守鲍德,有诏所赐先公绶笥,传世用之。时德更治笥,衡时为德主簿,作铭曰……"

【考论】张文青《张衡年谱》认为张衡为主簿时间始于和帝永元十二年

① 虞世南:《北堂书钞》(2),学苑出版社2003年版,第134页。

(100),终于安帝永初二年(108)[①]。张说为众多学者所接受。

鲍德为鲍永之孙、鲍昱之子,《后汉书》卷二十九《鲍德传》对其生平有简单记载:“累官为南阳太守。……在职九年,征拜大司农,卒于官。”但对其为南阳太守的具体时间并未作记载。张衡《大司农鲍德诔》为考证鲍德为南阳太守时间提供了极其重要的线索。张衡为鲍德主簿多年,对鲍德的人品及功业是相当了解的。在《大司农鲍德诔》一文中,张衡对鲍德人品与功业等多加赞颂。张衡是从文治与武功两个方面来赞颂鲍德功业的。《大司农鲍德诔》云:“若惟允之,实耀其光。导以仁惠,教以义方。习射矍相,飨老虞庠。羌髡作虐,艰我西邻。君斯整旅,耀武月频。蠢蠢戎虏,是慑是震。知德者鲜,惟君克举。”鲍德在南阳为太守时,积极倡导儒家礼乐教化。这与《后汉书》卷二十九《鲍德传》记载一致:“时郡学久废,德乃修起横舍,备俎豆黻冕,行礼奏乐。又尊飨国老,宴会诸儒。百姓观之,莫不劝服。”接下来,张衡盛赞鲍德武功,鲍德曾经率兵击羌。据《后汉书》志第二十六《百官志三》记载,大司农的职能是“掌诸钱谷金帛诸货币”,与战事无关,《诔》中所言出兵击羌一事当发生于鲍德为南阳太守时。“羌髡作虐,艰我西邻。君斯整旅,耀武月频。蠢蠢戎虏,是慑是震”表明,羌人侵略西边邻郡时,时为南阳太守的鲍德率兵抵抗,对羌人起了很大的威慑作用。据《后汉书》卷八十七《西羌传》记载,羌人叛乱发生于安帝永初元年(107)至元初五年(118)十余年间。永初元年(107)夏,羌人发生叛乱,其年冬,遣车骑将军邓骘平乱。次年(108)春,邓骘为羌人所败,其冬十月,邓骘副手任尚亦为羌人所败。于是羌人大盛,十一月,东犯赵、魏,南入益州,“杀汉中郡太守董炳,遂寇三辅,断陇道。湟中诸县粟石万钱,百姓死亡不可胜数”。从东汉州郡分布图来看,汉中郡和三辅皆在南阳郡西边,可谓是南阳郡的“西邻”。永初二年(108)冬十一月,羌人叛乱给百姓造成巨大灾难,粟石万钱,百姓死亡。这些正合于张衡《诔》文中所言“羌髡作虐,艰我西邻”。可见,张衡《诔》文中所言鲍德率兵击羌指的是永初二年(108)冬羌人叛乱一事。由此可知,永初二年(108)冬,鲍德正为南阳太守。

① 详见张文青:《张衡年谱》,商务印书馆1956年修订版,第37—53页。

《后汉书》卷三十八《法雄传》:“雄初仕郡功曹,辟太傅张禹府,举雄高第,除平氏长,善政事,好发擿奸伏,盗贼稀发,吏人畏爱之。南阳太守鲍得(“得”与“德”通)上其理状,迁宛陵令。”据《后汉书》卷四十四《张禹传》记载,张禹于殇帝延平元年(106)正月为太傅,安帝永初元年(107)九月,由太傅迁为太尉。法雄辟太傅张禹府当在此期间。法雄从为太傅张禹所辟,到任平氏长(南阳郡下属县),再到治理见成效,非一蹴而就,当有一段时间,至少需一两年。此亦表明永初二年(108)前后,鲍德正任南阳太守之职。

据《后汉书》卷四《安帝纪》记载,永初三年(109)十一月,大司农何熙迁车骑将军。据《后汉书》卷二十九《鲍昱传》记载,鲍德卒于大司农之职。《大司农鲍德诔》云:“既厌帝心,将处台辅。……股肱或毁,何痛如之?国丧遗爱,如何无思!”这表明鲍德任大司农时深得皇帝器重,且欲将其升为三公。鲍德久在外地为官,自归京为大司农表现出自己才干到“既厌帝心”,当有时日。张衡《诔》云“耀武月频”,“月频”指两个月。也就是说,鲍德这次击羌行动从永初二年(108)冬十一月持续到了次年(109)正月左右。自永初三年(109)正月至其年(109)十一月,其间首尾不过十个月时间。在这么短的时间内,大司农鲍德不太可能实现“既厌帝心”,也不太可能被誉为“股肱”,而其亡被誉为“国丧遗爱”。此外,如果何熙是鲍德卒后的继任者,短短数月时间,何熙才干难以得到展现,他又如何能在为大司农数月后便高迁为车骑将军呢?因此,鲍德任大司农只可能在何熙之后。

《后汉书》卷五十九《张衡传》云:“大将军邓骘奇其才,累召不应。”据《安帝纪》及《邓骘传》记载,永初二年(108)十一月,拜邓骘为大将军,四年(110)十月大将军邓骘罢。大将军邓骘征召张衡当在此两年间。辟除是汉代重要的仕进制度之一。在汉代,中央三公(司徒、太尉、司空)、大将军、太傅以及州郡长官刺史、太守等,皆可自辟属官。征辟对象不仅包括无官职者,还包括正在为官的下层官吏。据《文献通考》卷六十三《职官十七》记载,主簿,汉代仅为掌管文书之职,官阶甚微,上至三公,下至郡县,皆多置之。据《后汉书》卷十六《邓骘传》记载,邓骘颇礼贤下士,曾进贤士,辟名士。如杨震仕州郡,邓骘闻其贤而辟之。陈禅察孝廉,州辟治中从事,邓骘闻其名而辟焉,举茂才。如上所说,主簿官阶低微,张衡为鲍德主簿时,邓骘征召之,亦无不可,但不太可能“累召”。鲍德出身高贵,其为三公之后,其父鲍昱曾任司徒(即丞相)、太尉,况且鲍德与张衡关系比较默契,张衡对鲍德充满知遇之恩,其《与特进书》云:“其言之不惭,恃鲍子之知我。”张衡《绶笥铭》对鲍德颇有赞颂之辞。鲍德死后,张衡作《大司农鲍德诔》,该诔不仅盛赞鲍德文功武治,还表达了自己沉痛的哀伤之情:“命有不永,时不我与。天实为之,孰其能御。股肱或毁,何痛有之?国丧遗爱,如何无思?”鲍德与张衡关系如此亲密无间,邓骘如对鲍德主簿进行“累召”,难免会给人“欲夺其所爱”的“误解”。礼贤下士的邓骘不太可能有如此“无礼”之举。因此,邓骘“累召”当发生于鲍德迁为大司农,张衡闲居在家之时。

如上所说,永初三年(109)十一月,大司农何熙迁车骑将军,鲍德应在此之后任大司农,而张衡为大将军邓骘“累召”必在永初四年(110)十月之前,因此鲍德由南阳太守迁为大司农必在此一年间。邓骘“累召”张衡不可能发生于一两个月之内,可能前后会持续多个月,甚至半年以上。这样,自何熙由大司农迁为车骑将军至张衡受邓骘“累召”之前所剩时间更短,可能仅半年或数个月。在这么短的时间内,大司农之职不太可能两易其主,即继何熙为大司农者很快罢官,鲍德再继之为大司农。因此,可以断定,何熙于永初三年(109)十一月迁为车骑将军之后,南阳太守鲍德继之为大司农。鲍德迁为大司农之后,张衡便闲居在家,在此近一年期间于是有大将军邓骘“累召”之事。

鲍德既然于永初三年(109)冬由南阳太守迁为大司农,其为南阳太守九年,以此推之,鲍德为南阳太守当始于和帝永元十三年(101)。

据上以可以推断,鲍德为南阳太守不久,张衡便为其辟为主簿,于是司徒吕盖卒时(102)鲍德让其主簿张衡撰写《司徒吕公诔》。因此,张衡任南阳太守鲍德主簿的时间当为和帝永元十三年(101)之后不久至安帝永初三年(109)。

和帝永元十四年(102)　壬寅　二十四岁

〇六月,郑众封侯。中官用权,自郑众始,宦者封侯自此始。

《后汉书》卷七十八《宦者列传·郑众传》:“时窦太后秉政,后兄大将军宪等并窃威权，朝臣上下莫不附之，而众独一心王室，不事豪党，帝亲信焉。及宪兄弟图作不轨，众遂首谋诛之，以功迁大长秋。策勋班赏，每辞多受少，由是常与议事。中官用权，自众始焉。十四年，帝念众功美，封为鄛乡侯，食邑千五百户。”《后汉纪》卷十四《孝和皇帝纪下》：“（十四年）夏六月，封中常侍郑众为列侯，赏讨窦氏之谋也。……阉官专权，自众始焉。”《资治通鉴》卷四十八：“（十四年）是岁，初封大长秋郑众为乡侯。”注：“赏诛窦宪功也。宦官封侯自此始。”

○班昭作《为兄超求代疏》，和帝许之。

《后汉书》卷四十七《班超传》：“十二年，（班超）上疏曰：‘……及臣生在，令勇目见中土。’而超妹同郡曹寿妻昭亦上书请超曰：‘……超年最长，今且七十。……故超万里归诚，自陈苦急，延颈逾望，三年于今，未蒙省录。……’书奏，帝感其言，乃征超还。”

【考论】班超于永元十二年（100）年上书，至本年首尾三年。据《后汉书·班超传》，班超卒于永元十四（102），年七十一。可见，班昭此文作于本年。因班昭上书，班超始得征还。班超年实七十一年，班昭文中言班超“今且七十”，当为概说，并非确指。《后汉纪》卷十四《孝和皇帝纪上》将班昭此文系于永元十三年（101），显然误。

○班超作《答任尚书》。

《后汉书》卷四十七《班超传》：“十四年八月至洛阳……初，超被征，以戊己校尉任尚为都护。与超交代。尚谓超曰：‘君侯在外国三十余年，而小人猥承君后，任重虑浅，宜有以诲之。’超曰：‘年老失智，任君数当大位，岂班超所能及哉！必不得已，愿进愚言。……’超去后，尚私谓所亲曰：‘我以班君当有奇策，今所言平平耳。’尚至数年，而西域反乱，以罪被征，如超所戒。”

【考论】班超于永元十二年（100）上书求代，永元十四年（102）八月归洛阳，其与任尚交接当在本年。《后汉纪》卷十四《孝和皇帝纪上》将班超文系于永元十三年（101），显然误。

○八月，班超归洛阳，九月卒。

《后汉书》卷四十七《班超传》：“十四年八月至洛阳，拜为射声校尉。……其年九月卒,年七十一。”

【考论】《后汉纪》卷十四《孝和皇帝纪上》将班超归洛阳系于永元十三年(101),显然误。《资治通鉴》卷四十四将班超归洛阳系于本年九月,将班超上书、班昭上书、班超答任尚皆系于归洛阳前后,显然是出于体例。

○十一月,徐防上《五经宜为章句疏》。

《后汉书》卷四十七《和帝纪》:“十一月癸卯,大司农徐防为司空。”《后汉书》卷四十四《徐防传》:“十四年,拜司空。防以《五经》久远,圣意难明,宜为章句,以悟后学。上疏曰:‘臣闻《诗》《书》《礼》《乐》,定自孔子,发明章句,始于子夏。其后诸家分析,各有异说。汉承乱秦,经典废绝,本文略存,或无章句。收拾缺遗,建立明经,博征儒术,开置太学。孔圣既远,微旨将绝,故立博士十有四家,设甲乙之科,以勉劝学者,所以示人好恶,改敝就善者也。伏见太学试博士弟子,皆以意说,不修家法,私相容隐,开生奸路。每有策试,辄兴诤讼,论议纷错,互相是非。孔子称‘述而不作’,又曰‘吾犹及史之阙文’,疾史有所不知而不肯阙也。今不依章句,妄生穿凿,以遵师为非义,意说为得理,轻侮道术,寖以成俗,诚非诏书实选本意。改薄从忠,三代常道,专精务本,儒学所先。臣以为博士及甲乙策试,宜从其家章句,开五十难以试之。解释多者为上第,引文明者为高说;若不依先师,义有相伐,皆正以为非。《五经》各取上第六人,《论语》不宜射策。虽所失或久,差可矫革。’诏书下公卿,皆从防言。”《资治通鉴》卷四十八:“十一月,癸卯,以大司农沛国徐防为司空。防上疏,以为:‘汉立博士十有四家,设甲乙之科……”

○张衡作《南阳文学儒林书赞》。

《南阳文学儒林书赞》:“南阳太守上党鲍君,愍文学之驰废,怀儒林之陵迟,乃命匠修而新之。崇肃肃之仪,扬济济之化。”《绶笥铭》:“南阳太守鲍德,有诏所赐先公绶笥,传世用之。时德更治笥,衡时为德主簿,作铭曰……”《大司农鲍德诔》:“若惟允之,实耀其光。导以仁惠,教以义方。习射矍相,飨老虞庠。”崔瑗《司农卿鲍德诔》:“乃司大事,掌是六府,三事九功,乃修乃聚。”《后汉书》卷二十九《鲍德传》:“(鲍德)修志节,有名称,累官为南阳太守。……时郡学久废,德乃修起横舍,备俎豆黻冕,行礼奏乐。又尊飨国老,宴会诸儒。百姓观者,莫不劝服。”

【考论】鲍德到郡便修学兴儒，此文当作于其到郡次年，故系于本年。陆侃如《中古文学系年》将此文系于永初六年（113），认为该赞“当作于（张衡）为南阳主簿时”，“明年衡当随（鲍）德返济[①]，故系于本年”[②]。此说不可信。其一，鲍德升为大司农之后，张衡并没有随其入京，而是归隐乡间。如果张衡随其入京升职，则不会有后来大将军邓骘“累召”之事。其二，此文当作于鲍德修复学校、复兴儒学之时，而不是多年之后鲍德要离开南阳之时。

〇**崔瑗作《南阳文学颂》。**

《南阳文学颂》：“民生如何，导以礼乐，乃修礼官，奋其羽籥。我国既淳，我俗既敦，神乐民别，嘉生乃繁。无言不酬，其德宜光，先民既没，赖兹旧章。我礼既经，我乐既馨，三事不叙，莫识其形。”

【考论】崔瑗《南阳文学颂》与张衡《南阳文学儒林书赞》当为同时所著，故系于本年。

〇**张衡作《司徒吕公诔》。**

《后汉书》卷四《和帝纪》：“（永元九年）十一月癸卯，光禄勋河南吕盖为司徒……（永元十三年）冬十一月……戊辰，司徒吕盖罢。”

【考论】吕盖因什么原因而被罢官呢？袁宏《后汉纪》卷十四《孝和皇帝纪下》记载：永元十三年冬十一月“戊辰，司徒吕盖老病致仕”。可见吕盖免官是由于年老多病。据此，吕盖当卒于罢官次年（102）[③]。据《后汉书》卷四十六《陈宠传》记载，和帝继位时（89），鲍德为黄门侍郎。可能鲍德在京师任职时，与吕盖有所交往，故其卒时，鲍德让主簿张衡为之作诔。

〇**曹风作《上言建复西海郡县》。**

《后汉书》卷四《和帝纪》：“十四年春二月……缮修故西海郡，徙金城西部都尉以戍之。”《后汉书》卷八十七《西羌传》：“时西海及大、小榆谷左右无复羌寇。隃麋相曹凤上言：‘……臣愚以为宜及此时，建复西海郡县，规固二榆，广设屯田，隔塞羌胡交关之路，遏绝狂狡窥欲之源。又殖谷富边，省委输

---

① 东汉定都洛阳，此“济”当为“洛”之误。

② 陆侃如：《中古文学系年》，人民文学出版社 1985 年版，第 138 页。

③ 张文青《张衡年谱》将吕盖卒年于定于永元十四年（102），但未提供依据。详见张文青：《张衡年谱》，商务印书馆 1956 年修订版，第 41 页。

之役,国家可以无西方之忧。'于是拜凤为金城西部都尉,将徙将士屯龙耆。"

○霍融作《上言改定官漏刻》。

《后汉书》志第二《律历志中》:"永元十四年,待诏太史霍融上言:'官漏刻率九日增减一刻,不与天相应,或时差二刻半,不如夏历密。'诏书下太常,令史官与融以仪校天,课度远近。"

○曹褒卒。

《后汉书》卷三十五《曹褒传》:"褒博物识古,为儒者宗。十四年,卒官。作《通义》十二篇,演杂论百二十篇,又传《礼记》四十九篇,教授诸生千余人,庆氏学遂行于世。"

【考论】《后汉书》卷三十五《曹褒传》载,曹褒著《礼记传》四十九篇,《演经杂传》百二十篇,《通义》十二篇,《汉新定礼》百五十篇。

和帝永元十五年(103)　癸卯　二十五岁

○九月,和帝南巡,幸南阳旧庐。

《后汉书》卷四《和帝纪》:"九月壬午,南巡狩……冬十月戊申,幸章陵,祠旧宅。癸丑,祠园庙,会宗室于旧庐,劳赐作乐。……十一月甲申,车驾还宫。"

○张衡作《南都赋》。

《南都赋》:"岂不思天子南巡之辞者哉！遂作颂曰:'皇祖止焉,光武起焉。据彼河洛,统四海焉。本枝百世,位天子焉。永世克孝,怀桑梓焉。真人南巡,睹旧里焉。"

【考论】此年和帝南巡至南阳旧庐,时鲍德为南阳太守,张衡为其主簿,故张衡作《南都赋》。

○唐羌作《上书陈交阯献龙眼荔支事状》。

《后汉书》卷四《和帝纪》注引谢承《后汉书》:"唐羌字伯游,辟公府,补武临长。县接交州,旧献龙眼、荔支及生鲜,献之,驿马昼夜传送之,至有遭虎狼毒害,顿仆死亡不绝。道经临武,羌乃上书谏曰……帝从之。章报,羌即弃官还官,不应征召,著《唐子》三十余篇。"《后汉书》卷四《和帝纪》:"(元兴元年)冬十二月辛未,帝崩于章德前殿,年二十七。……自窦宪诛后,亲躬亲万机。……旧南海献龙眼、荔支,十里一置,五里一候,奔腾阻险,死者相继。时临武长汝南唐羌,县接南海,乃上书陈状。帝下诏曰:'远国珍羞,本以荐奉宗庙。苟有伤害,岂爱民之本。其敕太官勿复受献。'由是遂省焉。"

【考论】《后汉书·和帝纪》将此事附于和帝崩后,其具体时间不详。《资治通鉴》卷四十八系于本年,不知何据,此姑从之。

〇黄香作《屏风赋》。

《三辅决录》卷二:"何敞字文高,为汝南太守,和帝南巡过郡,郡有雕镂屏风,为帝设之。命侍中黄香铭之曰:'古典务农,雕镂伤民。忠在竭节,义在修身。'敞惧,礼贤命士,改修德化。"

【考论】此条《太平御览》前后引3次,但略有差异。卷九十一作"章帝",卷五百九十作"帝",卷七百一作"和帝"。《北堂书钞》卷一百三十二引亦作"章帝"。章帝时,何敞辟于太尉宋由府,和帝时方为汝南太守,故作"和帝"较为合理。

《后汉书》卷四十三《何敞传》:"以高第拜侍御史。时遂以窦宪为车骑将军,大发军击匈奴……后拜为尚书,复上封事曰……宪乃出敞为济南太傅。……岁余,迁汝南太守。……及窦氏败……坐免官。永元十二年复征,三迁五官中郎将。……元兴元年……坐抵罪。卒于家。"如上所说,何敞约于永元二年(90)迁为汝南太守,于永元四年(92)因窦宪事件免官。此数年间,和帝尚少,并无南巡之事,直至永元十五年(103)方有南巡之举。永元十二年(100),何敞复征,三迁为五官中郎将。史籍未载其此期间所任职官,或许复征后,何敞再为汝南太守。

《后汉书》卷八十上《文苑列传上·黄香传》:"初除郎中,元和元年,肃宗诏香诣东观,读所未尝见书。……后召诣安福殿言政事,拜尚书郎。数陈得失,赏赉增加。……永元四年,拜左丞。功满当迁,和帝留,增秩。六年,累迁尚书令。后以为东郡太守,香上疏让曰……复留为尚书令,增秩二千石,赐钱三十万。是后遂管枢机,甚见亲重。……在位多所荐达,宠遇甚盛,议者讥其过幸。延平元年,迁魏郡太守……后坐水潦事免,数月,卒于家。"和帝南巡时,黄香任职于京师,且甚受宠幸,故从和帝南巡自是情理之中的事。在此十余年间(94—106),或许黄香曾迁为侍中,而史籍未载[1]。结合上述因素,黄香《屏风赋》当作于本年较为合理。

和帝永元十六年(104)　甲辰　二十六岁

○**张霸为侍中**。

《后汉书》卷三十六《张霸传》:"张霸字伯饶,蜀都成都人也。年数岁而知孝让,虽出入饮食,自然合礼,乡人号为'张曾子'。七岁通《春秋》,复欲进余经……后就长水校尉樊鯈受《严氏公羊春秋》,遂博览《五经》。……初,霸以樊鯈删《严氏春秋》犹多繁辞,乃减定为二十万言,更名《张氏学》。……后征,四迁为侍中。时皇后兄虎贲中郎将邓骘,当朝贵盛,闻霸名行,欲与为交,霸逡巡不答,众人笑其不识时务,后当为五更,会疾卒。年七十。"

【考论】《后汉书》卷四《和帝纪》:"(十四年)冬十月……辛卯,立贵人邓氏皇后。"《后汉书·殇帝纪》:"延平元年……夏四月……丙寅,以虎贲中郎将邓骘为车骑将军。"《后汉书》卷十六《邓骘传》:"及贵人立,是为和熹皇后。骘三迁虎贲中郎将。"可见,邓骘为虎贲中郎将当在永元十四年(102)四月至延平元年(106)四月之间。邓骘"三迁"当有时日,故其为虎贲中郎将当为本年较为合适。故张霸为侍中当在本年前后。

○**杨震以明经始仕州郡**。

《后汉书》卷五十四《杨震传》:"震少好学,受《欧阳尚书》于太常桓郁,明经博览,无不穷究。诸儒为之语曰:'关西孔子杨伯起。'常客居于湖,不答州郡命数十年,众人胃之晚暮,而震志愈笃。后有冠雀衔三鳣鱼,飞集讲堂前,都讲取鱼进曰:'蛇鳣者,卿大夫服之象也。数三者,法三台也。先生自此升矣。年五十,乃始仕州郡。"

【考论】《后汉书》卷五十四《杨震传》载:杨震卒于延光三年(124),年七十余。以此推之,杨震当生于建武三十一年(55)。至本年刚好五十,故系于本年。

---

① 参见陈君:《黄香〈屏风赋〉的作年》,陈君:《东汉社会变迁与文学演进》,中国社会科学出版社2012年版,第379—380页。

〇张酺卒，临终作《敕子蕃》。

《后汉书》卷四《和帝纪》："八月己酉，司徒张酺薨。"《后汉书》四十五《张酺传》："十六年，复拜为光禄勋。数月，代鲁恭为司徒。月余薨。……酺病临危，敕其子曰……"

〇皇甫规生。

《后汉书》卷六十五《皇甫规传》："皇甫规字威明，安定朝那人也。……遂以诗《诗》《易》教授，门徒三百余人，积十四年。……熹平三年，以疾召还，未至，卒于谷成，年七十一。所著赋、铭、碑、赞、祷文、吊、章表、教令、书、檄、笺记，凡二十七篇。"

【考论】据《后汉书·皇甫规传》，皇甫规卒于熹平三年（174），年七十一岁。以此推之，皇甫规当生于本年。

〇张奂生。

《后汉书》卷六十五《张奂传》："张奂字然明，敦煌酒泉人也。……奂少游三辅，师事太尉朱宠，学《欧阳尚书》。初，《牟氏章句》浮辞繁多，有四十五万余言，奂减为九万言。……著《尚书记难》三十余万言。……光和四年卒，年七十八。……所著铭、颂、书、教、诫述、志、对策、章表二十四篇。"

【考论】据《后汉书·张奂传》，张奂卒于光和四年（181），年七十八岁。以此推之，张奂当生于本年。

和帝永元十七年　和帝元兴元年（105）　乙巳　二十七岁

〇四月，改元元兴。

《后汉书》卷四《和帝纪》："夏四月庚午，大赦天下，改元元兴。"

〇十二月，和帝崩。殇帝继位，邓太后临朝。

《后汉书·和帝纪》："冬十二月辛未，帝崩于章德前殿，年二十七。"《后汉书·殇帝纪》："孝殇皇帝讳隆，和帝少子也。元兴元年十二月辛未夜，即皇帝位，时诞育百余日。尊皇后曰皇太后，太后临朝。"

〇崔瑗作《和帝诔》,苏顺亦作《和帝诔》,李尤作《和帝哀策》。

崔瑗、苏顺二人之文并见于《艺文类聚》卷十二。《群书考索》卷二十一引任昉《文章缘起》:"汉乐安相李尤作《和帝哀策》。"①

殇帝延平元年(106)　丙午　二十八岁

〇马援女马姜卒。

《贾武仲妻马姜墓记》:"夫人马姜,伏波将军新息忠成侯之女,明德皇后之姊也。……春秋七十三,延平元年七月四日薨。"②

〇邓悝作《上疏自陈》。

《东观汉记》卷九《邓悝传》:"邓悝,字叔昭。安帝即位,拜悝城门校尉。自延平之初,以国新遭大忧,故悝兄弟率常在中供养两宫,比上疏自陈……"《后汉书》卷十六《邓骘传》:"自和帝崩后,骘兄弟常居禁中。骘谦逊不欲久在内,连求还第,岁余,太后乃许之。永初元年……"

【考论】据《后汉书》所载,殇帝继位之后,邓氏兄弟掌政,常居禁中。"岁余"表明,此文当作于本年初。此文《后全汉文》未录。

〇四月,张衡作《司空陈公诔》,苏顺作《陈公诔》。

《后汉书》卷四《殇帝纪》:"(延平元年四月)司空陈宠薨。"张衡《司空陈公诔》和苏顺《陈公诔》当作于此时。

〇六月,尚敏作《陈兴广学校疏》。

《后汉纪》卷十五《孝殇皇帝纪》:"延平元年……六月……尚敏上疏,陈兴广学校曰:'臣闻《五经》所以治学为人。《五经》不修,世道陵迟;学校不弘,则人名行不广,故秦以坑儒而灭。汉以崇学而兴,所以罔罗天下,统理阴阳,弥纶治道,而示民轨则也。……自今官人,宜令取经学者,公府孝廉皆应诏,则人心专一,风化可淳也。"

---

① 章如愚:《群书考索》,影印文渊阁《四库全书》第936册,台湾商务印书馆1986年版,第273页。

② 高文:《汉碑集释》,河南大学出版社1997年版,第20页。

〇八月，殇帝崩。邓太后与兄大将军邓骘迎立清河王子刘祜，是为安帝。

《后汉书》卷四《殇帝纪》："八月辛亥，帝崩。癸丑，殡于崇德前殿。年二岁。"《后汉书》卷五《孝安帝纪》："八月，殇帝崩，太后与兄车骑将军邓骘定策禁中。其夜，使骘持节，以王青盖车迎帝，斋于殿中。皇太后诏曰……读策毕，太尉上玺绶，即皇帝位，年十三。"《后汉纪》卷十五《孝殇皇帝纪》："秋七月辛亥，帝崩崇德殿。"《资治通鉴》卷四十九："八月，辛卯，帝崩。"

【考论】据方诗铭、方小芬编著《中国史历日和中西历日对照表》，本年七月无辛亥日，八月有辛亥日，可见《后汉纪》误。

〇十月，樊准作《上疏请兴儒学》。

《后汉书》卷三十二《樊准传》："邓太后临朝，儒学陵替，准乃上疏曰：'臣闻贾谊有言：人君不可以不学。……'太后深纳其言，是后屡举方正、敦朴、仁贤之士。"《资治通鉴》卷四十九："冬，十月……尚书郎南阳樊准以儒风浸衰，上疏曰……太后深纳其言，诏：公、卿、中二千石各举隐士、大儒，务取高行，以劝后进，妙简博士，必得其人。"

〇十二月，崔瑗作《清河王诔》。

《后汉书》卷五《孝安帝纪》："十二月甲子，清河王薨。"《后汉书》卷五十五《章帝八王列传·清河王孝庆传》："其年病笃……乃上书太后曰：'臣国土下湿，愿乞骸骨，下从贵人于樊濯，虽殁且不朽矣。及今日口目尚能言视，冒昧干请。命在呼吸，愿蒙哀怜。'遂薨，年二十九。……太后使掖庭丞送左姬丧，与王合葬广丘。"《后汉纪》卷十五《孝殇皇帝纪》："十二月甲子，清河王庆薨，谥曰孝王。……乃上书求葬于樊濯中贵人冢旁，不听。庆将薨，叹曰：'不惜死也，但恨不见上为贵人报仇耳。'因泣不能自胜，左右皆流涕。"曾朴《补后汉书艺文志并考》卷八："案《广韵》上平十虞引崔子玉《清河王诔》，严失采。"①

【考论】清河王卒于本年十二月，崔瑗此文当作于此时。此文《全后汉

---

① 曾朴：《补后汉书艺文志并考》，二十五史刊行委员会编：《二十五史补编》第2册，中华书局1955年版，第2544页。

文》未收。

○十二月,罢鱼龙曼延百戏。

《后汉书》卷五《孝安帝纪》:“十二月……乙西,罢鱼龙曼延百戏。”注引《汉官典职》云:“作九宾乐。舍利之兽从西方来,戏于庭,入前殿,激水化成比目鱼,嗽水作雾,化成黄龙,长八丈,出水遨戏于庭,炫耀日光。曼延者,兽名也。张衡《西京赋》所云‘巨兽百寻,是为曼延’。”

○黄香迁魏郡太守。

《后汉书》卷八十上《文苑列传上·黄香传》:“延平元年,迁魏郡太守。郡旧有内外园田,常与人分种,收谷岁数千斛。香曰:‘《田令》“商者不农”,《王制》“仕者不耕”,伐冰食禄之人,不与百姓争利。’乃悉以赋人,课令耕种。时被水年饥,乃分奉禄及所得赏赐班赡贫者,于是丰富之家各出义谷,助官禀贷,荒民获全。后坐水潦事免,数月,卒于家。所著赋、笺、奏、书、令凡五篇。”

卷三　安帝时期(107—125)

安帝永初元年(107)　丁未　二十九岁

○永初中，马棱坐事免，卒于家。

《后汉书》卷二十四《马棱传》："永初中，(马棱)坐事抵罪，卒于家。"

○三月，诏举贤良方正、有道之士、明政术、达古今、能直言极谏者。

《后汉书》卷五《孝安帝纪》："三月癸酉，日有食之，诏公卿内外众官、郡国守相，举贤良方正、有道术之士，明政术、达古今、能直言极谏者各一人。"《后汉纪》卷十六《孝安皇帝纪上》："三月癸酉，日有蚀之。诏公卿举贤良方正、能直言极谏者各一人。"

○邓骘作《上疏自陈》。

《后汉书》卷十六《邓骘传》："永初元年，封骘上蔡侯，悝叶侯、弘西平侯、阊西华侯，食邑各万户。骘以定策功，增邑三千户。骘等辞让不获，遂逃避使者，间关诣阙，上疏自陈曰……其夏，凉部畔羌摇荡西州，朝廷忧之。于是诏骘将左右羽林、北军五校士及诸部兵击之，车驾幸平乐观饯送。"《后汉书》卷五《孝安帝纪》："六月……先零种羌叛，断陇道，大为寇掠，遣车骑将军邓骘、征西校尉任尚讨之。"

【考论】据《后汉书·邓骘传》，邓骘上疏在其六月出征伐羌之前。

○五月，鲁恭为司徒。后作《上疏谏盛夏断狱》《议奏断狱以冬至前》。

《后汉书》卷五《孝安帝纪》："夏五月甲戌，长乐卫尉鲁恭为司徒。"《后汉书》卷二十五《鲁恭传》:“永初元年,复代梁鲔为司徒。初,和帝末,下令麦秋得案验薄刑,而州郡好以苛察为政,因此遂盛夏断狱。恭上疏谏曰……初,肃宗时,断狱皆以冬至之前,自后论者互多驳异。邓太后诏公卿以下会议,恭议奏曰……后卒施行。”

【考论】《后汉书》志第二十四《百官志一》:司徒“掌人民事”。此二文当作于其任司徒不久。《后汉纪》卷十六《孝安皇帝纪上》和《资治通鉴》卷四十九将此二文系于本年。

○六月,车骑将军邓骘出师平钟羌,史岑作《出师颂》。

《后汉书》卷五《孝安帝纪》:“六月……先零种羌叛,断陇道,大为寇掠,遣车骑将军邓骘、征西校尉任尚讨之。”《后汉书·邓骘传》:“永初元年……其夏,凉部叛羌摇荡西州,朝廷忧之。于是诏骘将左右羽林、北军五校士及诸部兵击之,车驾幸平乐观饯送。”史岑《出师颂》:“西零不顺,东夷遘逆。乃命上将,授以雄戟。……我出我师,于彼西疆。天子饯我,路车乘黄。言念伯舅,恩深渭阳。……”

【考论】邓太后临朝,邓骘为太后兄,故文中称“伯舅”。“渭阳”源出《诗经·秦风·渭阳》。《渭阳》乃甥送别舅诗,“我送舅氏,曰至渭阳”。此指安帝送其舅邓骘出征。

○庞参作《使子俊上安帝书》。樊准作《上疏荐庞参》。

《后汉书》卷五十一《庞参传》:“永初元年,凉州先零种羌反畔,遣车骑将军邓骘讨之。参于徒中使其子俊上书曰……书奏,会御史中丞樊准上疏荐参曰……邓太后纳其言,即擢参于徒中,召拜谒者,使西督三辅诸军屯,而征邓骘还。”

○九月,下诏减黄门鼓吹。

《后汉书》卷五《孝安帝纪》:“秋九月庚午,诏三公明申旧令,禁奢侈,无作浮巧之物,殚财厚葬。……壬午,诏太仆、少府减黄门鼓吹,以补羽林士。”注引《汉官仪》曰:“黄门鼓吹百四十五人。羽林左监主羽林八百人,左监主九百人。”《西京杂记》卷五:“黄门前部鼓吹,左右各一部,十三人,驾四。”①

① 旧题葛洪撰,周天游校注:《西京杂记》,三秦出版社 2006 年版,第 222 页。

《唐六典》卷十四注:“后汉少府属官有承华令,典黄门鼓吹百三十五人,百戏师二十七人。”①

〇九月,太尉徐防、司空尹勤因灾异免。

《后汉书》卷五《孝安帝纪》:“秋九月庚午……是日,太尉徐防免。癸酉,司空尹勤免。”《后汉书》卷四十四《徐防传》:“安帝即位,以定策封龙乡侯,食邑千一百户。其年以灾异寇贼策免,就国。凡三公以灾异策免,始自防也。”

〇十一月,周章等谋废立,事败,被诛。

《后汉书》卷五《孝安帝纪》:“十一月丁亥,司空周章密谋废立,策免,自杀。”《后汉书》卷三十三《周章传》:“初,和帝崩,邓太后以皇子胜有痼疾,不可奉承宗庙,贪殇帝孩抱,养为己子,故立之,以胜为平原王。及殇帝崩,群臣以胜疾非痼,意咸归之,太后以前既不立,恐后为怨,乃立和帝兄清河孝王子祜,是为安帝。章以众心不附,遂密谋闭宫门,诛车骑将军邓骘兄弟及郑众、蔡伦,劫尚书,废太后于南宫,封帝为远国王,而立平原王胜。事觉,胜策免,章自杀。”

〇张衡撰成《二京赋》。

《后汉书》卷五十九《张衡传》:“时天下承平日久,自王侯以下,莫不逾侈,衡乃拟班固《两都》,作《二京赋》,因以讽谏。精思博会,十年乃成。文多,不载。大将军邓骘奇其才,累召不应。”

【考论】《后汉书》卷五《孝安帝纪》:“(永初二年)十一月辛酉,拜邓骘为大将军,征还京师。”邓骘征张衡当在此后,而张衡撰成《二京赋》当在此前。故系于本年。张衡于永元十年(98)始作《二京赋》,至本年正好十年。

〇桓焉授安帝《尚书》。

《后汉书》卷三十七《桓焉传》:“郁中子焉,能世传其家学。……焉字叔元,少以父任为郎。明经笃行,有名称。永初元年,入授安帝,三迁为侍中步兵校尉。”

---

① 张九龄等撰,李林甫等注:《唐六典》,影印文渊阁《四库全书》第595册,台湾商务印书馆1986年版,第147页。

○樊英征为博士。

《后汉书》卷八十二上《方术列传上·樊英传》:"樊英字季齐,南阳鲁阳人也。少受业三辅,习《京氏易》,兼明《五经》,又善风角、星算,《河》《洛》七纬,推步灾异。……安帝初,征为博士。"

○杨震、朱宠、陈禅等同辟邓骘府。

《后汉书》卷十六《邓骘传》:"永初元年……骘等崇节俭,罢力役,推进天下贤士何熙、祋讽、羊浸、李郃、陶敦等列于朝廷,辟杨震、朱宠、陈禅置之幕府,故天下复安。"

安帝永初二年(108)　戊申　三十岁

○马融不应大将军邓骘之召,客凉州。

《后汉书》卷六十上《马融传》:"永初二年,大将军邓骘闻融名,召为舍人,非其所好,遂不应命,客于凉州武都、汉阳界中。"《后汉书·安帝纪》:"(永初二年)十一月辛酉,拜邓骘为大将军,征还京师。"

【考论】永初二年(108)十一月,邓骘由车骑将军迁为大将军,故其召马融为舍人以及马融不应而客凉州当在此年。

○二月,樊准作《因水旱灾异上疏》。

《后汉书》卷三十二《樊准传》:"永初之初,连年水旱灾异,郡国多被饥困,准上疏曰……太后从之。悉以公田赋与贫人。即擢准与议郎吕仓并守光禄大夫,准使冀州,仓使兖州。准到部,开仓廪食,尉安生业,流人咸得苏息。"《后汉书》卷五《孝安帝纪》:"二年春正月,禀河南、下邳、东莱、河内贫民。……二月乙丑,遣光禄大夫樊准、吕仓分行冀、兖二州,禀贷流民。"

○十一月,拜邓骘为大将军。

《后汉书》卷五《孝安帝纪》:"十一月辛酉,拜邓骘为大将军,征还京师,留任尚屯陇右。"

○诏举儒术笃学者,大将军邓骘举鲁丕。鲁丕为侍中、左中郎将、三老。

《后汉书》卷二十五《鲁丕传》:"永初二年,诏公卿举儒术笃学者,大将军邓骘举丕，复为侍中、左中郎将，再为三老。”

安帝永初三年(109年)　己酉　三十一岁

○马融为大将军邓骘舍人。

《后汉书》卷六十上《马融传》：“(马融)客于凉州武都、汉阳界中。会羌虏飙起，边方扰乱，米谷踊贵，自关以西，道殣相望。融即饥困，乃悔而叹息……故往应骘召。”《太平御览》卷二百三十八引华峤《后汉书》：“马融字季长，为大将军邓骘舍人。”[①]《后汉书》卷五《孝安帝纪》：“(永初二年十一月)先零羌滇零称天子于北地，遂寇三辅，东犯赵、魏，南入益州，杀汉中太守董炳。”《后汉书》卷八十七《西羌传》：“(永初二年)其冬，(邓)骘使任尚及从事中郎司马钧率诸郡兵与滇零等数万人战于平襄，尚军大败，死者八千余人。于是滇零等自称‘天子’于北地，招集武都、参狼、上郡、西河诸杂种，众遂大盛，东犯赵、魏，南入益州，杀汉中太守董炳，遂寇抄三辅，断陇道。湟中诸县粟石万钱，百姓死亡不可胜数。”

【考论】永初二年(108)十一月，大将军邓骘已征还洛阳，而马融此时客于凉州武都、汉阳界中。从武都、汉阳界返回洛阳应大将军邓骘征召，当有一段时间，故马融应召当在永初三年(109)初，并非永初二年(108)。

马融《自序》：“因往应之，为校书郎。”案：马融应大将军邓骘召，为其舍人。大将军幕府并无校书郎一职。因此，此句当理解为“因往应之。(后)为校书郎”。

○马融作《与窦伯向书》。

《后汉书》卷二十三《窦融传》：“章字伯向，少好学，有文章，与马融、崔瑗同好，更相推荐。永初中，三辅遭羌寇，章避难东国，家于外黄。”注：“《融集·与窦伯向书》曰：孟陵奴来，赐书，见手迹，欢喜何量，见于面也。书虽两纸，纸八行，行七字。”《后汉书》卷二十三《窦宪传》：“永初三年，诏诸窦前归本郡者与安丰侯万全俱还京师。万全子少章。”

【考论】本年，马融归京，窦伯向亦被诏还京师，故马融《与窦伯向书》当

---

① 李昉等编：《太平御览》，中华书局1960年版，第1126页。

作于本年。

○四月,三公奏令吏民入钱买官。

《后汉书》卷五《孝安帝纪》:“夏四月……三公以国用不足,奏令吏人入钱谷,得为关内侯、虎贲羽林郎、五大夫、官府吏、缇骑、营士各有差。”《后汉纪》卷十六《孝安皇帝纪上》:“夏四月……以用度不足,令吏人入钱谷为关内侯。”

○秋,邓太后博选诸儒刘珍等五十余人校书东观,又令后宫习诵经传。

《后汉书》卷十上《皇后纪上·和熹邓皇后纪》:“(永初)三年秋……(太后)昼省王政,夜则诵读,而患其谬误,惧乖典章,乃博选诸儒刘珍等及博士、议郎、四府掾史五十余人,诣东观雠校传记。事毕奏御,赐葛布各有差。又诏中宫近臣于东观受读经传,以教授宫人,左右习诵,朝夕济济。”

○张衡闲居,大将军邓骘累召不应。

《后汉书》卷五十九《张衡传》:“大将军邓骘奇其才,累召不应。”

【考论】永初三年(109),南阳太守鲍德迁为大司农,张衡于是闲居在家。于是方有大将军邓骘累召之事。据《后汉书·安帝纪》,邓骘于永初二年(108)十一月拜为大将军,于永初四年(110)罢免,故邓骘累召张衡当在本年。

○赵岐生。

《后汉书》卷六十四《赵岐传》:“岐少明经,有才艺……年九十余,建安六年卒。”

【考论】《后汉书》卷六十四《赵岐传》:“延熹元年,(唐)玹为京兆尹,岐惧祸及,乃与从子戬逃避之。”赵岐《孟子题辞》:“知命之际,婴戚于天,遘屯离蹇,诡姓遁身。”显然指的是受唐玹迫害一事。可见,至延熹元年(158),赵岐五十岁。以此推之,其当生于本年,至建安六年(201)卒时,年九十三岁。

安帝永初四年(110)　庚戌　三十二岁

○马融拜为校书郎中,诣东观典校秘书。

《后汉书》卷六十上《马融传》:“(永初)四年,拜为校书郎中,诣东观典校秘书。”《后汉书》卷五《孝安帝纪》:“(永初四年)冬十月甲戌,新野君阴氏薨,使司空持节护丧事。大将军邓骘罢。”

【考论】邓骘罢大将军之后,其幕府解散,故安帝拜马融为校书郎中。《后汉书》卷六十上《马融传》注:“谢承《书》及《续汉书》并云为校书郎,又拜郎中也。”王先谦《后汉书集解》:“洪颐煊曰:《骘传》郎中马融,《庞参传》校书郎中马融,并不称校书郎。”①此类说法皆不合于当时实情。王先谦案:“《梁慬传》即作校书郎,盖中郎、侍郎、郎中通谓之三署郎,校书郎中本可省称校书郎。犹尚书仆射之省称尚书耳,不必如众《汉书》说也。洪氏殆有未照。”②王先谦所言甚是。《通典》卷二十六《职官八》“秘书校书郎”条:“盖有校书之任,而未为官也。故以郎居其任,则谓之校书郎。以郎中居其任,则谓之校书郎中。后汉蔡邕拜郎中,校书东观。又马融为校书郎中,诣东观校秘书。”③汉代三署郎有五官郎、左署郎、右署郎之分。《后汉书》志第二十五《百官志二》注:“郎年五十以上属五官。”左署郎和右署郎有中郎、侍郎、郎中之分。《后汉书》卷六十下《蔡邕传》:“建宁三年,辟司徒桥玄府,玄甚敬待之。出补河平长。召拜郎中,校书东观。”可见,马融和蔡邕都是以郎中身份校书于东观。马融以郎中身份校书东观,故可称校书郎中。马融任职是郎中,故可直接称为郎中。郎中是三署郎之一,可简称为郎。马融以郎中身份校书东观,故又可称为校书郎。正因如此,当时既可称马融为郎中、校书郎中,也可称其为校书郎,三者并无区别。

○二月,刘珍等校定东观《五经》、诸子、传记、百家艺术。

《后汉书》卷五《孝安帝纪》:“(永初四年二月乙亥)诏谒者刘珍及《五经》博士,校定东观《五经》、诸子、传记、百家艺术,整齐脱误,是正文字。”注:

---

① 王先谦:《后汉书集解》,中华书局1984年版,第680页。
② 王先谦:《后汉书集解》,中华书局1984年版,第687页。
③ 杜佑撰,王文锦等点校:《通典》,中华书局1988年版,第735页。

"《洛阳宫殿名》曰:'南宫有东观。'《前书》曰'凡诸子百家八十九家',言百家,举全数也。"《后汉书》卷八十上《文苑列传上·刘珍传》:"永初中,为谒者仆射。邓太后诏使与校书刘騊駼、马融及《五经》博士,校定东观《五经》、诸子、传记、百家艺术,整齐脱误,是正文字。"《后汉书》卷十上《皇后纪上·和熹邓皇后纪》:"(太后)昼省王政,夜则诵读,而患其谬误,惧乖典章,乃博选诸儒刘珍等及博士、议郎、四府掾史五十余人,诣东观雠校传记。事毕奏御,赐葛布各有差。"

〇三月,庞参作《奏记邓骘》。

《后汉书》卷五《孝安帝纪》:"三月……先零羌寇褒中,汉中太守郑勤战殁。徙金城郡都襄武。"《后汉书》卷八十七《西羌传》:"三年春……明年春……时羌复攻褒中,郑勤欲击之。……出战,大败,死者三千余人……于是徙金城郡居襄武。"《后汉书》卷五十一《庞参传》:"四年,羌寇转盛,兵费日广,且连年不登,谷石万余。参奏记于邓骘曰……骘及公卿以国用不足,欲从参议,众多不同,乃止。"

〇十月,张禹等作《上邓太后表》。

《后汉书》卷四十四《张禹传》:"四年,新野君病,皇太后车驾幸其第。禹与司徒夏勤、司空张敏俱上言……比三上,固争,乃还宫。"

〇班昭作《上邓太后疏》。

《后汉书》卷八十四《列女传·曹世叔妻传》:"永初中,太后兄大将军邓骘以母忧,上书乞身,太后不欲许,以问昭。昭因上疏曰……太后从而许之。于是骘等各还里第焉。"

【考论】班昭《上邓太后疏》作于大将军邓骘罢之前。

〇十月,大将军邓骘罢。

《后汉书》卷五《孝安帝纪》:"冬十月甲戌,新野君阴氏薨,使司空持节护丧事。大将军邓骘罢。"

〇李尤参与《东观汉记》编撰。

《后汉书》卷八十上《文苑列传上·李尤传》:"稍迁,安帝时为谏议大夫,受诏与谒者仆射刘珍等俱撰《汉记》。"

○许慎校书东观。

许冲《上书进说文》:"先帝诏侍中骑都尉贾逵,修理旧文……臣父故大尉南阁祭酒慎,本从逵受古学。……博问通人,考之于逵,作《说文解字》……慎前以诏书校书东观,教小黄门孟生、李喜等,以文字未定,未奏上。"

安帝永初五年(111)　辛亥　三十三岁

○马融从班昭受《汉书》。

《后汉书》卷八十四《列女传·曹世叔妻传》:"兄固著《汉书》,其八表及《天文志》未及竟而卒,和帝诏昭就东观臧书阁踵而成之。……时《汉书》始出,多未能通者。同郡马融伏于阁下,从昭受读。"

【考论】马融从班昭受《汉书》时间,史籍无载。马融"伏于阁下"表明,马融是于东观,而非私宅,受《汉书》于班昭的。班昭续《汉书》于东观,不可能于东观授《汉书》于无官职之人,马融以郎中身份校书东观时,才有机会从班昭受《汉书》。马融于永初四年(110)十一月拜为郎中,校书于东观,故其从班昭受《汉书》当始于次年。

○夏,陈忠作《清盗源疏》。

《后汉书》卷四十六《陈忠传》:"自帝即位以来,频遭元二之厄,百姓流亡,盗贼并起,郡县更相饰匿,莫肯纠发。忠独以为忧,上疏曰:'……臣窃见元年以来,盗贼连发,攻亭劫掠,多所伤杀……前年勃海张伯路,可为至戒……顷季夏大暑,而消息不协,寒气错时,水涌为变。天之降异,必有其故。所举有道之士,可策问国典所务,王事过差,令处暖气不效之意。庶有谠言,以承开诫。'"《后汉书》卷五《孝安帝纪》:"(三年)秋七月,海贼张伯路等寇略缘海九郡,遣侍御史庞雄督州郡兵讨破之。……(四年正月)海贼张伯路复与勃海、平剧贼刘文河、周文光等攻厌次,杀县令,遣御史中丞王宗督青州刺史法雄讨破之。……(五年闰三月)戊戌,诏曰:'……其令三公、特进、侯、中二千石、二千石、郡守、诸侯相举贤良方正、有道术、达于政化、能直言极谏之士各一人,及至孝与众卓异者,并遣诣公车,朕将亲览焉。'"《后汉书》卷三十八《法雄传》:"永初三年,海贼张伯路等三千余人,冠赤帻,服绛衣,自称'将军',寇滨海九郡,杀二千石令长。……明年,伯路复与平原刘文河等三百余人称'使者',攻厌次城,杀长吏……五年春,乏食,复抄东莱间,雄率郡兵击破之,贼逃还辽东,辽东人李久等共斩平之,于是州界清静。"

【考论】"自帝即位以来"表明"元年"指的是永初元年。张伯海之乱始于永初三年(109),至五年(111)方得以完全平定。本年三月曾下诏公卿举"有道术"者,可见此文当于本年。文中又言本年夏寒暖不调,表明此文当作于夏季。

○冬,刘珍作《上言邓太后宜献庙》。

《后汉纪》卷十六《孝安皇帝纪上》:"冬,谒者刘珍上言曰……事下公卿,佥曰:'宜如珍言。'"

○班昭作《女诫》。

《后汉书》卷八十四《列女传·曹世叔妻传》:"作《女诫》七篇,有助内训。其辞曰:'……年十有四,执箕帚于曹氏,于今四十余载矣。……夙夜劬心,勤不告劳,而今而后,乃知免耳。吾性疏顽,教道无素,恒恐子谷负辱清朝。圣恩横加,猥赐金紫,实非鄙人庶几所望也。……但伤诸女当适人,而不渐训诲,不闻妇礼,惧失容它门,取耻宗族。吾今疾在沈滞,性命无常,念汝曹如此,每用惆怅。间作《女诫》七章,愿诸妇女各写一通,庶有补益,裨助汝身。去矣,其勖勉之!'"

【考论】班昭当卒于永宁元年(120)(详后文),年七十余。以此推之,班昭当生于建武二十六年(50)前后。据《女诫》,班昭当于永元六年(63),年十四,归曹氏,至本年四十八年,合于文中所言"四十余载"。如若晚于本年,则与文中所言"四十余载"不合。

○鲁丕卒。

《后汉书》卷二十五《鲁丕传》:"丕字叔陵,性沉深好学,孳孳不倦,遂杜绝交游,不答候问之礼。……遂兼通《五经》,以《鲁诗》《尚书》教授,为当世名儒。……建初元年,肃宗举贤良方正,大司农刘宽举丕。时对策者百有余人,唯丕在高第,除为议郎,迁新野令。视事期年,州课第一,擢拜青州刺史。务在表贤明,慎刑罚。七年,坐事下狱司寇论。……五年,年七十五,卒于官。”

安帝永初六年(112)　壬子　三十四岁

○马续续《汉书》。

《后汉书》卷八十四《列女传·曹世叔妻传》:“时《汉书》始出,多未能通者,同郡马融伏于阁下,从昭受读。后又诏融兄续继昭成之。”《后汉书》志第十《天文志上》:“孝明帝使班固叙《汉书》,而马续述《天文志》。”《后汉纪》卷十九《孝顺皇帝纪下》:“(马融)兄续,博览古今,同郡班固著《汉书》,缺其七表及《天文志》,有录无书,续尽踵而成之。”《史通·古今正史》:“固后坐窦氏事,卒于洛阳狱。书颇散乱……其八表及《天文志》等,犹未克成。多是待诏东观马续所作。”①

【考论】马续续《汉书》当在马融从班昭受读《汉书》之后,故系于本年。

○鲁恭卒。

《后汉书》卷二十五《鲁恭传》:“鲁恭……十五,与母及丕俱居太学,习《鲁诗》……其后拜为《鲁诗》博士,由是家法学者日盛。……(永初)三年,以老病策罢。六年,年八十一,卒于家。”

安帝永初七年(113)　癸丑　三十五岁

○邓太后召诸马子孙还京,复绍封马光子马朗为侯。

《后汉书》卷二十四《马防传》:“永初七年,邓太后诏诸马子孙还京师,随四时见会如故事,复绍封光子朗为合乡侯。”

安帝元初元年(114)　甲寅　三十六岁

○刘毅上《汉德论》及《宪论》,马融与刘珍等人盛赞刘毅文章,刘毅被拜为议郎。

《后汉书》卷八十上《文苑列传上·刘毅传》:“元初元年,上《汉德论》并《宪论》十二篇。时刘珍、邓耽、尹兑、马融共上书称其美,安帝嘉之,赐钱三

---

① 刘知几撰,浦起龙释:《史通通释》,上海古籍出版社1978年版,第339页。

万,拜议郎。”

○正月,改元元初。

《后汉书》卷五《孝安帝纪》:“元初元年春正月甲子,改元元初。”

安帝元初二年(115)　乙卯　三十七岁

○十月,马融作《上书请救庞参梁慬》。

《后汉书》卷五十一《庞参传》:“元初元年,迁护羌校尉,畔羌怀其恩信。明年,烧当羌种号多等皆降,始复得还都令居,通河西路。时先零羌豪僭号北地,诏参将降羌及湟中义从胡七千人,与行征西将军司马钧期会北地击之。参于道为羌所败。既已失期,乃称病引兵还,坐以诈疾征下狱。校书郎中马融上书请之……书奏,赦参等。”《后汉书》卷八十七《西羌传》:“二年春……又庞参将羌胡兵七千余人,与(司马)钧分道,并北击零昌。参兵至勇士东,为杜季贡所败,于是引退。……庞参以失期军败抵罪。”《后汉书》卷五《孝安帝纪》:“(元初二年冬十月)左冯翊司马钧下狱,自杀。”《后汉书》卷四十七《梁慬传》:“明年,校书郎马融上书讼慬与护羌校尉庞参,有诏原刑。”

【考论】据《后汉书·孝安帝纪》,司马钧于本年十月下狱自杀,马融上书救庞参当在本年十月。

○邓弘卒。

《后汉书》卷十六《邓骘传》:“元初二年,弘卒。太后服齐衰,帝丝麻,并宿幸其第。弘少治《欧阳尚书》,授帝禁中,诸儒多归附之。”

安帝元初三年(116)　丙辰　三十八岁

○邓太后封马廖孙马度为颍阳侯。

《后汉书》卷二十四《马廖传》:“元初三年,邓太后诏封廖孙度为颍阳侯。”

○刘恺作《牧守宜同服制议》。

《后汉书》卷三十九《刘恺传》:“旧制,公卿、二千石、刺史不得行三年丧,由是内外众职并废丧礼。元初中,邓太后诏长吏以下不为亲行服者,不得典城选举。时有上言牧守宜同此制，诏下公卿，议者以为不便。恺独议曰：'诏书所以为制服之科者，盖崇化厉俗，以弘孝道也。今刺史一州之表，二千石千里之师，职在辩章百姓，宣美风俗，尤宜尊重典礼，以身先之，而议者不寻其端，至于牧守则云不宜，是犹浊其源而望流清，曲其形而欲景直，不可得也。"太后从之。

【考论】本年十一月诏令大臣行三年丧，刘恺此文作于此前。

○十一月，初听大臣行三年丧。

《后汉书》卷五《孝安帝纪》："冬十一月……丙戌，初听大臣、二千石、刺史行三年丧。"《后汉书》卷四十六《陈忠传》："元初三年有诏，大臣得行三年丧，服阕还职。"《后汉纪》卷十六《孝安皇帝纪上》："冬十一月丙戌，初听大臣行三年丧。"

○陈忠作《上言令屯役者得归葬送》。

《后汉书》卷四十六《陈忠传》："元初三年，大臣得行三年丧，服阙还职。忠因此上言：'孝宣皇帝旧令，人从军屯及给事县官者，大父母死未满三月，皆勿徭，令得葬送。请依此制。'太后从之。"

○王逸为校书郎。

《后汉书》卷八十上《文苑列传上·王逸传》："王逸字叔师，南郡宜城人也。元初中，举上计吏，为校书郎。"

【考论】王逸为校书郎时间不详，陆侃如《中古文学系年》系于本年，此姑从之。

安帝元初四年(117)　丁巳　三十九岁

○张衡论《太玄》。

《后汉书》卷五十九《张衡传》："大将军邓骘奇其才，累召不应。衡善机巧，尤致思于天文、阴阳、历算。常耽好《玄经》，谓崔瑗曰：'吾观《太玄》，方知子云妙极道数，乃与《五经》相拟，非徒传记之属，使人难论阴阳之事，汉家得天下二百岁之书也。复二百岁，殆将终乎？所以作者之数，必显一世，常然之符也。汉四百岁，《玄》其兴矣。'安帝雅闻衡善术学，公车特征拜郎中，再迁为太史令。遂乃研核阴阳,妙尽琁机之正,作浑天仪,著《灵宪》《算罔论》,言甚详明。”

【考论】《后汉书》卷五十二《崔瑗传》:“年四十余,始为郡吏。……后事释归家,为度辽将军邓遵所辟。居无何,遵被诛,瑗免归。”《后汉书》卷八十九《南匈奴列传》:“元初元年,(耿)夔免,以乌桓校尉邓遵为度辽将军。”《后汉书》卷五《孝安帝纪》:“建光元年……五月庚辰,特进邓骘及度辽将军邓遵,并以谮自杀。”崔瑗四十余方为郡吏,后事释归家。“居无何,遵被诛”表明崔瑗入邓遵幕府不久,邓遵便被诛(121)。故崔瑗入车骑将军邓遵幕府当在元初六年(119)左右。张衡与崔瑗论《太玄》当在崔瑗闲居在家时,且两年后,张衡为尚书郎(详后文),故其与崔瑗论《太玄》当在本年左右。陆侃如《中古文学系年》系于元初元年(114)邓遵始为车骑将军时,显然过早。

○蔡伦监典刘珍等校书。

《后汉书》卷七十八《宦者列传·蔡伦传》:“四年,帝以经传之文多不正定,乃选通儒谒者刘珍及博士良史诣东观,各雠校汉家法,令伦监典其事。”

○杨震荐举杨伦明经。

《后汉书》卷七十九上《儒林列传上·杨伦传》:“杨伦字仲理,陈留东昏人也。少为诸生,师事司徒丁鸿,习《古文尚书》。”《后汉书》卷五十四《杨震传》:“元初四年,征入为太仆,迁太常。先是博士选举多不以实,震举荐明经名士陈留杨伦等,显传学业,诸儒称之。”

○胡广举孝廉,试以章奏,安帝以广为天下第一。旬日拜尚书郎。

《后汉书》卷四十四《胡广传》:“广少孤贫,亲执家苦。长大,随辈入郡为散吏。太守法雄之子真,从家来省其父。真颇知人。会岁终应举,雄敕真助其求才。雄因大会诸吏,真自于牖间密占察之,乃指广以白雄,遂察孝廉。既到京师,试以章奏,安帝以广为天下第一。旬月拜尚书郎,五迁尚书仆射。”注:“《谢承书》曰:‘广有雅才,学究《五经》,古今术艺皆毕览之。年二十七,举孝廉。’”蔡邕《太尉胡广碑》:“公宽裕仁爱,覆载博大,研道知机,穷理尽性。凡圣哲之遗教,文武之未坠,罔有不综。年二十七,察孝廉,除郎中,尚书侍郎。”

【考论】《后汉书》卷四十四《胡广传》:“年八十二,熹平元年薨。”以此推之,胡广当生于和帝永元三年(91),至本年二十七年,故胡广举孝廉当在本年。

○**李固寻师游学**。

《后汉书》六十三《李固传》:“少好学,常步行寻师,不远千里。遂究览坟籍,结交英贤。四方有志之士,多慕其风而来。京师咸叹曰:‘是复为公矣。’”注:《谢承书》云:“固改易姓名,杖策驱驴,负笈追师三辅,学《五经》,积十余年。博览古今,明于风角,星算、《河图》、谶纬,仰察俯占,穷神知变。每到太学,密入公府,定省父母,不令同业诸生知是(李)郃子。”

【考论】陆侃如《中古文学系年》:“是(李)郃两为三公,一次是固二十四至二十七岁,一次是三十三至三十四岁。他到太学应该是在第一次,故系于此。自本年至阳嘉二年对策,相距十六七年。其寻师千里,游学三辅,积十余年,大约在此期内。”[①]陆说大体可信,此从之。

安帝元初五年(118)　戊午　四十岁

○**马融上《广成颂》**。

《续汉书》云:“(马)融在东观十年,穷览典籍,上《广成颂》。”[②]《后汉书》卷六十上《马融传》:“元初二年,上《广成颂》以讽谏。其辞曰……”

【考论】关于《广成颂》写作时间,学者们意见不一。一些学者从《后汉书·马融传》,力主此文作于元初二年(115)。而陆侃如先生认为“元初二年当为五年之误”[③],力主此文作于元初五年(118)。

《太平御览》卷七十二引《后汉书》云:“安帝永初元年,以广成游猎地假与贫人。于时马融作《广成颂》云:‘大汉之初基也……’”[④]郦道元《水经注》卷二十一云:“安帝永初元年,以广成游猎地假与贫民。元初二年,邓太后临

① 陆侃如:《中古文学系年》,人民文学出版社 1985 年版,第 143 页。
② 转引自汪文台辑,周天游校:《七家后汉书》,河北人民出版社 1987 年版,第 270 页。
③ 陆侃如:《中古文学系年》,人民文学出版社 1985 年版,第 144 页。
④ 李昉等编:《太平御览》,中华书局 1960 年版,第 340 页。

朝,邓骘兄弟辅政,世士以为文德可兴,武功宜废,寝蒐狩之礼,息战陈之法。于时,马融以文武之道,圣贤不坠,五材之用,无或可废,作《广成颂》云:‘大汉之初基也……’”[①]这两条资料表明,马融有感于安帝假广成游猎地于贫民而废弃田猎武功,因而上《广成颂》加以劝谏。

安帝于殇帝延平元年(106)八月即位,次年(107)改元永元。马融《广成颂》云:“伏见元年已来,遭值厄运,陛下戒惧灾异,躬自菲薄,荒弃禁苑,废弛乐悬,勤忧潜思,十有余年,以过礼数。”自继位改元,安帝用的是“永初”年号,此处“元年”显然指的是永初元年(107)。“荒弃禁苑”指的便是以上材料中提到的“以广成游猎地假与贫人”。自永初元年(107)至元初二年(115),首尾不过九年,显然不合于《广成颂》中所言“元年已来……十有余年”。而自永初元年(107)至元初五年(118)首尾共十二年,正合于文中所言“十有余年”。《广成颂》后文又云:“方今大汉收功于道德之林,致获于仁义之渊,忽搜狩之礼,阙槃虞之佃。闇昧不睹日月之光,聋昏不闻雷霆之震,于今十二年,为日久矣。”“致获于仁义之渊,忽搜狩之礼,阙槃虞之佃”,显然指的是安帝“以广成游猎地假与贫人”,从而废除田猎等尚武活动。如上所说,自永初元年(107)至元初五年(118)首尾共十二年,正合于此处“于今十二年,为日久矣”。可见,马融《广成颂》所言时间正合于元初五年之事,因此该赋当作于安帝元初五年(118),陆侃如先生所言“二年”乃“五年”之误可信。上引《水经注》已作“元初二年”,可见“二”误为“五”由来已久。

〇**马续为中郎将**。

《后汉书》卷九十《乌桓鲜卑列传》:“(元初)六年秋,鲜卑入马城塞,杀长吏。度辽将军邓遵发积射士三千人,及中郎将马续率南单于,与辽西、右北平兵马会,出塞追击鲜卑,大破之。”《后汉书》卷五《孝安帝纪》:“(元初六年)秋七月,鲜卑寇戎马城,度辽将军邓遵率南单于击破之。”

【考论】《后汉书》卷五《孝安帝纪》“(元初五年)十二月丁巳,中郎将任尚有罪,弃市。”可见,马续为中郎将当在任尚被罢除之后,故系之于本年。

① 郦道元著,陈桥驿校证:《水经注校证》,中华书局2007年版,第498页。

○延笃从马融受业。

《后汉书》卷六十四《延笃传》:"少颍川唐溪典受《左氏传》,旬日能讽之,典深敬焉。又从马融受业,博通经传及百家之言。能著文章,有名京师。"

【考论】"有名京师"表明延笃是在京师从马融受业。考之马融生平,自安帝亲政以后,马融较少任职于京师,故延笃从马融受学当在马融为校书郎时,故系于本年。

○刘毅作上疏,请著太后注纪,题曰《长乐宫注》,并令史官著《圣德颂》。

《后汉书》卷十上《皇后纪上·和熹邓皇后纪》:"元初五年,平望侯刘毅以太后多德政,欲令早有注纪,上书安帝曰:'……宜令史官著《长乐宫注》《圣德颂》,以敷宣景耀,勒勋金石,县之日月,摅之罔极,以崇陛下烝烝之孝。'帝从之。"

安帝元初六年(119)　己未　四十一岁

○十二月,李郃作《因日蚀地震上安帝书》。

《后汉书》志第十八《五行志六》:"六年十二月戊午朔,日有蚀之,几尽,地如昏状。在须女十一度,女主恶之。后二岁三月,邓太后崩。"注:"《李氏家书》:'司空李郃上书曰……'"

○班勇作《西域议》《答尚书问》《对镡显等难》《对毛轸难》等。

《后汉书》卷四十七《班勇传》:"元初六年,敦煌太守曹宗遣长史索班将千余人屯伊吾,车师前王及鄯善王皆来降班。后数月,北单于与车师后部遂共攻没班,进击走前王,略有北道。鄯善王急,求救于曹宗,宗因此请出兵五千人击匈奴,报索班之耻,因复西域。邓太后召能诣朝堂会议。先是公卿多以为宜闭玉门关,遂弃西域,勇上议曰……(与尚书、镡显、毛轸等论辩)于是从勇议,复敦煌郡营兵三百人,置西域副校尉居敦煌,虽复羁縻西域,然亦未能出屯。"

○**邓氏家族开邸第，教学经书**。

《后汉书》卷十上《皇后纪上·和熹邓皇后纪》："六年，太后诏征和帝弟济北、河间王子男女五岁以上四十余人，又邓氏近亲子孙三十余人，并为开邸第，教学经书，躬自监试。"

○**张衡举孝廉，为尚书郎**。

崔瑗《河间相张平子碑》："初举孝廉，为尚书侍郎，迁太史令。"

【考论】崔瑗与张衡是同时代人，并且二人"特相友好"(《后汉书·崔瑗传》)，张衡今存《与崔瑗书》，而张衡卒后，崔瑗为之作《河间相张平子碑》。可见崔瑗所较言可信。

《后汉书》卷五十九《张衡传》："永元中，举孝廉不行，连辟公府不就。……安帝雅闻衡善术学，公车特征拜郎中，再迁为太太史令。"此说不尽可信。皇帝征召是汉代重要的入仕途径之一。在汉代，士人多以受皇帝征召为荣。对于年老望隆者，皇帝则以安车征之，如汉武帝征申公、枚乘，桓帝征徐稺、韩廉等。较次一等的则用公车征之，如章帝公车征郑均等。考之范晔《后汉书》，自东汉光武帝至安、顺时期，公车特征者不多，有一些因年老不至，至于至者，往往不问以前是否任职以及任职高低，皆授以较高官位(俸禄多为六百石)。如章帝建初六年(81)，公车特征郑均，再迁尚书。安帝建光(121—122)中，公车特征包孟尝，至，拜侍中。顺帝永建中(126—132)，公车征贺纯、杨厚、黄琼，至皆拜议郎。据《后汉书》卷五十九《张衡传》，张衡征至，仅拜郎中，俸禄仅三百石，这似乎与皇帝"特征"不太相符。此其一。其二，崔瑗与张衡是同时代人，并且二人"特相友好"(《后汉书·崔瑗传》)，故其当对张衡的出仕经历自然非常了解。在汉代，举孝廉是一种极其普通的入仕之途径，而皇帝特征则是"最尊荣的仕途"①。既然张衡曾享有如此"殊荣"，其好友为何不在其碑传书上一笔呢？可见，《后汉书·张衡传》所载不可信。

东汉时期，选为尚书郎是三署郎补吏途径之一。《后汉书》志第二十六《百官志三》注引《三辅决录注》云："故事尚书郎以令史久缺补之。世祖始

① 黄留珠：《秦汉仕进制度》，西北大学出版社1985年版，第206页。

改用孝廉为郎。"《唐六典》卷一引应劭《汉官仪》:"光禄勋有南北庐主事三署主事,于诸郎之中察茂才高第者为之,秩四百石,次补尚书郎。"[①]东汉尚书郎有守尚书郎、尚书郎、侍郎三类。《后汉书》志第二十六《百官志三》注引蔡质《汉仪》:"尚书郎初从三署诣台试,初上台称守尚书郎,中岁满称尚书郎,三年称侍郎。"《北堂书钞》卷六十引《汉官典职》:"尚书郎从三署试,初上台称守尚书郎,三年,御亲诏称侍郎。"[②]《太平御览》卷二百一十五引应劭《汉官仪》:"尚书郎初上诣台称守尚书郎,满岁称尚书郎中,三年称侍郎。"[③]崔瑗《河间相张平子碑》言张衡"初举孝廉,为尚书侍郎",是简省说法[④],完整的说法是,张衡举孝廉为郎吏,后选试为尚书郎,满三年后为尚书侍郎。

张衡何时为尚书郎,早期史料均无明确记载。袁宏《后汉纪》卷十九《孝顺皇帝纪下》言张衡"和帝时(89—105)为尚书郎",显然不确。张文青《张衡年谱》认为安帝永初五年(111),征拜郎中,三年后转为尚书侍郎[⑤]。此说不尽可信。

《后汉书》志第二《律历志中》:"安帝延光二年,中谒者亶诵言当用甲寅元,河南梁丰言当复用太初。尚书郎张衡、周兴皆能历,数难诵、丰……太尉刘恺上书侍中施延等议……"

考之《后汉书》卷五《孝安帝纪》,刘恺于建光元年(121)八月为太尉,延光二年(123)冬十月罢太尉,前后仅两年余。《后汉书》卷四十五《周荣传》:"除(周兴)子男兴为郎中。兴少有名誉,永宁中,尚书陈忠上疏荐兴曰……诏乃拜兴为尚书郎。"考之《后汉书》卷五《孝安帝纪》,120 年 4 月改元永宁,121 年 7 月改元建光,"永宁"年号前后仅一年余。也就是说,周兴在 121 年前后由三署郎升迁为尚书郎(即守尚书郎),至延光二年(123),已满一年,故称尚书郎。

---

① 张九龄等撰,李林甫等注:《唐六典》,影印文渊阁《四库全书》第 595 册,台湾商务印书馆 1986 年版,第 9 页。

② 虞世南:《北堂书钞》(1),学苑出版社 2003 年版,第 456 页。

③ 李昉等编:《太平御览》,中华书局 1960 年版,第 1026 页。

④ "史书记载每每有省文现象,所以许多地方把孝廉任用的第一步'除郎中'便省略掉,而直接记载了由郎迁任的职务。"黄留珠:《秦汉仕进制度》,西北大学出版社 1985 年版,第 145 页。此处崔文亦是如此。

⑤ 详见张文青:《张衡年谱》,商务印书馆 1956 年修订版,第 59—68 页。

据《后汉书》卷四十六《陈忠传》记载,邓太后崩后,安帝始亲朝事。安帝听从陈忠谏议,先公车礼聘冯良、周燮等,后诏拜有道高第士沛国施延为侍中。《后汉书》卷五十三《周燮传》:"延光二年,安帝以玄纁羔币聘燮、及南阳冯良,二郡各遣丞掾致礼。"《后汉书》卷十五《来历传》:安帝废皇太子为济阴王时,侍中施延等十余人,俱诣鸿都门证太子无过。《后汉书》卷五《孝安帝纪》:延光三年(124)九月丁酉,废皇太子保为济阴王。由此可以看出,延光二年(123)至延光三年(124)施延正任侍中之职。从以上分析可以看出,《后汉书》志第二《律历志中》这段话对刘恺、周兴、施延等人任职记载准确无误,由此可以断定,这段话对张衡的任职记载也是可信的。因而可以断定,安帝延光二年(123年),张衡正为尚书郎①。

《后汉书》志第二十四《百官志一》注引胡广《王隆汉官篇解诂叙》:"前安帝时,越骑校尉刘千秋校书东观,好事者樊长孙与书曰……刘君甚然其言,与邑子通人郎中张平子参议未定,而刘君迁为宗正、卫尉,平子为尚书郎、太史令,各务其职,未暇恤也。至顺帝时,平子为侍中典校书,方作《周官解说》……"刘千秋即刘珍。《后汉书》卷八十上《文苑列传上·刘珍传》:永宁元年(120)迁侍中、越骑都尉。延光四年(125),拜宗正,明年(126),转卫尉,卒官。从刘珍任职可以推断,此事当发生于120年至125年之间。

如上所说,安帝延光二年(123),张衡已经为尚书郎了。"三署本为培养人才机关,故诸郎入署,受训三五年即当补吏。"②但事实有长达十余年不迁者,亦有旬月而迁者。《后汉书》卷五《孝安帝纪》:延光二年(123)"八月庚午,初令三署郎通达经术任牧民者,视事三岁以上,皆得察举"。这表明在此之前,为郎三五年不迁者颇为常见。如上所说,由三署郎选试为尚书郎后,未满一年称守尚书郎,满岁称尚书郎,三年称尚书侍郎。由此可以推断,119年,或更早,张衡举孝廉为郎,故有120年以三署郎中身份与刘珍参议汉家礼仪之事,121年左右,张衡由三署郎选试为尚书郎(即守尚书郎),至123年,满一年以上,不足三年,故称为尚书郎,故有与周兴等人一起论历之事。至

---

① 张文青《张衡年谱》以为"志(《续汉书·律历志》)云尚书郎者,乃误以前官称也",显然不确。参见张文青:《张衡年谱》,商务印书馆1956年修订版,第85页。

② 严耕望:《秦汉郎吏制度考》,载《严耕望史学论文选集》,中华书局2006年版,第325页。

124年，因满三年而为尚书侍郎，故崔瑗《河间相张平子碑》称张衡“为尚书侍郎”。范晔《后汉书·张衡传》对张衡为尚书郎一事无载，虽然是失误或疏忽。

○朱穆为郡督邮。

《后汉书》卷四十三《朱穆传》：“初举孝廉。”注：“《谢承书》曰：‘穆少有英才，学明《五经》，性矜严疾恶，不交非类。年二十为郡督邮。’”

【考论】《后汉书》卷四十三《朱穆传》：“延熹六年卒，时六十四。”以此推之，朱穆当生于和帝永元十二年(100)，至本年二十岁。

安帝元初七年　安帝永宁元年(120)　庚辰　四十二岁

○马融自劾归。

《后汉书》卷六十上《马融传》：“颂奏，忤邓氏，滞于东观十年不得调。因兄子丧自劾归。太后闻之怒，谓融羞薄诏除，欲仕州郡，遂令禁锢之。”注：融集云：“时兄伉子在融舍物故，融因是自劾而归。”又云：融集云：“时左将军奏融遭兄子丧自劾而归，离署当免官。制曰：‘融典校秘书，不推忠尽节，而羞薄诏除，希望欲仕州郡，免官勿罪。’禁锢六年矣。”

【考论】李贤注云“禁锢六年”，乃依《后汉书》卷六十上《马融传》，认为《上林颂》作于元初二年(115)，故至建光元年(121)再次召还时，正好六年。如上所说，《上林颂》不作于元初二年(115)，而作于元初五年(118)，故李贤所言不可信。

惠栋曰：“融以请托事泄，故十年不调，不必因奏颂为忤邓氏也。史官因融自序而作传，非实录也。”[①]惠氏此说亦不尽可信。《后汉书》卷十六《邓骘传》：“骘子侍中凤，尝与尚书郎张龛书，属郎中马融宜在台阁。又中郎将任尚尝遗凤、马，后尚坐断盗军粮，槛车征诣廷尉，凤惧事泄，先自首于骘。”可见，马融的确与邓凤及任尚有所交往。《后汉书》卷五《孝安帝纪》：“(元初五年)十二月丁巳，中郎将任尚有罪，弃市。”《后汉书》卷八十七《西羌传》：“(元初)五年……任尚与(邓)遵争功，又诈增首级，受赇枉法，臧千万已上，

① 转引自王先谦：《后汉书集解》，中华书局1984年版，第685页。

槛车征弃市。”可见,任尚事败在安帝元初五年(118)。马融于永初四年(110)入东观校书,至任尚获罪时(118),已滞于东观首尾九年了。可见,马融长期滞于东观亦与请托之事无关。

《后汉书》卷六十上《马融传》:“初,融惩于邓氏,不敢复违忤势家,遂为梁冀草奏李固,又作大将军《西第颂》,以此颇为正直所羞。”马融惩于邓氏而滞于东观可能源出马融《自序》,此说或为马融为自己逢迎梁冀系列行为而编造的辩护理由,不可信从。后世著史者不省,而写入其传记中。

○四月,改元永宁。

《后汉书》卷五《孝安帝纪》:“夏四月丙寅,立皇子保为太子,改元永宁,大赦天下。”

○刘珍与刘毅、刘騊駼、李尤等撰《汉记》。

《后汉书》卷八十上《文苑列传上·刘珍传》:“永宁元年,太后又诏(刘)珍与(刘)騊駼作建武已来名臣传,迁侍中,越骑校尉。”《后汉书》卷十四《宗室四王三侯列传·北海靖王兴传》:“永宁中,邓太后召(刘)毅及(刘)騊駼入东观,与谒者仆射刘珍著中兴以下名臣列士传。”《后汉书》卷八十上《文苑列传上·李尤传》:“安帝时为谏议大夫,受诏与谒者刘珍等俱撰《汉记》。”刘知几《史通·古今正史》:“于是又诏史官谒者仆射刘珍及谏议大夫李尤杂作记,表,名臣、节士、儒林、外戚诸传,起自建武,迄乎永初,事业垂竟而珍、尤继卒。复命侍中伏无忌与谏议大夫黄景作诸王、王子、功臣、恩泽侯表,南单于、西羌传、地理志。”①

○张衡参论东观校书事。

《后汉书》卷五十九《张衡传》:“永初中,谒者仆射刘珍、校书郎刘騊駼等著作东观,撰集《汉记》,因定汉家礼仪,上言请衡参论其事,会并卒,而衡常叹息,欲终成之。及为侍中,上疏请得专事东观,收捡遗文,毕力补缀。又上司马迁、班固所叙与典籍不合者十余事。……”《后汉书》卷八十上《文苑列传上·刘珍传》:“永宁元年,太后又诏珍与騊駼作建武已来名臣传,迁侍中、越骑校尉。”《后汉书·宗室四王三侯列传》:“永宁中,邓太后召(刘)毅及

① 刘知几撰,浦起龙释:《史通通释》,上海古籍出版社1978年版,第341页。

(刘)騊駼入东观,与谒者仆射刘珍著中兴以下名臣列士传。"

【考论】次年(121)三月邓太后卒,次年七月改元为建光,故张衡参论东观校书之事当在本年。据《刘珍传》及《宗室四王三侯传》记载,永宁元年太后刘珍等人作名臣传,《张衡传》中"永初"当为"永宁"之误。

○桓焉迁太子少傅、太傅,授顺帝《尚书》。

《后汉书》卷三十七《桓焉传》:"永宁中,顺帝立为皇太子,以焉为太子少傅,月余,迁太傅,以母忧自乞,听以大夫行丧。"《后汉书》卷六《顺帝纪》:"孝顺皇帝讳保,安帝之子也。母李氏,为阎皇后所害。永宁元年,立为皇太子。"

○班昭卒。

《后汉书》卷八十四《列女传·曹世叔妻传》:"昭年七十余卒,皇太后素服举哀,使者监护丧事。所著赋、颂、铭、诔、问、注、哀辞、书、论、上疏、遗令,凡十六篇。子妇丁氏为撰集之,又作《大家赞》焉。"

【考论】陆侃如《中古文学系年》云:"她(班昭)卒年七十余,至少在七十一以上,所以卒年必在一一九年以后。她卒在邓太后之前,所以必在一二一年以前。因此,我们假定于一二〇年。"[①]陆说可信,此从之。

安帝永宁二年　安帝建光元年(121)　辛酉　四十三岁

○马融被召还署郎,校书东观。

《后汉书》卷六十上《马融传》:"太后崩,安帝亲政,召还郎署,复在讲部。"《后汉书》卷五《孝安帝纪》:"(建光元年)三月癸巳,皇太后邓氏崩。"

【考论】刘知几《史通序》:"马融三入东观。"[②]《太平御览》卷二百三三引华峤《集诏》曰:峤表曰:"昔刘向父子,世典史籍,马融通博,三入东观,非臣肤浅所敢投迹。"[③]可见,马融"三入东观"可信。《后汉书·马融传》中仅言及两次:第一次是安帝永初四年(110),另一次是晚年从朔方赦免归来后(154),任议郎时。《后汉书·马融传》:"召还郎署,复在讲部。""还""复"二

---

① 陆侃如:《中古文学系年》,人民文学出版社1985年版,第148页。

② 刘知几撰,浦起龙释:《史通通释》,上海古籍出版社1978年版,第2页。

③ 李昉等编:《太平御览》,中华书局1960年版,第1107页。

字表明，马融此次任职与上次相同，因此马融这次亦以郎身份校书于东观。

〇正月，陈忠作《奏劾陈禅》。

《后汉书》卷五十一《陈禅传》："永宁元年，西南夷掸国王献乐及幻人，能吐火，自支解，易牛马头。明年元会，作之于庭，安帝与群臣共观，大奇之。禅独离席举手大言：'昔齐鲁为夹谷之会，齐作侏儒之乐，仲尼诛之。'又曰：'放郑声，远佞人。帝王之庭，不宜设夷狄之技。'尚书陈忠劾奏禅曰……有诏勿收。"

【考论】"元会"，指元宵，可见此文作正月。

〇三月，邓太后崩。

《后汉书》卷五《孝安帝纪》："三月癸巳，皇太后邓氏崩。"《后汉书》卷十上《皇后纪上·和熹邓皇后纪》："永宁二年……三月崩，在位二十年，年四十一。"

〇五月，邓骘及邓遵等以谮自杀。

《后汉书》卷五《孝安帝纪》："五月庚辰，特进邓骘及度辽将军邓遵，并以谮自杀。"《后汉书》卷十六《邓骘传》："及太后崩，宫人先有受罚者，怀怨恚，因诬告悝、弘、阊先从尚书邓访废帝故事，谋立平原王得。帝闻，追怒，令有司奏悝等大逆无道……骘与子凤并不食而死。骘从弟河南尹豹、度辽将军舞阳侯遵、将作大匠畅皆自杀。"

〇朱宠作《上疏追讼邓骘》。

《后汉书》卷十六《邓骘传》："大司农谴让朱宠痛骘无罪遇祸，乃肉袒舆榇，上疏追邓骘曰……宠知其言切，自致廷尉，诏免官归田里。众庶多为骘称枉，帝意颇悟，乃谴让州郡，还葬洛阳北芒旧茔，公卿皆会丧，莫不悲伤之。诏遣使者祠以中牢，诸从昆弟皆归京师。"《资治通鉴》卷五十："大司农京兆朱宠痛骘无罪遇祸，乃肉袒舆榇，上疏曰……帝意颇悟，乃谴让州郡，还葬骘等于北芒，诸从兄弟皆得归京师。"

〇七月，改元建光。

《后汉书》卷五《孝安帝纪》："秋七月己卯，改元建光，大赦天下。"

○七月，陈忠作《荐刘恺疏》。

《后汉书》卷三十九《刘恺传》："永宁元年，称病上书致仕，有诏优许焉，加赐钱三十万，以千石禄归养，河南尹常以岁八月致羊酒。时安帝始亲政事，朝廷多称恺之德，帝乃遣问起居，厚加赏赐。会马英策罢，尚书陈忠上疏荐恺曰……书奏，诏引恺拜太尉。"《后汉书》卷五《孝安帝纪》："（永宁元年）十二月……戊辰，司徒刘恺罢。……（建光元年）三月癸巳，皇太后邓氏崩。……秋七月己卯，改元建光，大赦天下。壬寅，太尉马英薨。八月……甲子，前司徒刘恺为太尉。"

【考论】太尉马英于本年七月卒，八月刘恺为太尉，故陈忠荐刘恺当在马英卒后、刘恺为太尉之前。

○许慎卒。

《后汉书》卷七十九下《儒林列传下·许慎传》："许慎……少博学经籍，马融常推敬之，时人为之语曰：'《五经》无双许叔重。'为郡功曹，举孝廉，再迁除洨长，卒于家。初，慎以《五经》传说臧否不同，于是撰为《五经异义》，又作《说文解字》十四篇，皆传于世。"

【考论】据许慎子许冲所作《上书进说文》，许慎卒于本年。许冲《上书进说文》落款为本年九月二十日，许慎当卒于此前。许慎著作有《说文解字》十五卷、《五经异义》十卷、《孝经孔氏古文说》一篇，《史记注》以及《淮南鸿烈间诂》二十一卷等。

○九月，许慎子许冲上《上书进说文》及《古文孝经》。

许冲《上书进说文》："臣父故太尉南阁祭酒慎……作《说文解字》。……慎又学《孝经》孔氏古文学。《古文孝经》者，孝昭帝时鲁国三老所献，建武时给事中议郎卫宏所校，皆口传，官无其说，谨撰具一篇并上。……建光元年九月己卯朔二十日戊戌上。"

○十一月，陈忠作《上疏豫通帝意》。

《后汉书》卷五《孝安帝纪》："是秋，京师及郡国二十九雨水。冬十一月己丑，郡国三十五地震，或坼裂。诏三公以下，各上封事陈得失。"《后汉书》卷四十六《陈忠传》："及邓太后崩，安帝始亲朝事。忠以为临政之初，宜征聘贤才,以宣助风化,数上荐隐逸及直道之士冯良、周燮、杜根、成翊世之徒。于是公车礼聘良、燮等。后连有灾异,诏举有道,公卿百僚各上封事。忠以诏书既开谏争,虑言事者必多激切,或致不能容,乃上疏豫通广帝意,曰……"

【考论】公卿因灾异上封事在本年十一月,故陈忠此文当作于此时。

○陈忠作《搢绅先生论》以谏宦官。

《后汉书》卷四十六《陈忠传》:"常侍江京、李闰等皆为列侯,共秉权任。帝又爱信阿母王圣,封为野王君。忠内怀惧懑而未敢陈谏,乃作《搢绅先生论》以讽,文多故不载。"《后汉书》卷七十八《宦者列传·孙程传》:"及太后崩,遂诛邓氏而废平原王,封闰雍乡侯;又小黄门江京以谗谄进,初迎帝于邸,以功封都乡侯,食邑各三百户。闰、京并迁中常侍,江京兼大长秋,与中常侍樊丰、黄门令刘安、钩盾令陈达及王圣、圣女伯荣扇动内外,竞为侈虐。"

【考论】江京、李闰等受封在诛邓骘之后,故知此文作于本年。此文早佚,《全后汉文》无录。

○陈忠作《上疏请许大臣宁告终丧》。

《后汉书》卷四十六《陈忠传》:"至建光中,尚书令祝讽、尚书孟布等奏,以为'孝文皇帝定约礼之制,光武皇帝绝告宁之典,贻则万世,诚不可改。宜复建武故事'。忠上疏曰……宦竖不便之,竟寝忠奏而从讽、布议,遂著于令。"

【考论】本年十一月诏断大臣三年丧,陈忠等人议三年丧当在此前。

○十一月,复断大臣三年丧。

《后汉书》卷五《孝安帝纪》:"冬十一月……庚子,复断大臣二千石以上服三年丧。"《资治通鉴》卷五十:"冬十一月……庚子,复断二千石以上行三年丧。"《后汉纪》卷十七《孝安皇帝纪下》:"九月,戊子,上幸卫尉冯石府……冬十二月丙申,乃还宫。己丑,郡国三十五地震……鲜卑寇玄菟。庚子,绝大臣行三年丧。”[1]

【考论】方诗铭、方小芬编著《中国史历日和中西历日对照表》,本年十二月无庚子日,而十一月有庚子日,《后汉纪》“十二月”或为“十一月”之误。

○翟酺作《上安帝疏谏宠外戚》。

《后汉书》卷四十八《翟酺传》:“时安帝始亲政事,追感祖母宋贵人,悉封其家。又元舅耿宝及皇后兄弟阎显等并用威权。酺上疏谏曰:‘……故文帝爱百金于露台,饰帷帐之皂囊。或有讥其俭者……’书奏不省,而外戚宠臣咸畏恶之。”

【考论】《北堂书钞》卷一百三十二引《益部耆老传》翟酺上事曰:“汉文帝连上书囊以为帐,恶闻纨素之声也。”[2]又见《艺文类聚》卷六十九。《太平御览》卷六百九十九引《晋令》云:“汉文帝以上书皂囊为帷。冬可青布,夏青疏。”[3]严可均辑有此文,并命名为《又上》。又作案语:“前疏言‘文帝饰帷帐于皂囊’,疑即此。”[4]严氏所言颇有道理,此佚文当为前疏异文,不当另有《又上》。

○杨震作《上疏请出乳母王圣》《复诣阙疏谏刘瓌袭爵》。

《后汉书》卷五十四《杨震传》:“永宁元年,代刘恺为司徒。明年,邓太后崩,内宠始横。安帝乳母王圣,因保养之勤,缘恩放恣。圣子女伯荣出入宫掖,传通奸赂。震上疏曰……奏御,帝以示阿母等,内倖皆怀忿恚。而伯荣骄淫尤甚,与故朝阳侯刘护从兄瓌交通,瓌遂以为妻,得袭护爵,位至侍中。震深疾之,复诣阙上疏曰……书奏不省。”

○安帝诏公车征樊英、孔乔、李昺、郎宗、杨伦、王辅。

《后汉书》卷八十二上《方术列传上·樊英传》:“至建光元年,复诏公车赐策书,征英及同郡孔乔、李昺、北海郎宗、陈留杨伦、东平王辅六人。唯郎宗、杨伦到洛阳,英等四人并不至。”

---

① 周天游云:“安帝幸冯石府不过十许日,岂能住长达三月之久。戊子至丙申,乃九天。‘冬十二月’四字衍文也。”周天游:《后汉纪校注》,天津古籍出版社1987年版,第467页。案:周氏所言甚是。《后汉纪》此处记事时间不太明晰。如郡国地震、鲜卑寇玄菟都在本年十一月,书中却都系于十二月。

② 虞世南:《北堂书钞》(2),学苑出版社2003年版,第358页。

③ 李昉等编:《太平御览》,中华书局1960年版,第3119页。

④ 严可均辑:《全后汉文》,商务印书馆1999年版,第594页。

安帝建光二年　安帝延光元年(122)　壬戌　四十四岁

○马融出为河间王厩长。

《后汉书》卷六十上《马融传》:“出为河间王厩长史。”刘攽曰:“正文厩长史,案厩长自是官名,后人不知,妄加史字。”①《后汉书》志第二十八《百官志五》载,诸侯国有礼乐长、卫士长、医工长、永巷长、祠祀长,皆为比四百石。据此,诸侯国厩长亦当比四百石。

【考论】三署郎中仅三百石,而河间王厩长为比四百石,可见,出为河间王厩长实乃为升迁。邓太后亡,安帝立即将马融召还,表明安帝对马融颇为重视,召还京不过是升迁跳板,故马融出为河间王厩长当在此年。

○马融女马伦生。

《后汉书》卷八十四《列女传·袁隗妻传》:“汝南袁隗妻者,扶风马融之女也,字伦。”蔡邕《司徒袁公夫人马氏碑》:“维光和七年,司徒夫人马氏薨……春秋六十有三。”

【考论】据蔡邕《司徒袁公夫人马氏碑》,马伦卒于光和七年(184),年六十三。以此推之,马伦当生于本年。

○三月,改元延光。

《后汉书》卷五《孝安帝纪》:“三月丙午,改元延光。”

○四月,陈忠作《因灾异上疏劾中侍伯荣》及《上疏谏以灾异免三公》。

《后汉书》卷四十六《陈忠传》:“忠以久次,转为仆射。时帝数遣黄门常侍及中使伯荣往来甘陵,而伯荣负宠骄蹇,所经郡国莫不迎为礼谒。又霖雨积时,河水涌溢,百姓骚动。忠上疏曰……书奏不省。时三府任轻,机事专委尚书,而灾眚变咎,辄切免公台。忠以为非国旧体,上疏谏曰……顷之,迁尚书令。延光三年,拜司隶校尉。”《后汉书》卷五《孝安帝纪》:“夏四月癸未,京师郡国二十一雨雹。癸巳,司空陈褒免。”《后汉纪》卷十七《孝安皇帝纪下》:“夏四月,京师地震。癸巳,司空陈褒以灾异免。于是犹有风雷之变,

① 转引自王先谦:《后汉书集解》,中华书局1984年版,第685页。

有司复以追咎三公。尚书仆射陈忠上书曰……”

【考论】伯荣即安帝乳母王圣之女。建光元年(121)五月,诛邓骘之后,王圣等封侯,擅权一时。“数遣”表明多次。本年四月京师郡国二十一雨雹,司空陈褒于本年四月免官。可知此二文作于本年四月。《资治通鉴》卷五十亦将此二文系于本年。

安帝延光二年(123)　癸亥　四十五岁

○正月,诏选三署郎及吏人能通《古文尚书》《毛诗》《穀梁春秋》各一人。

《后汉书》卷五《孝安帝纪》:“二年春正月……诏选三署郎及吏人能通《古文尚书》《毛诗》《穀梁春秋》各一人。”

○张衡参与天文改历工作。

《后汉书》志第二《律历志中》:“安帝延光二年,中谒者亶诵言当用甲寅元,河南梁丰言当复用《太初》。尚书郎张衡、周兴皆能历,数难诵、丰,或不对,或言失误。衡、兴参案仪注,考往校今,以为《九道法》最密。诏书下公卿详议。太尉(刘)恺等上侍中施延等议……”

【考论】刘恺于本年十月罢太尉,故将此事系于十月之前。

○刘恺等论历。

《后汉书》志第二《律历志中》:“安帝延光二年,中谒者亶诵言当用甲寅元,河南梁丰言当复用《太初》。尚书郎张衡、周兴皆能历,数难诵、丰,或不对,或言失误。……诏书下公卿详议。太尉(刘)恺等上侍中施延等议:‘《太初》过天,日一度,弦望失正,月以晦见西方,食不与天相应。元和改从《四分》,《四分》虽密于《太初》,复不正,皆不可用。甲寅元与天相应,合图谶,可施行。’博士黄广、大行令任佥议,如《九道》。河南尹祉、太子舍人李泓等四十人议:‘即用甲寅元,当除《元命苞》天地开辟获麟中百一十四岁……《四分历》本起图谶,最得其正,不宜易。’恺等八十四人议,宜从《太初》。尚书令忠上奏:‘诸从《太初》者,皆无他效验,徒以世宗攘夷廓境,享国久长为辞。……昔仲尼顺假马之名,以崇君之义。况天之历数,不可任疑从虚,以非易是。’上纳其言,遂寝改历事。”

○杨震作《谏为王圣修第疏》《因地震复上疏》和《求赵腾疏》。

《后汉书》卷五《孝安帝纪》:“(二年)冬十月辛未,太尉刘恺罢。甲戌,司徒杨震为太尉。……三年春二月丙子,东巡狩。……(三月)壬戌,车驾还京师,幸太学。是日,太尉杨震免。”《后汉书》卷五十四《杨震传》:“延光二年,代刘恺为太尉。……时诏遣使者大为阿母修第,中常侍樊丰及侍中周广、谢恽等更相扇动,倾摇朝廷。震复上疏曰……丰、恽等见震连切谏不从,无所顾忌,遂诈作诏书,调发司农钱谷、大匠见徒材木,各起家舍、园池、庐观,役费无数。震因地震,复上疏曰:‘……去年十二月四月,京师地动。……’震前后所上,转有切至,帝既不平之,而樊丰等皆侧目愤怨,俱以其名儒,未敢加害。寻有河间男子赵腾诣阙上书,指陈得失。帝发怒,遂收考诏狱,结以罔上不道。震复上疏救之曰……帝不省。腾竟伏尸都市。会三年春,东巡岱宗……”

【考论】据《后汉书·杨震传》,此三文都作于杨震为太尉之后,安帝三年春东巡狩之前,故系于本年。杨震《因地震复上疏》中言“去年十二月四日,京师地动”,《后汉书》延光元年(122)并无京师地震记载,当是史书遗漏。

○张珰作《上书陈西域三策》,陈忠作《议救西域疏》。

《后汉书》卷八十八《西域传》:“延光二年,敦煌太守张珰上书陈三策,以为……朝廷下其议。尚书陈忠上疏曰……帝纳之,乃以班勇为西域长吏,将驰刑士五百人,西屯柳中。通遂破平车师。自建武至于延光,西域三绝三通。”《后汉书》卷四十七《班勇传》:“延光二年夏,复以勇为西域长史,将兵五百人出屯柳中。”

【考论】《后汉纪》卷十七《孝安皇帝纪下》将张珰文系于建光二年(122)正月,不知何据。

○安帝公车征周燮、冯良。

《后汉书》卷五十三《周燮传》:“周燮字彦祖,汝南安城人,决曹掾燕之后也。……始在髫鬌,而知廉让;十岁就学,能通《诗》《论》。及长,专精《礼》《易》。不读非圣之书,不修贺问之好。……举孝廉、贤良方正,特征,皆以疾辞。延光二年,安帝以玄纁羔币聘燮,及南阳冯良,二郡各遣丞掾致礼。……因自载到颍川阳城,遣门生送敬,遂辞疾而归。良亦载病到近县,送礼而还。诏书告二郡,岁以羊酒养病。”

安帝延光三年(124)　甲子　四十六岁

○二月,马融上《东巡颂》,拜郎中。

《后汉书》卷五《孝安帝纪》:“三年春二月丙子,东巡狩。”《后汉书》卷六十上《马融传》:“时车驾东巡岱宗,融上《东巡颂》。帝奇其文,召拜郎中。”《东巡颂序》:“延光三年,车驾巡狩岱宗,郡或上凤皇集,诏书颇有不纳之意。融本以赞述为官,遂上《东巡颂》,言虽有瑞应,上犹疑而不然,以将顺其美,其辞曰……”①

【考论】王先谦《后汉书集解校补》云:“案此文呆编《虞书·春官》,鄙陋可笑若此,何奇之有?作伪者亦太不自量矣。而《类聚》亦收之,岂不谬哉?”②对此陆侃如先生作了辩驳:“其实这只证明了融颂的拙劣,安帝的外行,并不能证明作伪。”③陆侃如先生所言甚是。王先谦所见乃《艺文类聚》等类书所引佚文片断,而未睹全篇。幸马融此篇全文保存于《文馆词林》。细读全文便可发现,马融此文还是写得不错,较有文采。另外,安帝一直颇欣赏马融,邓太后一死,便将其召还,不久又出为河间王厩长。马融《东巡颂序》云“融本以赞述为官”亦表明这点。故马融上颂后,安帝马上将其召还京师。

此处“郎中”可能为“中郎”之误。《后汉书》志第二十五《百官志二》:“中郎,比六百石。侍郎,比四百石。郎中,比三百石。”如上所说,诸侯国厩长,比四百石,其秩与侍郎同。安帝既“奇其文”,当长其官、厚其禄,召还京师又怎能依然为比三百石的郎中呢?故“郎中”当为“中郎”之误,马融由秩比四百石的厩长迁为秩比六百石的中郎。

---

① 罗国威:《日藏弘仁本文馆词林校证》,中华书局 2001 年版,108 页。
② 王先谦:《后汉书集解》,中华书局 1984 年版,第 688 页。
③ 陆侃如:《中古文学系年》,人民文学出版社 1985 年版,第 156 页。

《全后汉书》仅收录片断,全篇保存于《文馆词林》卷三百四十六[1]。

○二月,安帝东巡狩。

《后汉书》卷五《孝安帝纪》:"(延光)三年春二月丙子,东巡狩。……辛卯,幸泰山,柴告岱宗。……壬辰,宗祀五帝于汶上明堂。癸巳,告祀二祖、六宗,劳赐郡、县,作乐。……(三月)戊戌,祀孔子及七十二弟子于阙里,自鲁相、令、丞、尉及孔氏亲属、妇女、诸生悉会,赐褒成侯以下帛各有差。"

○刘珍作《东巡颂》。

《文馆词林》卷三百四十六刘珍《东巡颂》:"太和交薄,天地烟煴。圣主之化允铄,兆人之俗弥纯。然犹四岳嫌于被皇泽之未均,仰先典于稽古,将省方以时巡。于是乃命开卜,卜正考祥,龙集甲子,岁在延光。三龟袭吉,终然允臧。乃属六驺,命巾车,饰玉路,建旗旓。……既臻岱宗,精享禋柴,望秩山川,类于上帝,遂祀祖宗,告虔展义。……"

【考论】"岁在延光"表明此文作于延光时期,"龙集甲子"表明年在甲子。安帝延光三年正是甲子年,故本文当作于此年。

严可均《全后汉文》所录为残篇,全篇保存于《文馆词林》卷三百四十六[2]。

○张衡作《东巡诰》(即《巡狩诰》)。

《东巡颂》:"惟二月初吉,帝将狩于岱岳,展义省言,观风设教。丙寅朏,率群宾、备法驾,以祖于东门。乙酉,观礼于鲁而休齐焉。……"

○三月,安帝祠孔子及七十二弟子。

《后汉书》卷五《孝安帝纪》:"三月……戊戌,祀孔子及七十二弟子于阙里,自鲁相、令、丞、尉及孔子氏亲属、妇女、诸生悉会,赐褒成侯以下帛各在差。"

○三月,安帝幸太学。

《后汉书》卷五《孝安帝纪》:"三月……壬戌,车驾还京师,幸太学。"

○三月,太尉杨震免,卒。

《后汉书》卷五《孝安帝纪》:"三月……壬戌,车驾还京师,幸太学。是

---

① 罗国威:《日藏弘仁本文馆词林校证》,中华书局2001年版,第108—110页。
② 罗国威:《日藏弘仁本文馆词林校证》,中华书局2001年版,第111—113页。

日，太尉杨震免。"《后汉书》卷十五《来历传》："延光元年……明年，中常侍樊丰与大将军耿宝、侍中周广、谢恽等共谗太尉杨震，震遂自杀。"《后汉书》卷五十四《杨震传》："会三年春，东巡岱宗，樊丰等因乘舆在外，竞修第宅，震部掾高舒召大匠令史考校之，得丰等所诈下诏书，具奏，须行还上之。丰等闻，惶怖，会太史言星变逆行，遂共谮震云……因饮鸩而卒，时年七十余。"

〇**张晧作《上疏谏废皇太子》。李尤等上书谏争。**

《后汉书》卷五《孝安帝纪》："九月丁酉，废皇太子保为济阴王。"《后汉书》卷五十六《张晧传》："时安帝废皇太子为济阴王，晧与太常桓焉、太仆来历廷争之，不能得。事已具《来历传》。退而上疏曰……书奏不省。"《后汉书》卷八十上《文苑列传上·李尤传》："后帝废太子为济阴王，尤上书谏争。"《后汉纪》卷十七《孝安皇帝纪下》："是日太子废。于是光禄勋祝讽、中郎将闾丘弘、符节令张敞、太中大夫第五颉、中散大夫曹成、谏议大夫李泰、羽林右监孔显、治书侍御史龙调、卫尉丞乐闱、城门司马徐崇、开封人郑安世等守阙上书，诉太子之冤。"

〇**任安生。**

《后汉书》卷七十九上《儒林列传上·任安传》："任安字定祖，广汉绵竹人也。少游太学，受《孟氏易》，兼通数经。又从同杨郡厚学图谶，究极其术。时人称曰：'欲知仲桓问任安。'又曰：'居今行古任定祖。'学终，还家教授，诸生自远而至。……年七十九，建安七年，卒于家。"

【**考论**】任安卒于建安七年（202），年七十九岁。以此推之，其当生于本年。

安帝延光四年（125）　乙丑　四十七岁

〇**马融为扶风功曹。**

《后汉书》卷六十上《马融传》："及北乡侯即位，融移病去。为郡功曹。"《后汉书》卷五《孝安帝纪》："（延光四年三月）丁卯幸叶，帝崩于乘舆，年三十二。……乙酉，北乡侯即皇帝位。"

【**考论**】《后汉书·马融传》未言郡名。马融《长笛赋序》云："而为督邮，无留事,独卧郿平阳邬中。有洛客舍逆旅,吹笛,为《气出精列》相和。融去京师逾年,暂闻,甚悲而乐之。"《文选》李善注:"《汉书》扶风有郿县。平阳邬,聚邑之名也。"[①]郡督邮为郡功曹之一,《通典》卷三十三《职官十五》:"督邮,功曹之极位。"可见,北乡侯继位,马融出为扶风功曹。

○三月,安帝崩,北乡侯继皇帝位,是为少帝。

《后汉书》卷五《孝安帝纪》:"三月……丁卯,帝崩于乘舆,年三十二。……庚午,还宫。辛未夕,乃发丧。尊皇后为皇太后。太后临朝,以后兄大鸿胪阎显为车骑将军,定策禁中,立章帝孙济北惠王寿子北乡侯。……乙酉,北乡侯即皇帝位。"

○十月,少帝崩。

《后汉书》卷五《孝安帝纪》:"冬十月……辛亥,少帝崩。"

○十一月,中常侍孙程等拥立废太子济阴王即位,是为顺帝。

《后汉书》卷六《顺帝纪》:"十一月丁巳……是夜,中黄门孙程等十九人共斩江京、刘安、陈达等,迎济阴王于德阳殿西钟下,即皇帝位,年十一。"

○十一月,尚书刘光作《奏请条案礼仪》。

《后汉书》卷六《顺帝纪》:"十一月丁巳……是夜,中黄门孙程等十九人共斩江京、刘安、陈达等,迎济阴王于德阳殿西钟下,即皇帝位,年十一。近臣尚书以下,从辇到南宫,登云台,召百官。尚书令刘光等奏言:'孝安皇帝圣德明茂,早弃天下,陛下正统,当奉宗庙……"

○张衡为太史令。

崔瑗《河间相张平子碑》:"初举孝廉,为尚书侍郎,迁太史令,实掌重黎历记之度。"《后汉书》卷五十九《张衡传》:"安帝雅闻衡善术学,公车特征拜郎中,再迁为太史令。遂乃研核阴阳,妙尽琁机之正,作浑天仪,著《灵宪》《算罔论》,言甚详明。顺帝初,再转,复为太史令。"[②]

【考论】《后汉书·张衡传》这段记载颇有疏误之处,如只字不提张衡为尚书郎一事等,故不可完全信从。

---

① 萧统编,李善注:《文选》,上海古籍出版社 1986 年版,第 807—808 页。

② 学者就崔《碑》与范《传》对张衡任职记载异同作了细致对比,并对二者信否有不同看法。详见王先谦《后汉书集解》注引,中华书局 1986 年版,第 675 页。

《后汉书》志第二十五《百官志二》："太史令一人，六百石。本注曰：掌天时、星历。凡岁将终，奏新年历。凡国祭祀、丧、娶之事，掌奏良日及时节禁忌。凡国有瑞应、灾异，掌记之。"《后汉书》志第十八《五行志六》："阳嘉四年闰月丁亥朔，日有蚀之，在角五度。史官不见，零陵以闻。"刘昭注："案张衡为太史令，表奏云：'今年三月朔方觉日蚀，此郡惧有兵患。……'不详是何年三月。"据《后汉书》卷五《孝安帝纪》记载，安帝期间，三月日食者共三次：永初元年（107）、永初三年（109）和延光四年（125）。《后汉书》志第十八《五行志六》对这三次日食皆有详细记载："安帝永初元年三月二日癸酉，日有蚀之，在胃二度，胃主廪仓。是时邓太后专政，去年大水伤稼，仓廪为虚。""（永初）三年三月二日辛亥，日有蚀之，在娄五度。史官不见，辽东以闻。""（延光）四年三月戊午朔，日有蚀之，在胃十二度，陇西、酒泉、朔方各以状上，史官不觉。"

至于二十八宿与地面分野对应关系，《汉书》虽有记载，但不太详细。唐人编撰的《晋书》卷十一《天文志上》对此有较详细记载："自奎五度至胃六度为降娄，于辰在戌，鲁之分野，属徐州。自胃七度至毕十一度为大梁，于辰在酉，赵之分野，属冀州。"虽然诸家分野起始度略有差异，但总的趋势是胃度数越低，越近于鲁，度数越高，越近于赵。延光四年（125）那次日食在胃十二度，见于陇西、酒泉、朔方，正与胃之分野相合。由此可以看出，张衡所言朔方日食，指的是延光四年（125）这次日食。由此可以断定，在延光四年（125），张衡已为太史令了。

《后汉书》志第十七《五行志五》："延光四年冬，京都大疫。"注："张衡明年上封事：'臣见京师为害兼所及，民多病死，死有灭户。人人恐惧，朝廷燋心，以为至忧。臣官在于考变禳灾，思任防救，未知所由，夙夜征营。……'"如上所说，太史令掌管瑞应、灾异，大疫亦在其掌管之列。张衡此文作于顺帝永建元年（126年），这表明此时张衡正为太史令。

〇**崔瑗为车骑将军阎显所辟。不久坐阎显事被斥。**

《后汉书》卷五十二《崔瑗传》："后复辟车骑将军阎显府。……阎显兄弟悉伏诛，瑗坐被斥。"《后汉书》卷五《孝安帝纪》："（四年三月）太后临朝，以后兄大鸿胪阎显为车骑将军。"《后汉书》卷六《顺帝纪》："十一月……戊午,遣使者入省,夺得玺绶,乃幸嘉德殿,遣侍御史持节收阎显及其弟城门校尉耀、执金吾晏,并下狱诛。"

【考论】阎显于本年三月为车骑将军,于本年十一月被杀,崔瑗为车骑将军阎显所辟当在本年三月至十一月间。

○杨伦特征为博士,为安帝服丧获罪。

《后汉书》卷七十九上《儒林列传上 · 杨伦传》:"后特征博士,为清河王傅。是岁,安帝崩,伦辄弃官奔丧,号泣阙下不绝声。阎太后以其专擅去职,坐抵罪。"

卷四　顺冲质时期(126—146)

顺帝永建元年(126)　丙寅　四十八岁

○马融作《长笛赋》。

马融《长笛赋序》:"融既博览典雅,精核数术,又性好音律,鼓琴吹笛。而为督邮,无留事,独卧郿平阳邬中。有洛阳客逆旅,吹笛,为《气出精列》相和。融去京师逾年,暂闻,甚悲而乐之。追慕王子渊、枚乘、刘伯康、傅武仲等箫、琴、笙颂,唯笛独无,故聊复备数,作《长笛赋》。"

【考论】马融于去年离京,为扶风功曹。《长笛赋序》云"融去京逾年",表明此赋作于本年。

○二月,李郃作《因天变上顺帝书》。

《后汉书》志第十一《天文志中》注:"《古今注》曰:永建元年二月甲午,客星入太微。五月甲子,月入斗。《李氏家书》曰:'时天有变气,李郃上书谏曰……'"

○虞诩为司隶校尉,作《上书自讼》。

《后汉书》卷五十八《虞诩传》:"永建元年,代陈禅为司隶校尉。数月间,奏太傅冯石、太尉刘熹、中常侍程璜、陈秉、孟生、李闰等,百官侧目,号为苛刻。三公劾奏诩盛夏多拘系无辜,为吏人患。诩上书自讼曰……顺帝省其章,乃免司空陶敦。"《后汉书》卷六《顺帝纪》:"永建元年春正月……辛未,皇太后阎氏崩。辛巳,太傅冯石、太尉刘熹、司徒李郃免。……冬十月……丁亥,司空陶敦免。"

○虞诩作《自系廷尉奏言》。

《后汉书》卷五十八《虞诩传》:“时中常侍张防特用权势,每请托受取,诩辄案之,而屡寝不报。诩不胜其愤,乃自系廷尉,奏言曰……书奏,防流涕诉帝,诩坐论输左校。防必欲害之……宦者孙程、张贤等知诩以忠获罪,乃相率奏乞见。……时防立在帝后,程乃叱防曰:‘奸臣张防,何不下殿!’防不得已,趋就东箱。……即日赦出诩。程复上书陈诩有大功,语甚切激。帝感悟,复征拜议郎。数日,迁尚书仆射。”《后汉书》卷七十八《宦者列传·孙程传》:“永建元年,程与张贤、孟叔、马国等为司隶校尉虞诩讼罪,怀表上殿,呵叱左右。帝怒,遂免程官,因悉遣十九侯就国,后徙封程为宜城侯。”

○虞诩作《荐左雄疏》。

《后汉书》卷六十一《左雄传》:“永建初,公车征拜议郎。时顺帝新立,大臣懈怠,朝多阙政。雄数言事,其辞深切。尚书仆射虞诩以雄有忠公节,上疏荐之曰……由是拜雄尚书,再迁尚书令。”

【考论】据《后汉书》卷五十八《虞诩传》,虞诩先为司隶校尉,经自系廷尉之后方为尚书仆射,方有荐左雄之事。

○虞诩作《上疏谏输义钱》。

《后汉书》卷五十八《虞诩传》:“是时长吏、二千石听百姓谪罚者输赎,号为‘义钱’,托为贫人储,而守令因以聚敛。诩上疏曰……于是诏书下诩章,切责州郡。谪罚输赎自此而止。”

○张衡作《上顺帝封事》。

《后汉书》志第十七《五行志五》:“延光四年冬,京都大疫。”注:“张衡明年上封事:‘臣见京师为害兼所及,民多病死,死有灭户。人人恐惧,朝廷燋心,以为至忧。臣官在于考变禳灾,思任防救,未知所由,夙夜征营。……’”

【考论】《后汉书》志第二十五《百官志二》:“太史令一人,六百石。本注曰:掌天时、星历。凡岁将终,奏新年历。凡国祭祀、丧、娶之事,掌奏良日及时节禁忌。凡国有瑞应、灾异,掌记之。”太史令掌管瑞应、灾异,大疫亦在其掌管之列,故张衡此文当作于本年,时张衡为太史令。

○张晧为司空,作《上书谏诛赵腾》。

《后汉书》卷五十六《张晧传》:"及顺帝即位,拜晧司空,在事多所荐达,天下称其推士。时清河赵腾上言灾变,讥刺朝政,章下有司,收腾系考,所引党辈八十余人,皆以诽谤当伏重法。晧上疏谏曰……帝乃悟,减腾死罪一等,余皆司寇。"

○翟酺作《上言宜修缮太学》。

《后汉书》卷四十八《翟酺传》:"初,酺之为大匠,上言:'……而顷者颓废,至为园采刍牧之处。宜更修缮,诱进后学。'帝从之。酺免后,遂起太学。更开拓房室,学者为酺立碑铭于学云。"《后汉书》卷七十九上《儒林列传序》:"顺帝感翟酺之言,乃更修黉宇,凡所造构二百四十房,千八百五十室。试明经下第补弟子,增甲乙之科员各十人,除郡国耆儒皆补郎、舍人。"

○张霸作《遗敕诸子》,卒。

《后汉书》卷三十六《张霸传》:"七岁通《春秋》,复欲进余经……后就长水校尉樊儵受《严氏公羊春秋》,遂博览《五经》。诸生孙林、刘固、段著等慕之,各市宅其傍,以就学焉。……初霸以樊儵删《严氏春秋》犹多繁辞,乃减定为二十万言,更名《张氏学》。……后当为五更,会疾卒,年七十。"

【考论】翟酺于本年迁为大匠,下年被罢免。故张霸当卒于本年。

○翟酺迁将作大匠,为李郃言功。

《后汉书》卷四十八《翟酺传》:"顺帝即位,拜光禄大夫,迁将作大匠。损省经用,岁息四五千万。屡因灾异,多所匡正。由是权贵共诬酺及尚书令高堂芝等交通属托,坐减死归家。"《后汉书》卷八十二上《方术列传上·李郃传》:"及北乡侯病,郃阴与少府河南陶范、步兵校尉赵直谋立顺帝……明年,坐吏民疾病,仍有灾异,赐策免。将作大匠翟酺上郃'潜图大计,安以社稷'。"《后汉书》志第十一《天文志中》:"孝顺帝永建二年……八月乙巳,荧惑入舆鬼。太白昼见,为强臣。……是时中常侍高梵、张防、将作大匠翟酺、尚书高堂芝、仆射张敦、尚书尹就、郎姜述、杨凤等,及兖州刺史鲍就、使匈奴中郎将张国、金城太守张笃、敦煌太守张朗,相与交通,漏泄,就、述弃市,梵、防、酺、芝、敦、凤、就、国皆抵罪。"

【考论】据上引《后汉书》卷七十二上《方术列传上·李郃传》记载,翟酺于永建元年(126)迁为将作大匠;据上引《后汉书》志第十一《天文志中》,翟酺于次年(127)八月罢官,故其为李郃言功当在本年。

○**李尤迁乐安相,卒。**

《后汉书》卷八十上《文苑列传上·李尤传》:"顺帝立,迁乐安相。年八十三卒。所著诗、赋、铭、诔、颂、《七叹》《哀典》凡二十八篇。"

【考论】《隋书》卷三十五《经籍志四》:"梁……有乐安相《李尤集》五卷……亡。"《全后汉文》录其文九十四篇,《先秦汉魏晋南北朝诗》录其诗二首。

○**刘珍卒。**

《后汉书》卷八十上《文苑列传上·刘珍传》:"延光四年,拜宗正。明年,转卫尉,卒官。著诔、颂、连珠凡七篇。又撰《释名》三十篇,以辩万物之称号云。"

【考论】《隋书》卷三十五《经籍志四》:"后汉《刘珍集》二卷,录一卷。"《全后汉文》录其文五篇,《先秦汉魏晋南北朝诗》录其诗一首。

顺帝永建二年(127)　丁卯　四十九岁

○**三月,顺帝诏征樊英、黄琼、贺纯、杨厚。**

《后汉纪》卷十八《孝顺皇帝纪上》:"三月戊申,诏征南阳樊英、江夏黄琼、会稽贺纯、广汉杨厚。"

○**六月,安帝改葬皇妣李氏。**

《后汉书》卷六《顺帝纪》:"夏六月乙酉,追尊谥皇妣李氏为恭愍皇后,葬于恭北陵。"《后汉纪》卷十八《孝顺皇帝纪上》:"夏六月乙酉,改殡皇妣李氏,追尊曰恭愍皇后。初,皇妣以宫人得幸于安帝而生上,阎后妒之,赐鸩死,葬于城北。上即位,左右以闻,上歔欷发哀,乃亲到瘗所,号咷断绝。"

○**张衡作《鸿赋》。**

《鸿赋》:"予五十之年,忽焉忆至,永言身事,慨然其多绪。"

【考论】据《后汉书》卷五十九《张衡传》,张衡生于章帝建初三年(78),

至本年五十岁。故《鸿赋》当作于本年。

〇**张衡为公车司马。**

崔瑗《河间相张平子碑》:"初举孝廉,为尚书侍郎,迁太史令……迁公车令、侍中,遂相河间。"

【**考论**】据崔瑗《河间相张平子碑》,张衡为太史令之后曾任公车司马令。《后汉书》志第二十五《百官志二》:"公车司马令一人,六百石。本注曰:掌宫南阙门,凡吏民上章,四方贡献,及征诣公车者。"《后汉书》卷五十九《张衡传》:"顺帝初,再转,复为太史令。"张衡《与特进书》云:"太史之秘府,道家所贵,衡再得当之,窃为幸矣。"表明张衡任太史令之后,转任它职时,他想再回到太史令之职。《后汉书》卷五十九《张衡传》云"再转,复为太史令"是有一定道理的。晋代羊秉叙《张平子碑》亦云:"再为史官,而发《应间》之论。"据《后汉书·百官志》记载,尚书侍郎秩四百石,太史令为六百石,公车司马令亦为六百石,而侍中则比二千石。张衡一生谨慎,并无大过失,故无贬谪之事。因此,张衡为公车司马令只可能在尚书侍郎之后、侍中之前。

张衡124年为尚书侍郎,而125年为太史令,由尚书侍郎迁为太史令之间并无时间空隙。顺帝永建六年(131),张衡复为太史令(详后文),后迁侍中,于永和元年(136)出为河间相。此数年间,张衡并无任公车司马令之可能。因此,张衡任公车司马令当在其两任太史令之间。《后汉书》卷五十九《张衡传》"自去史职,五载复还",表明其为公车司马前后共五年。以此推之,张衡当于本年迁公车司马,至顺帝永建六年(131),前后五年,合于本传所言"五载复还"。

〇**左雄作《上疏陈事》。**

《后汉书》卷六十一《左雄传》:"尚书仆射虞诩以雄有忠公节,上疏荐之……由是拜雄尚书,再迁尚书令。上疏陈事曰……帝感其言,申下有司,考其真伪,详所施行。雄之所言,皆明达政体,而宦竖擅权,终不能用。……永建三年……"

【**考论**】虞诩为尚书仆射在上年末,经其举荐,左雄方为尚书,再迁尚书令,方有此疏。可见,此疏作于本年。《后汉纪》卷十八《孝顺皇帝纪上》及《资治通鉴》卷五十一皆将左雄此文系于阳嘉元年(132),显然过晚。

○李固作《遗黄琼书》,劝其出仕。

《后汉书》卷六十一《黄琼传》:“永建中,公卿多荐琼者,于是与会稽贺纯、广汉杨厚俱公车征。琼至纶氏,称疾不进。有司劾不敬,诏下县以礼慰遣,遂不得已。先是征聘处士多不称望,李固素慕于琼,乃以书逆遣之曰……琼至,即拜议郎,稍迁尚书仆射。”《后汉书》卷三十上《杨厚传》:“永建二年,顺帝特征,诏告郡县督促发遣。厚不得已,行到长安,以病自上。”

【考论】杨厚、黄琼等人于本年被特征,故李固此文当作于本年。

○黄琼作《因灾异上疏荐黄错任棠》。

《后汉书》卷六十一《黄琼传》:“稍迁尚书仆射。……及后居职,达练官曹,争议朝堂,莫能抗争。时连有灾异,琼上疏顺帝曰……于是有诏公车征错等。”

○杨伦作《上书案坐任嘉举主罪》,免归田里。

《后汉书》卷七十九上《儒林列传上·杨伦传》:“顺帝即位,诏免伦刑,遂留行丧于恭陵。服阕,征拜侍中。是时邵陵令任嘉在职贪秽,因迁武威太守,后有司奏嘉臧罪千万,征考廷尉,其所牵染将相大臣百有余人。伦乃上书曰……奏御,有司以伦言切直,辞不逊顺,下之。尚书奏伦探知密事,激以求直。坐不敬,结鬼薪。诏书以伦数进忠言,特原之,免归田里。”

○窦章为东观校书郎。

《后汉书》卷二十三《窦章传》:“章字伯向。少好学,有文章,与马融、崔瑗同好,更相推荐。……太仆邓康闻其名,请欲与交,章不肯往,康以此益重焉。是时学者称东观为老氏臧室,道家蓬莱山,康遂荐章入东观为校书郎。顺帝初,章女年十二,能属文,以才貌选入掖庭,有宠,与梁皇后并为贵人。”

【考论】《后汉书》卷十六《邓禹传》:“及从兄(邓)骘诛,安帝征(邓)康为侍中。顺帝立,为太仆,有方正称,名重朝廷。”《后汉书》卷十下《皇后纪下·顺烈梁皇后纪》:“永建三年,与姑俱选入掖庭,时年十三。……太史卜兆得寿房,又筮得《坤》之《比》,遂以为贵人。”邓康于顺帝永建元年(126)为太仆,其荐窦章当此后;窦章之女为贵人在永建三年(128),因此,窦章为东观校书郎当在本年前后。陈邦福《马季长年谱》认为窦章与马融相善当时马融在东观时事，故系于元初四年（117），与《窦章传》所记不合，不可信从。

〇**郑玄生**。

《后汉书》卷三十五《郑玄传》："五年春……其年六月卒，年七十四。"

【**考论**】郑玄卒于建安五年（200），年七十四岁，以此推之，郑玄当生于本年。

顺帝永建三年（128） 戊辰 五十岁

〇**黄琼作《因大旱复上疏》及《上疏请行籍田礼》**。

《后汉书》卷六十一《黄琼传》："三年，大旱，琼复上疏曰……书奏，引见德阳殿，使中常侍以琼主奏书属主者施行。自帝即位以后，不行籍田之礼。琼以国之大典不宜久废，上疏奏曰……书奏，帝从之。"

【**考论**】《后汉纪》卷十九《孝顺皇帝纪下》："建康元年春，尚书仆射黄琼上疏曰……"安帝自延光四年（125）继位以来，至建康元年（144）已近二十年，再言籍礼，显然过晚。故暂系于本年，不从《后汉纪》。

〇**荀爽生**。

《后汉书》卷六十二《荀爽传》："年十二，能通《春秋》《论语》。太尉杜乔见而称之，曰：'可为人师。'爽遂耽思经书，庆吊不行，征命不应。……爽自被征命及登台司，九十五日。因从迁都长安。爽见董卓忍暴滋甚，必危社稷，其所辟举皆取才略之士，将共图之。亦与司徒王允及卓长史何颙等为内谋。会病薨，年六十三。"

【**考论**】汉献帝初平元年（190）迁都长安，是年荀爽卒，年六十三岁，以此推之，其当生于本年。

顺帝永建四年（129） 己巳 五十一岁

〇**段恭作《因会上疏》**。

《后汉书》卷五十一《庞参传》："后以参为辽东太守。永建元年，迁度辽将军。四年，入为太鸿胪。尚书仆射虞诩荐参有宰相器能，顺帝时，以为太尉，录尚书事。是时三公之中，参名忠直，数为左右所陷毁，以所举用忤帝旨,司隶承风案之。时当会茂才孝廉,参以被奏,称疾不得会。上计掾广汉段恭因会上疏曰……书奏,诏即遣小黄门视参疾,太医致羊酒。”

○**虞诩作《请复三郡疏》**。

《后汉书》卷八十七《西羌传》:“顺帝永建元年,陇西钟羌反,校尉马贤将七千余人击之,战于临洮,斩首千余级,皆率种人降。进封贤都乡侯。自是凉州无事。至四年,尚书仆射虞诩上疏曰……书奏,帝乃复三郡。”

○**左雄奏崇经学,修太学**。

《后汉书》卷六十一《左雄传》:“四年,司、冀复有大水。雄推较灾异,以为下人有逆上之征……又上言:‘宜崇经术,缮修太学。’帝从之。”

○**何休生**。

《后汉书》卷七十九下《儒林列传下·何休传》:“休为人质朴讷口,而雅有心思,精研《六经》,世儒无及者。……再迁谏议大夫,年五十四,光和五年卒。”

【**考论**】何休卒于光和五年(182),年五十四,以此推之,何休当生于本年。

○**陈纪生**。

《后汉书》卷六十二《陈纪传》:“及遭党锢,发愤著书数万言,号曰《陈子》。……建安初,袁绍为太尉,让于纪。纪不受,拜大鸿胪,年七十一,卒于官。”《后汉书》卷七十四上《袁绍传》:“建安元年,曹操迎天子都许,乃下诏书于绍……于是以绍为太尉,封邺侯。时曹操自为大将军,绍耻为之下,伪表辞不受。”

【**考论**】陈纪卒于建安元年(196),年七十一,以此推之其当生于本年。

顺帝永建五年(130)　庚午　五十二岁

○**马续迁为护羌都尉**。

《后汉书》卷二十四《马严传》:“严七子,唯续、融知名。续字季则,七岁能通《论语》,十三明《尚书》,十六治《诗》,博观群籍,善《九章算术》。顺帝时,为护羌都尉,迁度辽将军,所在有威恩称。”《后汉书》卷八十七《西羌传》:“至(永建)四年……明年……(韩)皓复坐征,张掖太守马续代为校尉。两河间羌以屯田近之。恐必见图,乃解仇诅盟,各自儆备。续欲先示恩信,乃上移屯还湟中,羌意乃安。”

○唐檀举孝廉,为郎中。因白虹贯日上便宜三事。

《后汉书》卷八十二下《方术列传下·唐檀传》:“唐檀字子产,豫章南昌人也。少游太学,习《京氏易》《韩诗》《颜氏春秋》,尤好灾异星占。后还乡里,教授常百余人。……永建五年,举孝廉,除郎中。是时白虹贯日,檀因上便宜三事,陈其咎征。书奏,弃官去。著书二十八篇,名为《唐子》。卒于家。”

顺帝永建六年(131)　辛未　五十三岁

○九月,缮起太学。

《后汉书》卷六《顺帝纪》:“秋九月辛巳,缮起太学。”《后汉书》卷四十八《翟酺传》:“初,酺之为大匠,上言:‘孝文皇帝始置一经博士,武帝大合天下之书,而孝宣论六经于石渠,学者滋盛,弟子万数。光武初兴,愍其荒废,起太学博士舍、内外讲堂,诸生横巷,为海内所集。明帝时辟雍始成,欲毁太学,太尉赵憙以为太学、辟雍皆宜兼存,故并传至今。而顷者颓废,至为园采刍牧之处。宜更修缮,诱进后学。’帝从之。酺免后,遂起太学,更开拓房室,学者为酺立碑铭于学云。”《资治通鉴》卷五十一:“秋九月,缮起太学,凡所造构二百四十房,千八百五十室。”

○张衡复为太史令,作《应间》。

《后汉书》卷五十九《张衡传》:“顺帝初,再转,复为太史令。衡不慕当世,所居之官,辄积年不徙。自去史职,五载复还,乃设客问,作《应间》以见其志云……”

【考论】张衡为公车司马五年后复为太史令。明年张衡造地动仪,故张衡复为太史令当在本年。

○胡广作《谏採策立后疏》,谏立皇后。

《后汉书》卷六《顺帝纪》:“阳嘉元年春正月乙巳,立皇后梁氏。”《后汉书》卷四十四《胡广传》:“顺帝欲立皇后,而贵人有宠者四人,莫知所建,议欲探筹,以神定选。广与尚书郭虔、史敞上疏谏曰……帝从之,以梁贵人良家子,定为皇后。”

【考论】梁氏于明年正月立为皇后,而议立皇后之事当在此前不久,故系于本年。

○范冉从马融受学。

《后汉书》卷八十一《独行列传·范冉传》:“少为县小吏,年十八,奉檄迎督邮,冉耻之,乃遁去。到南阳,受业于樊英。又游三辅,就马融通经,历年乃还。”

【考论】“冉”当为“丹”之误。蔡邕作有《范丹碑》[1]。惠栋曰:“众《汉书》及《贞节先生碑》皆作‘丹’,独范史作‘冉’,疑误。”[2]蔡邕《范丹碑》:“年七十有四,中平二年四月卒。”以此推之范冉当生于安帝永初六年(112)。

《后汉书》卷八十二上《方术列传上·樊英传》:“至(永建)四年三月,天子乃为(樊)英设坛席,令公车令导……英不敢辞,拜五官中郎将。数月,英称疾笃,诏以为光禄大夫,赐告归。”范冉十八岁出外求学,先学于樊英,后至三辅从马融学。至本年范冉二十岁,马融此时正任扶风督邮,扶风为三辅之一,故范冉从马融学当在本年前后。

顺帝永建七年　顺帝阳嘉元年(132)　壬申　五十四岁

○三月,顺帝临辟雍飨射。改元阳嘉。

《后汉书》卷六《顺帝纪》:“三月……庚寅,帝临辟雍飨射,大赦天下,改元阳嘉。”

○四月,梁商作《上书辞增国土》和《上书让屯骑校尉》。

《后汉书》卷三十四《梁商传》:“阳嘉元年,女立为皇后,妹为贵人,加商位特进,更增国土,赐安车驷马,其岁拜执金吾。”《后汉纪》卷十八《孝顺皇帝纪上》:“夏四月,有司依旧制加梁商位特进,增国土。商上书让曰……书十

① 严可均《全后汉文》作《范丹碑》,邓安生《蔡邕集编年校注》作《贞节先生陈留范史云铭》。
② 转引自王先谦:《后汉书集解》,中华书局 1984 年版,第 939 页。

余上，帝辄敦喻之。商又上书让校尉曰……上乃许焉。以特进就第，赐安车驷马。顷之，拜执金吾。”

【考论】因其女立为皇后，故增梁商封地，故梁商此二文当作于本年。

○七月，张衡作地动仪。

《后汉书》卷六《顺帝纪》：“秋七月，史官始作候风地动铜仪。”注云：“时张衡为太史令，作之。”《后汉书》卷五十九《张衡传》：“阳嘉元年，复造候风地动仪。……自此以后，乃令史官记地动所从方起。”

○七月，太学修建完毕，试补博士弟子，增甲乙科员。除耆儒为郎、舍人。

《后汉书》卷六《顺帝纪》：“秋七月……丙辰，以太学新成，试明经下第者补弟子，增甲、乙科员各十人。除郡国耆儒九十人补郎、舍人。”《后汉书》卷六十一《左雄传》：“又上言：‘宜崇经术，缮修太学。’帝从之。阳嘉元年，太学新成，诏试明经者补弟子，增甲乙之科，员各十人。除京师及郡国耆儒六十以上为郎、舍人、诸王国郎者百三十八人。”

○九月，左雄作《上言察举孝廉》，建议孝廉须年满四十，且先诣公府试。后黄琼于儒学、文吏之外，复增孝悌与能从政者二科，合为四科。

《后汉书》卷六十一《左雄传》：“雄又上言：‘郡国孝廉，古之贡士，出则宰民，宣协风教。若其面墙，则无所施用。孔子曰：四十不惑。《礼》称强仕。请自今孝廉年不满四十，不得察举，皆先诣公府，诸生试家法，文吏课笺奏，副之端门，练其虚实，以观异能，以美风俗。有不承科令者，正其罪法。若有茂才异行，自可不拘年齿。’帝从之，于是班下郡国。”《后汉书·黄琼传》：“琼以前左雄所上孝廉之选，专用儒学文吏，于取士之义，犹有所遗，乃奏增孝悌及能从政者为四科，事竟施行。”《后汉纪》卷十八《孝顺皇帝纪上》：“二夏四月……雄上言曰：‘……请自今孝廉不满四十，不得察举，皆先诣公府，诸生试家法，文吏试笺奏，覆之端门，练其虚实，以观异能，以美风俗。有不承科，正其罪法。’帝从之，诏曰：‘郡国举孝廉年四十已上考德行，试其经奏。其茂才异行如颜渊、子奇，不拘年齿。’”

【考论】《后汉纪》将左雄此文系于阳嘉二年(133)显然误。

○九月,胡广作《上书驳左雄察举议》。

《后汉书》卷四十四《胡广传》:"时尚书令左雄议改察举之制,限年四十以上,儒者试经学,文吏试章奏。广复与(史)敞、虔上书驳之,曰……帝不从。"

○崔瑗作《上言察举孝廉》。

《北堂书钞》卷七十九:《崔氏家传》:"崔瑗上疏曰:'孝廉皆限年,三十乃得察举,恐失贤才速成之士也。'"①

【考论】此"三十"乃"四十"之误。左雄建议四十举孝廉遭到胡广等人反对,崔瑗此文亦当作于此时。

○十一月,初令郡国以新法举孝廉。

《后汉书》卷六《顺帝纪》:"冬十一月……辛卯,初令郡国举孝廉,限年四十以上,诸生通章句,文吏能笺奏,乃得应选。其有茂才异行,若颜渊、子奇,不拘年齿。"

○闰十二月,令诏除郎得参廉选,如举孝廉之法。

《后汉书》卷六《顺帝纪》:"闰月丁亥,令诸以诏除为郎,年四十以上课试如孝廉科者,得参廉选,岁举一人。"

○邯郸淳生。

《后汉书》卷八十四《列女传·曹娥传》:"至元嘉元年,县长度尚改葬于江南西道旁,为立碑焉。"注引《会稽典录》:"上虞长度尚弟子邯郸淳,字子礼。时甫弱冠,而有异才。尚先使魏朗作《曹娥碑》,文成未出,会朗见尚,尚与之饮宴,而子礼方至督酒。尚问朗碑文成未?朗辞不才,因试使子礼为之,操笔而成,无所点定。"

【考论】古人二十岁行冠礼,《礼记·曲礼上》:"二十曰弱冠。"元嘉元年(151),度尚为曹娥立碑时,邯郸淳"时甫弱冠",以此推之,邯郸当生于本年。

---

① 虞世南:《北堂书钞》(1),学苑出版社2003年版,第585页。

顺帝阳嘉二年(133)　癸酉　五十五岁

○五月,马融作《阳嘉二年举敦朴对策》,拜议郎。

《后汉书》卷六十上《马融传》:“阳嘉二年,诏举敦朴,城门校尉岑起举融,征诣公车,对策,拜议郎。”《后汉纪》卷十八《孝顺皇帝纪上》:“(阳嘉二年)五月庚子,诏曰:‘……灾异不空设,必有所应。其各举敦朴士一人,直言厥咎,靡有所讳。’……扶风马融独对曰:‘臣闻立天之道曰阴与阳……(录有全文)’”《资治通鉴》卷五十一云:“扶风功曹马融对曰……”《资治通鉴》卷五十一引文作了大量删减。胡三省注云:“马融之对,不诡于圣人,盖有得于经学,故其辞气和平而切于政体也。”

【考论】《后汉书》李贤注云:“《续汉书》曰:‘融对策北宫端门。’”李贤注显然将此次敦朴对策误为次年北宫端门对策(详后文)。孙星衍《续古文苑》卷六据此辑补,且命名为《阳嘉二年京师地震对策》[①]。

○马融令妻女习《女诫》。

《后汉书》卷八十四《列女传·曹世叔妻传》:“(班昭《女诫》)马融善之,令妻女习焉。”

【考论】马融至少有三女,中女马伦上有姊,下有妹马芝。如上所说,马伦生于安帝建光二年(122),至本年十二岁,其姊当长于此。故马融妻习《女诫》当在本年前后。

○正月,郎颉作《诣阙拜章》《对状尚书条便宜七事》和《台诘对》。

《后汉书》卷三十下《郎颉传》:“顺帝时,灾异屡见,阳嘉二年正月,公车征,颉乃诣阙拜章曰:‘……窃见正月以来,阴暗连日。……书奏,帝复使对尚书。颉对曰……台诘颉曰……颉对曰……”

【考论】《诣阙拜章》云“窃见正月以来”,表明此文作于本年。《后汉纪》卷十八《孝顺皇帝纪上》:“(阳嘉元年)闰(十二)月壬子,恭陵庙灾。北海人郎颉上书曰……”《后汉书》卷六《顺帝纪》:“(阳嘉元年)闰(十二)月……

---

① 孙星衍:《续古文苑》,中华书局1985年版,第355页。

庚子,恭陵百丈庑灾。”据方诗铭、方小芬编《中国史历日和中西历日对照表》,阳嘉元年(132)闰十二月有庚子日,而无壬子日。《后汉纪》误。另,郎顗文中明言“正月以来”,可见此文作于次年。

○二月,郎顗作《上书谏黄琼李固复条便宜四事》。

《后汉书》卷三十下《郎顗传》:“顗又上书荐黄琼、李固,并陈消灾之术曰:‘……立春以来,未见朝廷赏录有功,表显有德,存问孤寡,赈恤贫弱……又连月无雨……朝政不改者,立夏之后乃有澍雨……’书奏,特诏拜郎中,辞病不就,即去归家。至四月京师地震,遂陷。”《后汉书》卷六《顺序纪》:“二年……夏四月……己亥,京师地震。”

【考论】“立春”和“连月无雨”等表明,此文作于本年二月。

○四月,左雄作《上封事谏封山阳君及襄邑侯》及《复谏》。

《后汉书》卷三十四《梁商传》:“二年,封子冀为襄邑侯,商让不受。”《后汉纪》卷十八《孝顺皇帝纪上》:“二年夏四月丁丑,封虎贲中郎将冀为襄邑侯。执金吾商上书陈让,辞意恻至,书十余上,上遂听许。”《后汉书》卷六十一《左雄传》:“初,帝废为济阴王,乳母宋娥与黄门侍郎孙程等共议立帝,帝后以娥前有谋,遂封为山阳君,邑五千户。又封大将军梁商子冀襄邑侯。雄上封事曰……帝不听。雄复谏曰……”

○四月,左雄作《复上疏谏》和《上言谏捶扑九卿》。

《后汉书》卷六《顺帝纪》:“夏四月……己亥,京师地震。”《后汉书》卷六十一《左雄传》:“会复有地震、缑氏山崩之异,雄复上疏谏曰:‘先帝封野王君,汉阳地震,今封山阳君而京城复震,专政在阴,其灾尤大……雄言数切至,娥亦畏惧辞让,而帝恋恋不能已,卒封之。后阿母遂以交遘失爵。是时,大司农刘据以职事被谴,召诣尚书,传呼促步,又加以捶扑。雄上言……帝从而改之,其后九卿无复捶扑者。”

○五月,顺帝因地震求对策。

《后汉书》卷六《顺帝纪》:“夏四月……己亥,京师地震。五月庚子,诏曰:‘朕以不德,统奉鸿业,无以奉顺乾坤,协序阴阳,灾眚屡见,咎征仍臻。地动之异,发自京师,矜矜祗畏,不知所载。群公卿士将何以匡辅不逮,奉答戒异？异不空设，必有所应，其各悉心直言厥咎，靡有所讳。’”《后汉纪》卷十八《孝顺皇帝纪上》：“己亥，京师地震。五月庚子，诏曰：‘朕以不德，统奉洪业，无以承顺乾坤，协和阴阳，灾眚屡见，咎征仍彰。群公卿士将何以匡辅朕之不逮，奉答灾异？灾异不空设，必有所应。其各举敦朴士一人，直言厥咎，靡有所讳。’”

〇张衡作《阳嘉二年京师地震对策》。

《后汉纪》卷十八《孝顺皇帝纪上》：“太史张衡对曰：‘……自初举孝廉，迄今二百岁矣，皆先孝行；行有余力始及文法。辛卯诏书以能章句、奏案为限，虽有至孝，犹不应科，此弃本而取末。曾子行于孝，然实鲁钝，文学不若游、夏，政事不若冉、季。今欲使一人兼之，苟外有可观，内必有阙，则违选举孝廉之制矣。且郡国守相，剖符守境为国大臣，一旦免黜十有余人，吏民罢于送迎之役，新故交际，公私放滥，或临政莅民为百姓取便，而以小过免之，是为夺民父母使嗟号也。……明者销祸于未萌，今既见矣，修政恐惧则祸转为福矣。’”

〇李固作《举敦朴对策》和《对策后复对》。

《后汉书》卷六十三《李固传》：“阳嘉二年，有地动、山崩、火灾之异，公卿举固对策，诏又特问当世之敝，为政所宜。固对曰：‘臣闻王者父天母地，宝有山川。王道得则阴阳和穆，政化乖则崩震为灾。……’帝览其对，多所纳用，即时出阿母还弟舍，诸常侍悉叩头谢罪，朝廷肃然。以固为议郎。”《后汉纪》卷十八《孝顺皇帝纪上》：“己亥，京师地震。五月庚子，诏曰……汉中李固对曰：‘愚以为天不言，以灾异为谴言……’”

【**考论**】《后汉纪》与《后汉书》所录李固对策文各有删节，文亦互异，内容颇多差异。

〇李固第一次受诬陷。

《后汉书》卷六十三《李固传》：“（对策后）以固为议郎。而阿母宦者疾固言直，因诈飞章以陷其罪，事从中下。大司农黄尚等请之于大将军梁商，又仆射黄琼救明固事，久乃得拜议郎。”

○杨伦征拜太中大夫，出补常山王太傅，不就，作《辞补常山王傅》。

《后汉书》卷七十九上《儒林列传上・杨伦传》："阳嘉二年，征拜太中大规。大将军梁商以为长吏。谏诤不合，出补常山王傅，病不之官。诏书敕司隶催促发遣，伦乃留河内朝歌，以疾自上，曰……帝乃下诏曰……遂征诣廷尉，有诏原罪。"

○胡广等坐谬举免。

《后汉书》卷六十一《左雄传》："阳嘉元年，太学新成……明年，有广陵孝廉徐淑，年未及举，台郎疑而诘之。对曰：'诏书曰："有如颜回、子奇，不拘年。"是故本郡以臣充选。'郎不能屈，雄诘之曰：'昔颜回闻一知十，孝廉闻一知几邪？'淑无以对，乃遣却郡。于是济阴太守胡广等十余人皆坐谬举免黜，唯汝南陈蕃、颍川李膺、下邳陈球等三十余人得拜郎中。自是牧守畏栗，莫敢轻举。迄于永熹，察举清平，多得其人。"

○左雄奏征海内名儒为博士，使公卿弟子为诸生。

《后汉书》卷六十一《左雄传》："阳嘉元年……明年……雄又奏征海内名儒为博士，使公卿弟子为诸生。有志操者，加其俸禄。及汝南谢廉，河南赵建，年始十二，各能通经，雄并奏拜童子郎。于是负书来学，云集京师。"

○宋登以明识礼乐拜侍中。

《后汉书》卷七十九上《儒林列传上・宋登传》："登少传《欧阳尚书》，教授数千人。为汝阴令，政为明能，号称'神父'。迁赵相，入为尚书仆射。顺帝以登明识礼乐，使持节临太学，奏定曲律，转拜侍中。数上封事，抑退权臣，由是出为颍川太守。市无二价，道不拾遗。病免，卒于家，汝阴人配社祠之。"《后汉书》卷六《顺帝纪》："（阳嘉二年）冬十月庚午，行礼辟雍，奏应钟，始复黄钟，作乐器随月律。"

【考论】顺帝一朝，定礼乐之举仅此一次，故宋登拜侍中当在本年。

○蔡邕生。

《后汉书》卷六十下《蔡邕传》："及卓被诛，邕在司徒王允坐，殊不意言之而叹，有动于色。允勃然叱之曰……邕遂死狱中。允悔，欲止而不及。时年六十一。"

【考论】蔡邕卒于汉献帝初平三年(192)。蔡邕光和元年(178)被收时所作《被收时上书自陈》云:"光和元年,都官从事张恕,以辛卯诏书,收邕遂洛阳诏狱。……议郎粪土臣邕顿首再拜上书皇帝陛下……臣年四十有六。"[①]蔡邕光和元年(178)上书称自己时年四十六。以此推之,蔡邕当生于本年。

○桓彬生。

《后汉书》卷三十七《桓彬传》:"光和元年,卒于家,年四十六。诸儒莫不伤之。所著《七说》及书凡三篇。"

【考论】桓彬卒于光和元年(178),年四十六。以此推之,桓彬当生于本年。

顺帝阳嘉三年(134)　甲戌　五十六岁

○二月,马融北宫端门对策。

马融《延光四年日蚀上书》:"臣前得敦朴之人,后三年二月,对策北宫端门。"

【考论】据《后汉书》卷六十下《马融传》,马融于阳嘉二年(133)五月举敦朴,曾诣公车对策,拜为议郎。《后汉纪》卷十八《孝顺皇帝纪上》记载,顺帝于阳嘉二年五月下诏求对,而此处言"后三年二月,对策北宫端门",二者显然并非同一事,可见于阳嘉三年(134)二月马融曾于北宫端门再次对策。

○十月,马续击破钟羌。

《后汉书》卷六《顺帝纪》:"秋七月庚戌,钟羌寇陇西、汉阳。冬十月,护羌校尉马续击破之。"《后汉书》卷八十七《西羌传》:"(阳嘉)三年,钟羌良封等复寇陇西、汉阳,诏拜前校尉马贤为谒者,镇抚诸种。马续遣兵击良封,斩首数百级。"

---

① 邓安生认为严可均所辑本文两段"据文意独立为篇"。邓安生:《蔡邕集编年校注》,河北教育出版社2002年版,第270页。此不影响对于蔡邕生年的推断。

○二月,边韶作《河激颂》。

《河激颂》:“惟阳嘉三年二月丁丑……陈留浚仪边韶字孝先颂。”

○五月,周举作《对策问旱灾》。

《后汉书》卷六十一《周举传》:“阳嘉三年,司隶校尉左雄荐举,征拜尚书。举与仆射黄琼同心辅政,名重朝廷,左右惮之。是岁河南、三辅大旱,五谷灾伤,天子亲自露坐德阳殿东厢请雨。又下司隶、河南祷祀河神、名山、大泽。诏书以举才学优深,特下策问曰……举对曰……”

○五月,张衡作《上疏陈事》和《请禁绝图谶疏》。

《后汉书》卷五十九《张衡传》:“时政事渐损,权移于下,衡因上疏陈事曰……后迁侍中,帝引在帷幄,讽议左右。”张衡《上疏陈事》:“又前年京师地震土裂,裂者威分,震者人扰也。”《后汉书》卷五十九《张衡传》:“初,光武善谶,及显宗、肃宗因祖述焉。自中兴之后,儒者争学图纬,兼复附以妖言,衡以图纬虚妄,非圣人之法,乃上疏曰……”

【考论】《后汉书》卷六《顺帝纪》:“(二年四月)己亥,京师地震。”据此,张衡《上疏陈事》作于本年。《后汉纪》卷十九《孝顺皇帝纪下》:“(永和五年)十一月……是时朝政多僻,竞崇侈糜,侍中张衡上书曰……”《后汉纪》以为张衡《上疏陈事》作于为侍中时,而《后汉书·张衡传》则认为此文作于为太史令时。张衡《上疏陈事》和《请禁绝图谶疏》皆言阴阳、灾异之事,合于太史令职掌。《资治通鉴》卷五十二:“(阳嘉三年)五月,戊戌,诏以春夏连旱,赦天下。……太史令张衡亦上疏言……衡又以中兴之后,儒者争学图纬,上疏言……”据《后汉书·张衡传》记载,张衡于永和初出为河间相,卒于永和四年(139)。可见,《后汉纪》误。

顺帝阳嘉四年(135)　乙亥　五十七岁

○马融迁为大将军梁商从事中郎。

《后汉书》卷六十上《马融传》:“大将军梁商表为从事中郎。”

【考论】马融当于永和二年(137)迁为许令(详后文),故马融为大将军梁商从事中郎当在本年前后。

○二月，初听中官得以养子为后，世袭封爵。

《后汉书》卷六《顺帝纪》："四年春二月丙子，初听中官得以养子为后，世袭封爵。"《后汉纪》卷十八《孝顺皇帝纪上》："四年春二月丙子，诏曰：'自今中官得以养子为后。'"

○四月，梁商为大将军。

《后汉书》卷六《顺帝纪》："夏四月……戊寅，执金吾梁商为大将军。"

○张衡迁侍中，欲补《汉纪》，上书言修史之事。又作《思玄赋》。

《后汉书》卷五十九《张衡传》："后迁侍中，帝引在帷幄，讽议左右。尝问衡天下所恶者，宦官惧其毁己，皆共目之，衡乃诡对而出。阉竖恐终为其患，遂共谗之。衡常思图身之事，以为吉凶倚伏，幽微难明，乃作《思玄赋》，以宣寄情志，其辞曰……永初中，谒者仆射刘珍、校书郎刘騊駼等著作东观，撰集《汉记》，因定汉家礼仪，上言请衡参论其事，会并卒，而衡常叹息，欲终成之。及为侍中上疏请得专事东观，收捡遗文，毕力补缀。又条上司马迁、班固所叙与典籍不合者十余事。又以为王莽本传但应载篡事而已，至于编年月，纪灾祥，宜为元后本纪。又更始居位，人无异望，光武初为其将，然后即真，宜以更始为号建武之初。书数上，竟不听。"

【考论】张衡上年依然为太史令，明年则迁为河间相，故知其为侍中当在本年。张衡欲回东观修史，一方面出于其有修史之志，另一方面可能是为了远离宦者陷害。

○张衡作《周官训诂》。

《后汉书》卷五十九《张衡传》："著《周官训诂》，崔瑗以为不能有异于诸儒也。又欲继孔子《易》说《彖》《象》残缺者，竟不能就。"《后汉书》志第二十四《百官志一》："故新汲令王隆作《小学汉官篇》。"注："案：胡广注隆此篇，其论之注曰：'……至顺帝时，平子为侍中典校书，方作《周官解说》，乃欲以渐次述汉事，会复迁河间相，遂莫能立也。述作之功，独不易矣。'"

【考论】张衡为侍中仅此一年，故《周官训诂》当作于本年。

○李固为大将军梁商从事中郎，作《奏记梁商》，梁商不用。

《后汉书》卷六十三《李固传》："出为广汉洛令，至白水头，解印绶，还汉中，杜门不交人事。岁中，梁商请为从事中郎。商以后父辅政，而柔和自守，不能有所整裁，灾异数见，下权日重。固欲令商先正风化，退辞高满，乃奏记曰……商不能用。"《资治通鉴》卷五十二："(四年四月)戊寅，以执金吾梁商为大将军。……商少通经传，谦恭好士，辟汉阳巨览、上党陈龟为掾属，李固为从事中郎，杨伦为长史。"

【考论】梁商于本年四月为大将军，《资治通鉴》卷五十二将此事系于本年，可信，此从之。《后汉纪》卷十九将此事载于阳嘉二年(133)，恐出于体例，不可信从。

○张纲作《上书谏纵宦官》。

《后汉书》卷五十六《张纲传》："时顺帝委纵宦官，有识危心。纲常感激，慨然叹曰：'秽恶满朝，不能奋身出命扫国家之难，虽生吾不愿也。'退而上书曰……书奏不省。"

【考论】《资治通鉴》卷五十二将此文系于本年，不知何据，此姑从之。

○崔瑗不应大将军梁商辟，举茂才，迁汲令。

《后汉书》卷五十二《崔瑗传》："久之，大将军梁商初开莫府，复首辟瑗。自以再为贵戚吏，不遇被斥，遂以疾固辞。岁中举茂才，迁汲令。"

顺帝永和元年(136)　丙子　五十八岁

○马续迁度辽将军。

《后汉书》卷二十四《马严传》："顺帝时，为护羌都校尉，迁度辽将军。"《后汉书》卷八十七《西羌传》："永和元年，马续迁度辽将军，复以马贤代校尉。"《后汉书》卷八十九《南匈奴传》："永和元年，(耿)晔病征，以护羌都尉马续代为度辽将军。"

○马融女马伦嫁袁隗。

蔡邕《司徒袁公夫人马氏碑》："及笄，求匹明哲，供治妇业，孝敬婉娈，毕力中馈。"

【考论】马伦生于安帝延光元年(122),至本年十五岁,行笄礼,后嫁于袁隗。

○正月,改元永和。

《后汉书》卷六《顺帝纪》:“正月……己巳,宗祀明堂,登灵台,改元永元,大赦天下。”

○伏无忌与黄景校定《五经》、诸子百家、艺术。

《后汉书》卷二十六《伏湛传》:“(伏无忌)亦传家学,博物多识。顺帝时,为侍中屯骑校尉。永和元年,诏无忌与议郎黄景校定中书《五经》、诸子百家、艺术。”注:“中书,内中之书也。”

○周举作《对诏问加谥北乡侯》。

《后汉书》卷六十一《周举传》:“永和元年,灾异数见,省内恶之。诏召公、卿、中二千石、尚书诣显亲殿,问曰……群臣议者多谓宜如诏旨,举独对曰……于是司徒黄尚、太常桓焉等七十人同举议,帝从之。”

○崔琦作《外戚箴》和《白鹄赋》以讽梁冀,得罪梁冀,后为梁冀所杀。

《后汉书》卷八十上《文苑列传上·崔琦传》:“少游学京师,以文章博通称。初举孝廉,为郎。河南尹梁冀闻其才,请与交。冀行多不轨,琦数引古今成败以戒之,冀不能受。乃作《外戚箴》。其辞曰……琦以言不从,失意,复作《白鹄赋》以为风。梁冀见之,呼琦问曰……琦对曰……冀无以对,因遣琦归。后除为临济长,不敢之职,解印绶去。冀遂令刺客阴求杀之。客见琦耕于陌上,怀书一卷,息辄偃而咏之。客哀其志,以实告琦。……琦得脱走。冀后竟捕杀之。”

【考论】《白鹄赋》亡佚,仅见于《后汉书·崔琦传》记载。

○虞诩作《奏谏增蛮夷租税》。

《后汉书》卷八十六《南蛮西南夷传》:“顺帝永和元年,武陵太守上书,以蛮夷率服,可比汉人,增其租赋。议者皆以为可。尚书令虞诩独奏曰……帝不从。其冬沣中、娄中蛮果争贡布非旧约,遂杀乡吏,举种反叛。”

○**李固作《奏记梁商理王龚》**。

《后汉书》卷五十六《王龚传》:“永和元年,拜太尉。在位恭慎,自非公事,不通州郡书记。其所辟命,皆海内长者。龚深疾宦官专权,志在匡正,乃上书极言其状,请加放斥。诸黄门恐惧,各使宾客诬奏龚罪,顺帝命亟自实。前掾李固时为大将军从事中郎,乃奏记于商曰……商即言之于帝,事乃得释。”

【考论】《资治通鉴》卷五十二将此文系于本年。此从之。

○**张衡出为河间相**。

《后汉书》卷五十九《张衡传》:“永和初,出为河间相。时国王骄奢,不遵典宪,又多豪右,共为不轨。衡下车,治威严,整法度,阴知寻党名姓,一时收禽,上下肃然,称为政理。”

顺帝永和二年(137)　丁丑　五十九岁

○**马融迁为许令**。

《后汉书》志第十八《五行志六》:“(延光)四年三月戊午朔,日有蚀之,在胃十二度。陇西、酒泉、朔方各以状上,史官不觉。”刘昭注:“案马融《集》,是时融为许令,其四月庚申,自县上书曰:‘伏读诏书,陛下深惟禹、汤罪己之义,归咎自责。寅畏天戒,详延百僚,博问公卿,知变所自,审得厥故,修复往术,以答天命。……(即《延光四年日蚀上书》)’”

【考论】因刘昭作注时将马融此系于延光四年,故严可均《全后汉文》将此文命名为《延光四年日蚀上书》。细考当时史实以及马融文章内容,便可发现严氏所言,无论是写作时间,还是文章命名等,都有明显不合理之处。

据《后汉书》卷七《孝安帝纪》记载,安帝崩后,北乡侯于延光四年(125)年三月即位。《后汉书》卷六十上《马融传》:“及北乡侯即位,融移病去,为郡功曹。”如上所说,此次马融任扶风郡督邮之职。马融既然延光四年三月为扶风督邮,又怎么能同年四月为许令呢?可见,马融《集》中所言“四年”并不是指延光四年,而是另有所指。此其一。其二,安帝延光四年四月并无庚申日。据方诗铭、方小芬编著的《中国史历日和中西历日对照表》:四月初一为丁亥,五月初一为丁巳,期间并无庚申日,直至五月初五方为庚申日①。据此,马融此文不可能作于安帝延光四年。

马融文章云:"乃者茀气干参,臣前得敦朴之人,后三年二月,对策北宫端门。以为参者西方之位,其于分野,并州是也。殆谓西戎、北狄。其后种羌叛戾,乌桓犯上郡,并、凉动兵,验略效矣。今复见大异,申诫重谴,于此二城,海内莫见。"如上所说,阳嘉二年(133)马融举敦朴,对策为议郎。次年(134),再次对策北宫端门。马融阳嘉二年对策之文全载于袁宏《后汉纪》卷十八《孝顺皇帝纪上》,其文中并未有"参者西方之位,其于分野,并州是也,殆谓西戎、北狄"等语,可见此乃阳嘉三年北宫端门对策之内容。马融文章又言:"其后……验略效矣。今复见大异……"此表明马融这次上书当在阳嘉三年北宫端门对策之后。

《后汉书》卷六《顺帝纪》:"(阳嘉三年)秋七月庚戌,钟羌寇陇西、汉阳。……(阳嘉四年)冬十月,乌桓寇云中。"据《后汉书》卷九十《乌桓传》记载,自安帝永初三年(109)叛乱平定以来,乌桓稍复亲附。直至安帝阳嘉四年(135)冬,乌桓寇云中。度辽将军耿晔讨之,乃退。直至永和五年(140)方又叛乱。马融此次上书不可能晚至永和五年(此时马融正任武都太守),因此文中所言"乌桓犯上郡"当指阳嘉四年之事。陇西、汉阳二郡属凉州,云中郡属并州,正合于马融所言"其后种羌叛戾,乌桓犯上郡,并、凉兵动"。上述边乱应验了马融阳嘉三年(134)二月对策中的预测,因此本次上书便云"验略效矣"。

乌桓寇云中郡在阳嘉四年(135)冬十月,表明马融本次上书必在此之后。惠栋曰:"融《周官传叙》曰:吾六十为武都守。"②如上所说,马融生于章帝建初四年(79)。以此推之,马融当于永和三年(138)为武都太守。因此,马融本次上书当在阳嘉四年(135)至永和三年(138 年)此四年间。那又该是哪一年呢?据史籍记载,顺帝永和元年(136)元月至四月并无灾异记载,因此不可能有皇帝因灾异下诏征求对策之事。永和二年(137)地震两现,又

---

① 参见方诗铭、方小芬编:《中国史历日和中西历日对照表》,上海人民出版社 2007 年版,第 270 页。

② 转引自王先谦:《后汉书集解》,中华书局 1984 年版,第 686 页。

荧惑犯南斗。而永和三年(138)灾异最盛。《后汉书》卷六《顺帝纪》:“(永和)三年春二月乙亥,京师及金城、陇西地震,二郡山岸崩,地陷。戊子,太白犯荧惑。”此次地震发生于金城、陇西二郡,与马融文中所言“二城”相合。金城、陇西二郡汉代时属凉州,皆远离京师,故二郡地震“海内莫见”。在此前一年(137),京师发生了两次地震:一次是在夏四月,一次在冬十一月。正因灾异如此频繁、如此严重,故顺帝下诏自责,让臣子对策献计,是非常可能的,故有马融上书进言之事。

考之汉代日历便可发现,永和二年(137)四月无庚申日,永和三年(138)四月无庚申日,而闰四月十九便是庚申日[①]。此正合于马融《集》所言“四月庚申”。因此,马融此文当作于顺帝永和三年(138)闰四月。既然马融此文不作于延光四年(125),将其命名为“延光四年日蚀上书”显然是不合适的。因文中所言灾异并非日食,而是地震,故马融此文当命名为《灾异上书》更为合理。张溥所编《汉魏六朝百三名家集·马季长集》将此文命名为《上论日蚀疏》,亦不可信。孙星衍《续古文苑》卷六亦收有此文,命名为《京师地震对策》。孙氏虽然注意到文中所言为地震,但所言并非京师地震,故亦不可信从。

《后汉书》志第十八《五行志六》刘昭注:“案马融《集》,是时融为许令,其四月庚申,自县上书曰……”《后汉书》本传未言及马融出任许令一事。南朝梁殷芸《小说》云:“马融历二郡两县,政务无为,事从其约。在武郡七年,南郡四年,未尝按论刑杀一人。”[②]对于马融“历二郡”,《后汉书》本传有载,所言无误。至于“二县”,本传无载。二县,其一当指其为扶风郡督邮,其二当指为许令。《后汉书》志第二十八《百官志五》:“(郡)属官,每县、邑、道,大者置令一人,千石;其次置长,四百石;小者置长,三百石。”许县,后汉献帝改为许昌,东汉属豫州颍川郡,为大县,故置令,秩千石。据《马融传》记载,马融一直沉沦于下层官吏(三四百石),直至顺帝阳嘉二年(133)敦朴对策之后,马融迁为议郎。议郎秩六百石。《后汉书》卷六十上《马融传》:“大将军

① 参见方诗铭、方小芬编:《中国史历日和中西历日对照表》,上海人民出版社2007年版,第273页。

② 李昉等编:《太平广记》,中华书局1961年版,第1537页。

梁商表为从事中郎,转武都太守。”《后汉书》志二十四《百官志一》:“(大将军)从事中郎二人,六百石。本注曰:职参谋议。”大将军从事中郎俸禄与议郎相同,但大将军位尊权重,其幕府人员往往有更多的高迁机会。为武都太守之后,其三迁为南郡太守。后因罪免官,髡徙朔方,赦还,复拜议郎,东观著述,以病去官。可见,在为武都太守之后,马融无机会出任许令。依据马融仕职升迁轨迹可以断定,其为许令(千石)当在从事郎中(六百石)之后,为武都太守(二千石)之前。如上所说,大将军从事中郎的职责是“参谋议”,即为其幕主大将军出谋献策。从汉代对策情况来看,并无幕僚人员进行对策之例,而对策者多为朝廷官员以及郡县官吏。马融为大将军从事中郎时,马融并无对策之可能。可见,马融《集》言融时为许令,进行对策是符合实情的。

由上述可知,马融于永和三年(138)四月对策之前,已为许令,故马融迁许令当在前一年,即永和二年(137)。陈邦福《马季长年谱》将马融为郡功曹和许令同系于延光四年(125),显然误。

顺帝永和三年(138)　戊寅　六十岁

○马融于许县上书对策,言灾异。

《后汉书》志第十八《五行志六》注:“案马融《集》,是时融为许令,其四月庚申,自县上书曰……”

【考论】如上所述,马融时为许令,此文当作于永和三年(138)闰四月。

○马融上书对策不久,迁为武都太守。著《易》《书》《诗》《礼传》。

惠栋曰:融《周官传叙》曰:“吾六十为武都守,郡小少事,乃述生平之志,著《易》《尚书》《诗》《礼传》,皆讫。”①《太平广记》卷二百引南朝梁殷芸《小说》云:“马融历二郡两县,政务无为,事从其约。在武郡七年,南郡四年,未尝按论刑杀一人。”

【考论】武都郡属凉州,从当时地理位置来看,武都郡与羌人领地接壤。

① 转引自王先谦:《后汉书集解》,中华书局1984年版,第686页。

因马融此次对策上书言及防范羌及乌桓之事,“宜特选详誉,审得其真,镇守二方,以应用良择人之义,以塞大异也”,因此顺帝将他由内地许(属颍川郡)令,升迁为边地武都郡太守。《太平广记》卷二百引南朝梁殷芸《小说》云马融在武郡七年。可见自本年至汉安三年(144)此七年间,马融皆为武都太守。

○张衡作《四愁诗》。

《四愁诗序》:“张衡不乐久处机官,阳嘉中出为河间相。时国王骄奢,不遵法度,又多豪右并兼之家。衡下车,治威严,能内察属县,奸猾行巧劫,皆密知名,下吏收捕,尽服擒。诸豪侠家,悉惶惧逃出境。郡中大治,争讼息,狱无系囚。时天下渐弊,郁郁不得志,为《四愁诗》,效屈原以美人为君子,以珍宝为仁义,以水深雪雰为小人。思以道术相报,贻于时君,而惧谗邪不得以通。”

【考论】这篇序文当为后人所为。考张衡一生为官经历,自入仕尚书郎以来,其一直任职于京师,唯有晚年外放为河间相,故《序》所言合于张衡任河间相情境,故知《四愁诗》当作张衡为河间相时。张衡为河间相时颇有政绩,但也得罪了地方豪家,故生忧祸患之叹,于是“上书乞骸骨”(《后汉书·张衡传》)。可见此诗当作于任河间相后期,故系于本年。

○李固作《驳发荆扬兖豫卒赴日南议》。

《后汉书》卷八十六《南蛮西南夷传》:“永和二年,日南、象林徼外蛮夷区怜等数千人攻象林县,烧城寺,杀长吏。交阯刺史樊演发交阯、九真二郡兵万余人救之。兵士惮远役,遂反,攻其府。二郡虽击破反者,而贼势转盛。会侍御史贾昌使在日南,即与州郡并力讨之,不利,遂为所攻。围岁余而兵谷不继,帝以为忧。明年,召公卿百官四府掾属,问其方略,皆议遣大将,发荆、扬、兖、豫四万人赴之。大将军从事中郎李固驳曰……四府悉多固议,即拜祝良为九真太守,张乔为交阯刺史。乔至,开示慰诱,并皆降散。良到九真,单车入贼中,设方略,招以威信,降者数万人,皆为良筑起府寺。由是岭外复平。”又见《资治通鉴》卷五十二。

【考论】《后汉纪》卷十八《孝顺皇帝纪上》将此文系于永和二年(137),误。

〇左雄卒。

《后汉书》卷六十一《左雄传》:“永和三年卒。”

顺帝永和四年(139)　己卯　六十一岁

〇正月,梁商作《止逮捕张逵狱疏》。

《后汉书》卷六《顺帝纪》:“四年春正月庚辰,中常侍张逵、蘧政、杨定等有罪诛,连驻弘农太守张凤、安平相杨皓,下狱死。”《后汉书》卷三十四《商梁传》:“永和四年,中常侍张逵、蘧政,内者令石光,尚方令傅福,冗从仆射杜永连谋,共谮商及中常侍曹腾、孟贲,云欲征诸王子,图议废立,请收商等案罪。……逵等知言不用,惧迫,遂出矫诏收缚腾、贲于省中。帝闻震怒,敕宦者李歙急呼腾、贲释之,收逵等,悉伏诛。辞所连染及在位大臣,商惧多侵枉,乃上疏曰:‘……非所以顺迎和气,平政成化也。宜早讫竟,以止逮捕之烦。’帝乃纳之,罪止坐者。”《后汉书》志第十一《天文志中》:“其四年正月,祀南郊,夕牲,中常侍张逵、蘧政、杨定,内者令石光、尚方令傅福等与中常侍曹腾、孟贲争权,白帝言腾、贲与商谋反,矫诏命收腾、贲。贲自解说,顺帝寤,解腾、贲缚。逵等自知事不从,各奔走,或自刺,解貂蝉投草中逃亡,皆得免。”

【考论】范晔《后汉书》和司马彪《续汉书》皆言本年正月,而《后汉纪》卷十九《孝顺皇帝纪下》系于本年二月,显然误[①]。

〇二月,梁商作《上书辞少子不疑为步兵校尉》。

《后汉纪》卷十九《孝顺皇帝纪下》:“二月,以商少子虎贲中郎将不疑为步兵校尉,商上书曰……上许之,以不疑为侍中、奉车都尉。”又见《资治通鉴》卷五十二。

【考论】此事《后汉书》未载,此依《后汉纪》。

〇张衡征拜尚书,卒。

《后汉书》卷五十九《张衡传》:“永和初,出为河间相。……视事三年,

---

① 周天游认为梁商上书所言“达和气”(《后汉书》作“顺迎和气”),即指春正月皇帝亲率三公九卿迎春于东郊,以致和气之意。周天游:《后汉纪校注》,天津古籍出版社 1987 年版,第 523 页。周氏所言甚是,但迎春气多在正月,故知梁商此文当作于正月,而非二月,《后汉纪》误。

上书乞骸骨,征拜尚书。年六十二,永和四年卒。著《周官训诂》,崔瑗以为不能有异于诸儒也。又欲继孔子《易》说《彖》《象》残缺者,竟不能成。所著诗、赋、铭、七言、《灵宪》《应间》《七辩》《巡诰》《悬图》凡三十二篇。"

【考论】张衡还著有《地形图》一卷,《太玄经注》一卷,《浑天仪注》一卷,《算罔论》《黄帝飞鸟历》等。《隋书》卷三十五《经籍志四》:"后汉河间相《张衡集》十一卷,梁十二卷,又一本十四卷。"《全后汉文》录其文三十八篇,《先秦汉魏晋南北朝诗》录其诗九首。

○崔瑗作《河间相张平子碑》。

崔瑗《河间相张平子碑》载《古文苑》卷十九。《水经注》卷三十一:"又径西鄂县南,水北有张平子墓。"①

【考论】此文当作于张衡卒之后,故系于本年。

○郑玄始诵《五经》,好天文占候。

《世说新语·文学》注引《郑玄别传》:"玄少好学书数,十三诵《五经》,好天文、占候、风角、隐术。"②

顺帝永和五年(140)　庚辰　六十二岁

○八月,马融作《奏马贤事》,又作《又陈星孛》。

《后汉书》卷六十上《马融传》:"转武都太守。时西羌反叛,征西将军马贤与护羌校尉胡畴征之,而稽久不进。融知其将败,上疏乞自效,曰……朝廷不能用。又陈:'星孛参、毕……宜备二方。'寻而陇西羌反,乌桓寇上郡,皆卒如融言。"《后汉书》卷八十七《西羌传》:"(永和)五年夏,且冻、傅难种羌等遂反叛,攻金城……于是发京师近郡及诸州兵马讨之……六年春,马贤将五六千骑击之,至射姑山,贤军败,贤及二子皆战殁。"《后汉纪》卷十九《孝顺皇帝纪下》:"五年……秋七月,羌寇金城及三辅……八月,以弘农太守贤为征西将军。稽久不进。马融知其将败,上疏乞自效,曰……不听。"

【考论】马贤于永和六年(141)春战败身亡,而马融上疏作于马贤战败之

① 郦道元著,陈桥驿校证:《水经注校证》,中华书局2007年版,第726页。

② 刘义庆著,刘孝标注,余嘉锡笺疏,周祖谟、余淑宜、周士琦整理:《世说新语笺疏》,中华书局2007年版第2版,第223页。

前,故系于本年。《太平御览》卷七百八:“马融奏马贤于军中帐内施毾㲪,士卒飘于风雪。”[1]又见于《北堂书钞》卷一百三十二,文字略有不同。此可能是马融《奏马贤事》佚文,不见《后汉书·马融传》,严可均据补。

○夏,梁商作《招降匈奴表》和《移书马续等》。

《后汉书》卷八十九《南匈奴传》:“(永和)五年夏,南匈奴左部句龙王吾斯、车纽等背畔,率三千余骑冠西河,因复诱右贤王,合七八千骑围美稷,杀朔方、代郡长吏。马续与中郎将梁并、乌桓校尉王元发缘边兵及乌桓、鲜卑、羌胡合二万余人,掩击破之。……大将军梁商以羌胡新反,党众初合,难以兵服,宜用招降,乃上表曰:‘……窃见度辽将军马续素有谋谟,且典边日久,深晓兵要,每得续书,与臣策合。宜令续深沟高壁,以恩信招降,宣示购赏,明其期约。如此,则丑类可服,国家无事矣。’帝从之,乃诏续招降畔虏。商又移书续等曰……续及诸郡并各遵行。于是右贤王部抑鞮等万三千口诣续降。”

顺帝永和六年(141)　辛巳　六十三岁

○春,度辽将军马续免。

《后汉书》卷八十九《南匈奴列传》:“六年春,马续率鲜卑五千骑到谷城击之,斩首数百级。……夏,马续复免,以城门校尉吴武代为将军。”

○三月上巳日,梁商歌《薤露》之歌。

《后汉书》卷六十一《周举传》:“六年三月上巳日,商大会宾客,宴于洛水,举时称疾不往。商与亲昵酣饮极欢,及酒阑倡罢,继以《薤露》之歌,坐中闻者,皆为掩涕。太仆张种时亦在焉,会还,以事告举。举叹曰:‘此所谓哀乐失时,非其所也,殃将及乎!’商至秋果薨。”

○三月,李固为荆州刺史,作《临荆州辟文学教》和《助展允婚教》。

《后汉书》卷六十三《李固传》:“永和中,荆州盗贼起,弥年不定,乃以固为荆州刺史。……半岁间,余类悉降,州内清平。”惠栋曰:“《华阳国志》曰:

---

[1] 李昉等编:《太平御览》,中华书局1960年版,第3157页。

'固之(荆)州,先友其贤者……奏免江夏南郡太守孔畴高赐等,州土自然安静。'"[①]《临荆州辟文学教》:"欲得名士,求之文学。……或百文学不出奇士,不可舍文学求之于斗筲也。由是言之,蚌乃珠之所藏,文学亦士之场矣。"《助展允婚教》:"告文学师,议曹史展允,笃学贫苦,慈孝推让,年将知命,配匹未定,闻之怆然,甚闵哀之。……允贫也,礼宜从约,二三万钱,足以成婚。"《□故太尉李君府之铭》:"时梁冀专政,不(下阙)/ □□史。永和六年三月到官,视事未几,迁泰山大(下阙)。"[②]

【考论】《□故太尉李君府之铭》"□□史"当为"荆州刺史",可见李固于本年三月为荆州刺史。《助展允婚教》云"告文学师"表明此文与《临荆州辟雍文学教》相关。故《临荆州辟雍文学教》及《助展允婚教》皆作于此时。

○八月,梁商作《病笃敕子冀等》,卒。其子梁冀为大将军。

《后汉书》卷六《顺帝纪》:"八月丙辰,大将军梁商薨。壬戌,河南尹梁冀为大将军。"《后汉书·梁商传》:"六年秋,商病笃,敕子冀等曰……"《后汉书》卷三十四《梁冀传》:"商薨未及葬,顺帝乃拜冀为大将军,弟侍中不疑为河南尹。"

○顺帝为梁商作诔。

《东观汉记》卷十五《梁商传》:"初,帝作诔曰:'孰云忠侯,不闻其音。背去国家,都兹玄阴。幽居冥冥,靡所且穷。'"

【考论】此文《全后汉文》未收录。

○十一月,李固为泰山太守,作《恤奉高令丧事教》和《祀胡母先生教》。

《后汉书》卷六十三《李固传》:"上奏南阳太守高赐等臧秽。赐等惧罪,遂共重赂大将军梁冀,冀为千里移檄,而固持之愈急。冀遂令徙固为太山太守。时太山盗贼屯聚历年,郡兵常千人,追讨不能制。……未满岁,贼皆弭散。"《后汉书》卷六十三《杜乔传》:"汉安元年,以乔守光禄大夫,使徇察兖州,表奏太山太守李固政为天下第一。"《文馆词林》卷六百九十五收录李固

① 转引自王先谦:《后汉书集解》,中华书局 1984 年版,第 729 页。
② 毛远明编著:《汉魏六朝碑刻校注》(1),线装书局 2008 年版,第 163 页。

《恤奉高令丧事教》和《祀胡母先生教》[1]。《祀胡母先生教》:“太守以不材,当学《春秋》胡母章句,每读其书,思睹其人。不意千载来临此邦,是乃太守之先师。又法施于人,礼宜有祀。今月甲子,祀胡母先生五官掾,奉谒齐稻粱各三升,豚一头,荐神坐前,务加祇肃。二月八月报求之时,因社余福以为常。”《资治通鉴》卷五十二:“(永和六年)十一月……荆州盗贼起,弥年不定,以大将军从事中郎李固为荆州刺史。”《□故太尉李君府之铭》:“时梁冀专政,不(下阙)/ □□史。永和六年三月到官,视事未几,迁泰山大(下阙)。”[2]

【考论】《□故太尉李君府之铭》:“迁泰山大(下阙)”。“大”当为“太”,即为“迁泰山太守”。三月为荆州刺史,十一月为泰山刺史,相隔仅八个月,合于“视事未几”。可见,《资治通鉴》所记可信。李固先为荆州刺史,后迁为泰山太守。《资治通鉴》云李固“以大将军从事中郎李固为荆州刺史”,显然误。姚振宗《后汉艺文志》卷四:“近刻《古逸丛书·文馆词林》残本中,有《恤奉高令丧事教》一首,《祀胡母先生教》一首,皆永和中为泰山太守时作也。”[3]胡母生为西汉时著名公羊大师,《汉书·儒林传》有传。姚氏说可信,此从之。

○延笃举孝廉,注《左传》。

《后汉书》卷六十四《延笃传》:“举孝廉,为平阳侯相。到官,表龚遂之墓,立铭祭祠,擢用其后于畎亩之间。以师丧弃官奔赴,五府前辟不就。”注引《先贤行状》:“笃欲写《左氏传》,无纸,唐溪典以废笺记与之。笃以笺记纸不可写《传》,乃借本讽之,粮尽辞归。典曰:‘卿欲写传,何故辞归?’笃曰:‘已讽之矣。’典闻之叹曰:‘嗟乎延生!虽复端木闻一知二,未足为喻。若使尼父更起于洙、泗,君当编名七十,与游、夏争匹也。’”《经典释文序录》:“京兆尹延笃受《左氏》于贾逵之孙伯升,因而注之。”[4]

【考论】延笃注《左传》时间不详,陆侃如《中古文学系年》系之于本年,此暂从之。

---

① 罗国威:《日藏弘仁本文馆词林校证》,中华书局 2001 年版,第 452,466 页。

② 毛远明编著:《汉魏六朝碑刻校注》(1),线装书局 2008 年版,第 163 页。

③ 姚振宗:《后汉艺文志》,二十五史刊行委员会编:《二十五史补编》第 2 册,中华书局 1955 年版,第 2422 页。

④ 吴承仕:《经典释文序录疏证》,中华书局 1984 年版,第 122 页。

○**皇甫规作《求自效疏》**。

《后汉书》卷六十五《皇甫规传》:“永和六年,西羌大寇三辅,围安定,征西将军马贤将诸郡兵击之,不能克。规虽在布衣,见贤不恤军事,审其必败,乃上书言状。寻而贤果为羌所没。郡将知规有兵略,乃命为功曹,使率甲士八百,与羌交战,斩首数级,贼遂退却。举规上计掾。其后羌众大合,攻烧陇西,朝廷患之。规乃上疏求乞自效,曰……”《后汉书》卷六《顺帝纪》:“六年春正月丙子,征西将军马贤与且冻羌战于射姑山,贤军败没。……闰月,巩唐羌寇陇西,遂及三辅。”《后汉书》卷八十七《西羌传》:“六年春,马贤将五六千骑击之。到射姑山,贤军败,贤及二子皆战殁。……于是东西羌大合。巩唐种三千余骑寇陇西,又烧园陵,掠关中,杀伤长吏。”

【考论】据以上资料,皇甫规上疏乞求自效当在本年。

顺帝汉安元年(142)　壬午　六十四岁

○**正月,改元汉安**。

《后汉书》卷六《顺帝纪》:“汉安元年春正月癸巳,宗祀明堂,大赦天下,改元汉安。”

○**八月,杜乔、周举等诸儒巡行天下**。

《后汉书》卷六《顺帝纪》:“汉安元年……八月……丁卯,遣侍中杜乔,光禄大夫周举,守光禄大夫郭遵、冯羡、栾巴、张纲、周栩、刘班等八人分行州郡,班宣风化,举实臧否。”《后汉书》卷六十三《杜乔传》:“汉安元年,以乔守光禄大夫,使徇察兖州。”《后汉书》卷六十一《周举传》:“时诏遣八使巡行风俗,皆选素有威名者,乃拜举为侍中,与侍中杜乔、守光禄大夫周栩、前青州刺史冯羡、尚书栾巴、侍御史张纲、兖州刺史郭遵、太尉长史刘班,并守光禄大夫,分行天下。其刺史、二千石有臧否罪显明者,驿马上之;墨绶以下,便辄收举。其有清忠惠利,为百姓所安,宜表异者,皆以状上。于是八使同时俱拜,天下号曰‘八俊’。”《后汉纪》卷十九《孝顺皇帝纪下》:“秋八月,遣光禄大夫张纲、侍中杜乔等八人持节循行天下,表贤良,显忠勤,贪污有罪者,虽刺史辄收以闻。”

〇杜乔表奏李固政为天下第一，崔瑗等臧罪。

《后汉书》卷六十三《杜乔传》："汉安元年，以乔光禄大夫，使徇兖州。表奏太山太守李固政为天下第一，陈留太守梁让、济阴太守汜宫、济北相崔瑗等臧罪千万以上。"

〇张纲作《上书劾梁冀》。

《后汉书》卷五十六《张纲传》："汉安元年，选遣八使徇行风俗，皆耆儒知名，多历显位，唯纲年少，官次最微。余人受命之部，而纲独埋其车轮于洛阳都亭，曰：'豺狼当道，安问狐狸！'遂奏曰：'大将军冀，河南妖不疑，蒙外戚之援……'书御，京师震竦。时冀妹为皇后，内宠方盛，诸梁姻族满朝，帝虽知纲言直，终不忍用。"

〇张纲为广陵太守，作《说张婴》。

《后汉书》卷五十六《张纲传》："时，广陵贼张婴等众数万人，杀刺史、二千石，寇乱扬徐间，积十余年，朝廷不能讨。冀乃讽尚书，以纲为广陵太守，因欲以事中之。前遣郡守，率多求兵马，纲独请单车之职。既到，乃将吏卒十余人，径造婴垒，以慰安之，求得与长老相见，申示国恩。婴初大惊，既见纲诚信，乃出拜谒。纲延置上坐，问所疾苦，乃譬之曰：'前后二千石多肆贪暴……婴闻，泣下，曰……明日，将所部万余人与妻子面缚归降。"《后汉书》卷六《顺帝纪》："汉安元年……九月庚寅，广陵盗贼张婴等寇郡县。……是岁，广陵贼张婴等诣太守张纲降。"又见《后汉纪》卷十九。

【考论】《说张婴》，《全后汉文》未收录。

〇李固迁作大匠，作《上疏陈事》。

《后汉书》卷六十三《李固传》："固到……未满岁，贼皆弭散。迁将作大匠，上疏陈事曰：'臣闻气之清者为神，人之清者为贤。……'"《后汉纪》卷十九《孝顺皇帝纪下》："汉安元年……侍中杜乔奏……荐泰山太守李固在郡忠能，征固为将作大匠。"

〇郑玄作《嘉禾颂》。

《太平御览》卷八百三十九引《郑玄别传》："玄年十六，号曰神童。民有献嘉禾者,县欲表府,言辞鄙略。玄为改作,又著颂一篇,侯相高其才,为修冠礼。”①

【考论】上引《郑玄别传》又见《太平御览》卷五百八十八、九百七十八。此文早佚,《全后汉文》未录。

顺帝汉安二年(143)　癸未　六十五岁

○王逸于顺帝时撰《楚辞章句》。

《后汉书》卷八十上《文苑列传上·王逸传》:“顺帝时,为侍中,著《楚辞章句》,行于世。其赋、诔、书、论及杂文凡二十一篇。又作《汉诗》百二十三篇。”

○崔瑗以贪获罪。不久病卒,临终作《遗令子寔》。

《后汉书》卷五十二《崔瑗传》:“汉安初,大司农胡广、少府窦章共荐瑗宿德大儒,从政有迹,不宜久在下位,由此迁济北相。时李固为太山太守,美瑗文雅,奉书礼致殷勤。岁余,光禄大夫杜乔为八使,徇行郡国,以臧罪奏瑗,征诣廷尉。瑗上书自讼,得理出。会病卒,年六十六。临终,顾命子寔曰……寔奉遗令,遂留葬洛阳。瑗高于文辞,尤善为书、记、箴、铭,所著赋、碑、铭、箴、颂、《七苏》、《南阳文学官志》、《叹辞》、《移社文》、《悔祈》、《草书势》、七言,凡五十七篇。其《南阳文学官志》称于后世,诸能为文者皆自以弗及。”《后汉书》卷六《顺帝纪》:“(汉安元年)八月……丁卯,遣侍中杜乔、光禄大夫周举,守光禄大夫郭遵、冯羡、栾巴、张纲、周栩、刘班等八人分行州郡,班宣风化,举实臧否。”《后汉书》卷六十三《杜乔传》:“汉安元年,以乔守光禄大夫,使徇察兖州。表奏太山太守李固政为天下第一;陈留太守梁让,济阴太守汜宫、济北相崔瑗等臧罪千万以上。让即大将军梁冀季父,宫、瑗皆冀所善。”张怀瓘《书断》卷中:“崔瑗……以顺帝汉安二年卒,年六十六。”

【考论】汉安元年(142)崔瑗为济北相。二年八月,杜乔等巡行天下。崔瑗获罪当在该年。且崔瑗获罪入狱,至其自讼获释,再至其病卒,当有时日,故其卒当在本年。

---

① 李昉等编:《太平御览》,中华书局1960年版,第3748页。

对崔瑗受臧，学者多有质疑。王先谦曰："案崔子玉宿德大儒，家无担石；梁商首辟，辞疾不应；其在济北，李固奉书致礼，其贤抑可知矣。冀虽或善之，非冀私人也。乔乃意气用事，不加考察，劾其臧罪至千万以上，此岂可信？以此推之，其谬多矣。"[①]《后汉书》卷五十二《崔瑗传》："瑗爱士，好宾客，盛情肴膳，单极滋味，不问余产。居常蔬食菜羹而已。家无担石储，当世清之。"注引华峤《后汉书》云："瑗爱士，好宾客，盛修肴膳，或言其太奢，瑗闻之怒，敕妻子曰：'吾并日而食，以供宾客，而反以获讥。士大夫不足养如此！后勿过菜具，无为诸子所蚩也。'终不能改，奉禄尽于宾飨也。"杜乔素以正直见称，而崔瑗有好奢之毁，故其受臧并非全无可能。《隋书》卷三十五《经籍志四》："后汉济北相《崔瑗集》六卷，梁五卷。"《全后汉文》录其文三十一篇。

〇崔寔隐居父墓侧。

《后汉书》卷五十二《崔寔传》："寔字子真，一名台，字元始。少沉静，好典籍。父卒，隐居墓侧。……初寔父卒，剽卖田宅，起冢茔，立碑颂。葬讫，资产竭尽，因穷困，以酤酿贩鬻为业。时人多以此讥之，寔终不改，亦取足而已，不致盈余。"

〇黄琼言四科取士，又作《上言举吏宜覆试》。

《后汉书》卷六十一《黄琼传》："琼以前左雄所上孝廉之选，专用儒学文吏，于取士之义，犹有所遗，乃奏增孝悌及能从政者为四科，事竟施行。又雄前议举吏先试之于公府，又覆之于端门，后尚书张盛奏除此科。琼复上言：'覆试之作，将以澄洗清浊，覆实虚滥，不宜改革。'帝乃止。"《资治通鉴》卷五十二："十一月……尚书令黄琼以前左雄上孝廉之选，专用儒、文吏，于取士之义犹有所遗，乃奏增孝悌及能从政为四科，帝从之。"

【考论】《后汉书》于此二事未载具体时间，此从《资治通鉴》。

〇边韶为尚书侍郎，作《上言四分历之失》。

《后汉书》志第二《律历志中》："顺帝汉安二年，尚书侍郎边韶上言……诏书下三公、百官杂议。"

---

① 王先谦：《后汉书集解》，中华书局1984年版，第736页。

○李固为大司农。李固与吴雄上书谏选试。

《后汉书》卷六十三《李固传》:“以固为大司农。先是,周举等八使案察天下,多所劾奏,其中并是宦者亲属,辄为请乞,诏遂令勿考。又旧任三府选令史,光禄试尚书郎,时皆特拜,不复选试。固乃与廷尉吴雄上疏,以为八使所纠,宜急诛罚,选举署置,可归有司。帝感其言,乃更下免八使所举刺史、二千石,自是稀复特拜,切责三公,明加考察,朝廷称善。”

○大将军梁冀辟朱穆。

《后汉书》卷四十三《朱穆传》:“顺帝末,江淮盗贼群起,州郡不能禁。或说大将军梁冀曰:‘朱公叔兼资文武,海内奇士,若以为谋主,贼不足平也。’冀亦素闻穆名,乃辟之,使典兵事,甚见亲任。”

【考论】《后汉书》卷六《顺帝纪》:“(汉安二年)十二月,杨、徐盗贼攻烧城寺,杀略吏民。”次年(144)八月顺帝崩。可见,大将军梁冀辟朱穆当在本年。

○郑玄因大风预见火灾。

《世说新语·文学》注引《郑玄别传》:“年十七,见大风起,诣县曰:‘某时当有火灾。’至时果然,智者异之。”①

○曹娥卒。

《后汉书》卷八十四《列女传·曹娥传》:“孝女曹娥者,会稽上虞人也。父盱,能弦歌,为巫祝。汉安二年五月五日,于县江溯涛婆娑迎神,溺死,不得尸骸。娥年十四,乃沿江号哭,昼夜不绝声,旬有七日,遂投江而死。”

顺帝汉安三年　顺帝建康元年(144)　甲申　六十六岁

○马融作《周官传》。

惠栋曰:“融《周官传叙》曰:‘……惟念前业未毕者惟《周官》,年六十有六,目瞑意倦,自力补之,谓之《周官传》也。’”②

【考论】马融本年六十六岁,据其《周官传叙》所言,《周官传》当作于

---

① 刘义庆著,刘孝标注,余嘉锡笺疏,周祖谟、余淑宜、周士琦整理:《世说新语笺疏》,中华书局2007年版第2版,第223页。

② 转引自王先谦:《后汉书集解》,中华书局1984年版,第686页。

本年。

○马融转为大将军梁冀从事中郎。

南朝梁殷芸《小说》云:“马融历二郡两县,政务无为,事从其约。在武郡七年,南郡四年,未尝按论刑杀一人。”

【考论】如上所说,马融六十岁(138)为武都太守,其为武都太守七年,故至此年为止。质帝于永憙元年(145)正月继位,时为大将军梁冀从事中郎的马融奉命虚诬李固当在此后不久(详后文),故马融由武都太守迁为梁冀从事中郎当在本年。

○春,黄琼作《上疏请行籍田礼》。

《后汉书》卷六十一《黄琼传》:“自帝即位以来,不行籍田之礼。琼以为国之大典不宜久废,上疏奏曰……书奏,帝从之。”《后汉纪》卷十九《孝顺皇帝纪下》:“建康元年春,尚书仆射黄琼上疏曰……上从之。”

【考论】考之《后汉书》等史籍,并无顺帝籍田记载,可能是遗漏之故。

○四月,改元建康。

《后汉书》卷六《顺帝纪》:“夏四月……辛巳,立皇子炳为皇太子,改年建康,大赦天下。”

○八月,顺帝崩,皇太子刘炳即位,是为冲帝。梁太后临朝。

《后汉书》卷六《顺帝纪》:“八月……庚午,帝崩于玉堂前殿,时年三十。”《后汉书》卷六《冲帝纪》:“建康元年立为皇太子,其年八月庚午,即皇帝位,年二岁。尊皇后为皇太后。太后临朝。”

○九月,皇甫规作《建康元年举贤良方正对策》,拜郎中。得罪梁冀,托疾辞官。

《后汉书》卷六十五《皇甫规传》:“冲、质之间,梁太后临朝,规举贤良方正,对策曰:‘……今大将军梁冀、河南尹不疑,处周、邵之任,为社稷之镇,加与王室世为姻族,今日立号虽尊可也,实宜增修谦节,辅以儒术,省去游娱不急之务,割减庐第无益之饰。……’梁冀忿其刺己,以规为下第,拜郎中。托疾免归,州郡承冀旨,几陷死者再三。遂以《诗》《易》教授,门徒三百余人,积十四年。”《后汉纪》卷十九《孝顺皇帝纪下》:“皇甫规对策曰……梁冀忿其间已,以规对下第,拜郎中,托疾免归。”《资治通鉴》卷六十五系于本年。

【考论】考之《冲帝纪》和《质帝纪》,冲、质之间诏举贤良方正仅此一次,故皇甫规对策当在本年。

〇**九月,荀淑对策,得罪梁冀,出补朗陵侯相。**

《后汉书》卷六十二《荀淑传》:“及梁太后临朝,有日食地震之变,诏公卿举贤良方正,光禄勋杜乔、少府房植举淑对策,讥刺贵幸,为大将军梁冀所忌,出补朗陵侯相。”

【考论】《后汉书》卷六十三《杜乔传》:“汉安元年,以乔守光禄大夫,使徇察兖州。……还,拜太子太傅,迁大司农。……累迁大鸿胪。……迁光禄勋。建和元年,代胡广为太尉。”《后汉书》卷七《孝桓帝纪》:“(建和元年)六月,太尉胡广罢,大司农[1]杜乔为太尉。”《后汉纪》卷二十一《孝桓皇帝纪上》:“(建和元年)六月,太尉胡广以病罢,光禄勋杜乔为太尉。”可见,杜乔为光禄勋当在建和元年(147)六月之前。

《后汉书》卷六十一《李固传》:“因议立嗣,固引司徒胡广、司空赵戒,先与冀书曰……冀得书,乃召三公、中二千石、列侯大议所立。固、广、戒及大鸿胪杜乔皆以为清河王蒜明德著闻,又属最尊亲,宜立为嗣。”此时杜乔为大鸿胪,合于《后汉书·杜乔传》所载职位变迁情况。以此观之,杜乔为光禄勋当在质帝本初元年(146)六月至桓帝建和元年(147)六月之间。考之此间,诏举贤良方正仅此一次。顺帝崩后,冲、质二帝以及桓帝前期,皆为梁太后临朝。由此可见,荀淑对策当在本年。

《后汉纪》卷二十一《孝桓皇帝纪上》:“(永兴二年)二月……癸卯,京师地震。诏公卿举贤良方正、能直言极谏者各一人。颍川荀淑对策,讥切贵幸,为梁冀所忌,出为朗陵侯相。”杜乔于桓帝建和元年(147)十一月,下狱死。《后汉书》卷七《孝桓帝纪》:“永兴元年……冬十月……光禄勋房植为司空。”可见自永兴元年(153)十月房植任光禄勋,并非少府。可见《后汉纪》所记荀淑对策时间误。

---

① 此处“大司农”当为“光禄勋”之误。

○朱穆辟大将军梁冀府，因拜宛陵令。

《后汉书》卷四十三《朱穆传》："顺帝末，江淮盗贼群起，州郡不能禁。或说大将军梁冀曰：'朱公叔兼资文武，海内奇士，若以为谋主，贼不足平也。'冀亦素闻穆名，乃辟之，使典兵事，甚见亲任。"蔡邕《鼎铭》："孝顺晏驾，贼发江淮。时辟大将军府，实掌其事，用拜宛陵令，非其好也。遂以疾辞，复辟大将军。"

冲帝永憙元年(145)　乙酉　六十七岁

○马融为梁冀诬奏李固。

《后汉书》卷六十上《马融传》："初融惩于邓氏，不敢复违忤势家，遂为梁冀草奏李固，又作大将军《西第颂》，以此颇为正直所羞。"《后汉书》卷六十四《吴祐传》："祐在胶东九年，迁齐相，大将军表为长史。及冀诬奏太尉李固，祐闻而请见，与冀争之，不听。时扶风马融在坐，为冀章草，祐因谓融曰：'李公之罪，成于卿手。李公即诛，卿何面目见天下之人乎？'冀怒而起入室，祐亦径去。冀遂出祐为河间相，因自免归家，不复仕。"

【考论】《后汉书·李固传》"飞章"全文末尾注曰："据《吴祐传》，此章马融之词。"李贤所言甚是。

《后汉纪》卷二十一《孝桓皇帝纪上》："从事中郎马融主为冀作章表。"可见，马融时为大将军梁冀从事中郎。

据《后汉书》卷六十三《李固传》记载，李固先后三次受到诬陷：第一次在顺帝阳嘉二年(133)，李固奏免宋阿母等人，遭到阿母宦者飞章陷害；第二次在冲帝永憙元年(145)[①]；第三次在桓帝建和元年(147)，这一次李固下狱死。第一次时，梁冀并未任大将军，故可不作考虑。范晔《后汉书·李固传》对李固之死作了较为详细的记载："(质帝崩后，李固、杜乔等又坚持立河清王蒜)固意既不从，犹望众心可立，复以书劝冀。冀愈激怒，乃说太后先策免固，竟立蠡吾侯，是为桓帝。后岁余，甘陵刘文、魏郡刘鲔各谋立蒜为天子，梁冀因此诬固与文、鲔共为妖言，下狱。门生勃海王调贯械上书，证固之枉，

---

① 其实此时冲帝已崩，质帝已立，只是未改元，故用冲帝年号。

河内赵承等数十人亦要铁锧诣阙通诉,太后明之,乃赦焉。及出狱,京师市里皆称万岁。冀闻之大惊,畏固名德终为己害,乃更据奏前事,遂诛之。"《太平御览》卷四百二十八引《李固外传》对李固之死作了更为详细的记载:"梁冀欲立清河王蒜,常侍曹腾闻议定,见冀曰:'清河为人严明,若遂即位,将军受祸不久矣。'冀更会议,立蠡吾侯子。唯固与杜乔深据本议。桓帝立,固与杜乔以本立蒜下狱。太后诏出固,冀乃复令黄门常侍作飞章虚奏,收固等系狱,皆死。京师谚曰:'直如弦,死道边;曲如钩,反封侯。'"[①]《李固外传》所记李固事迹全同于范晔《后汉书》。《李固外传》记载表明,这次作飞章虚奏李固的是黄门常侍。《后汉书·百官志》等史料表明,东汉时期黄门常侍多由宦人充当。据《后汉书》卷六十上《马融传》记载,马融一生并未任黄门侍郎一职,此处"黄门常侍"当是《后汉书·杜乔传》中提到的诬陷李固和杜乔的宦者唐衡、左悺等。上述资料表明,李固实死于黄门侍郎的诬陷和梁冀的迫害,其死与马融并无丝毫关联。

《后汉书》卷六十四《吴祐传》:"(梁)冀诬奏太尉李固。"据《后汉书》记载,冲帝建康元年(144)八月,李固由大司农迁为太尉;质帝本初元年(146)闰六月,李固被免去太尉之职。第二次被诬时(145),李固正为太尉,而第三次被诬时(147),李固已被免去太尉之职,故《后汉书·桓帝纪》言及李固之死时用的是"前太尉李固"。

因此,从马融和李固任职情况来看,马融为梁冀作飞章诬奏李固一事当发生于冲帝永憙元年(145)。

○正月,冲帝崩,乐安王子刘缵继位,是为质帝。

《后汉书》卷六《质帝纪》:"冲帝不豫,大将军梁冀征帝到洛阳都亭。及冲帝崩,皇太后与冀定策禁中,丙辰,使冀持节,以王青盖车迎帝入南宫。丁巳,封为建平侯,其日即皇帝位,年八岁。"

○李固作《发表对》。

《后汉书》卷六十三《李固传》:"明年(冲)帝崩,梁太后以杨、徐盗贼盛强,恐惊扰致乱,使中常侍诏固等,欲须所征诸王到乃发丧。固对曰……太

① 李昉等编:《太平御览》,中华书局1960年版,第1972—1973页。

后从之,即暮发丧。"

〇李固谏立清河王蒜,大将军梁冀不从。

《后汉书》卷六十三《李固传》:"固以清河王蒜年长有德,欲立之,谓梁冀曰:'今当立帝,宜择长年高明有德,任亲政事者,愿将军审详大计,察周、霍之立文、宣,戒邓、阎之利幼弱。'冀不从,乃立乐安王子缵,年八岁,是为质帝。"又见《后汉纪》卷二十《孝质皇帝纪》。

〇李固作《冲帝山陵议》。

《后汉书》卷六《质帝纪》:"(永憙元年正月)己未,葬冲皇帝于怀陵。"《后汉书》卷六十三《李固传》:"时冲帝将北卜山陵,固乃议曰……乃从固议。"

〇周举作《殇帝顺帝昭穆议》。

《后汉书》卷六十一《周举传》:"及梁太后临朝,诏以殇帝幼崩,庙次宜以顺帝下。太常马访奏宜如诏书,谏议大夫吕勃以为应依昭穆之序,先殇帝,后顺帝。诏下公卿,举议曰:'……今殇帝在先,于秩为父,顺帝在后,于亲为子,先后之义不可改,昭穆之序不可乱。吕勃议是也。'太后下诏从之。"

【考论】《后汉纪》卷十九《孝顺皇帝纪下》:"(建康元年)冬十一月……于是殇帝庙次在顺帝下,鸿胪周举议曰……上不从。"[①]《后汉纪》卷二十系于建康元年(144),似不确。《后汉书·质帝纪》和《后汉纪》卷二十《孝质皇帝纪》皆载太后诏书。《后汉纪》云"不从"似不确,当为"从之"之误。

〇五月,诏定昭穆。

《后汉书》卷六《质帝纪》:"(永憙元年)五月……丙辰,诏曰:'考殇皇帝虽不永休祚,而即位逾年,君臣礼成。孝安皇帝承袭统业,而前世遂令恭陵在康陵之上,先后相逾,失其次序,非所以奉宗庙之重,垂无穷之制。昔定公追正顺祀,《春秋》善之。其令恭次康陵,宪陵次恭,以序亲秩,为万世法。"《后汉纪》卷二十《孝质皇帝纪》:"(永憙元年)夏五月丙辰,太后诏曰……"

---

① 周天游:"按袁《纪》以梁太后诏系于永嘉元年五月,则范《书》遗漏'上不从'一事。"周天游:《后汉纪校注》,天津古籍出版社1987年版,第543页。周氏所言不可信。建康元年(144),时冲帝年仅二岁,梁太后临朝,怎么会有"上不从"之事呢?

○李固遭梁冀等人虚诬。

《后汉书》卷六十三《李固传》:“时太后以比遭不造,委任宰辅,固所匡正,每辄从用,其黄门宦者一皆斥遣,天下咸望遂平,而梁冀猜专,每相忌疾。初,顺帝时诸所除官,多不以次,及固在事,奏免百余人,此等既怨,又希望冀旨,遂共作飞章虚诬固罪曰……书奏,冀以白太后,使下其事。太后不听,得免。”

○李固作《理种暠应承疏》。

《后汉书》卷五十六《种暠传》:“出为益州刺史。暠素慷慨,好立功立事。在职三年,宣恩远夷,开晓殊俗,岷山杂落皆怀服汉德。……时永昌太守冶铸黄金为文蛇,以献梁冀,暠纠发逮捕,驰传上言,而二府畏懦,不敢案之,冀由是衔怒于暠。会巴郡人服直聚党数百人,自称‘天王’,暠与太守应承讨捕,不克,吏人多被伤害。冀因此陷之,传逮暠、承。太尉李固上疏救曰……梁太后省奏,乃赦暠、承罪,免官而已。”《后汉书》卷六十三《杜乔传》:“益州刺史种暠举劾永昌太守刘君世以金蛇遗梁冀,事发觉,以蛇输司农。冀从杜乔借观之,乔不肯与,冀始为恨。累迁大鸿胪。”《后汉书》卷六十三《李固传》:本初元年(146)闰六月,质帝崩后,“因议立嗣,固引司徒胡广、司空赵戒,先与冀书曰……冀得书,乃召三公、中二千石、列侯大议所立。固、广、戒及大鸿胪杜乔皆以为清河王蒜明德著闻。”

【考论】据《后汉书》卷六十三《李固传》,质帝本初元年(146)六月之前,杜乔已由大司农迁为大鸿胪,其为大司农当在此前。《资治通鉴》卷五十二将此事系于本年,可信。此从之。

质帝本初元年(146)　丙戌　六十八岁

○马融作《梁大将军西第颂》。

《后汉书》卷六十上《马融传》:“初融惩于邓氏,不敢复违忤势家,遂为梁冀草奏李固,又作大将军《西第颂》,以此颇为正直所羞。”

【考论】永憙元年(145),李固飞章诬奏李固,其作《梁大将军西第颂》在此后,故系于本年。

○四月，令郡国举明经者，令公卿遣子至太学受业。

《后汉书》卷六《质帝纪》："夏四月庚辰，令郡国举明经，年五十以上七十以下诣太学。自大将军至六百石，皆遣子受业，岁满课试，以高第五人补郎中，次五人太子舍人。又千石、六百石、四府掾属、三署郎、四姓小侯先能通经者，积充随家法，其高第者上名牒，当以次赏进。"《后汉纪》卷二十《孝质皇帝纪》："夏四月，令大将军以下至六百石遣子诣太学，试受业，满岁课试，以高第五人补郎，次第五人太子舍人。"《后汉书》卷七十九上《儒林传序》："本初元年，梁太后诏曰：'大将军下至六百石，悉遣子就学，每岁辄于乡射月一飨会之，以此为常。'"

○闰六月甲申，质帝崩。

《后汉书》卷六《质帝纪》："（本初元年）闰（六）月甲申，大将军梁冀潜行鸩弑，帝崩于玉堂前殿，年九岁。"

○闰六月，李固作《议立嗣先与梁冀书》。

《后汉书》卷六十三《李固传》："因议立嗣，固引徒胡广、司空赵戒，先与冀书曰……冀得书，乃召三公、中二千石、列侯大议所立。固、广、戒及大鸿胪杜乔皆以为清河王蒜明德著闻，又属最尊亲，宜立为嗣。……冀愈激怒，乃说太后先策免固，竟立蠡吾侯，是为恒帝。"《华阳国志》卷十《先贤士女总赞下》："质帝崩，太后复与梁冀谋所立。固与司徒南郡胡广、司空蜀郡赵戒书与冀，引周勃、霍光立文、宣以安汉之荣，阎、邓废立之祸，言国统三绝，期运厄会，兴崩之渐，在斯一举，宜求贤王，亲近，不可寝嘿也。"①

○闰六月丁亥，太尉李固免。

《后汉书》卷六《质帝纪》："闰月……丁亥，太尉李固免。"《后汉书·李固传》："（梁）冀愈激怒，乃说太后先策免固，竟立蠡吾侯，是为桓帝。"《后汉纪》卷二十《孝质皇帝纪》："固复欲立清河王蒜……冀因言太后，定策禁中，先策免太尉李固。"

○闰六月庚寅，蠡吾侯刘志即位，是为桓帝。

《后汉书》卷七《孝桓帝纪》："会质帝崩，太后遂与兄大将军冀定策禁

---

① 常璩著，任乃强校注：《华阳国志校补图注》，上海古籍出版社 1987 年版，第 599 页。

中,闰月庚寅,使冀持节,以王青盖车迎帝入南宫,其日即皇帝位,时年十五。”

○朱穆作《奏记大将军梁冀》,劝戒梁冀。

《后汉书》卷四十三《朱穆传》:“及桓帝即位,顺烈太后临朝,穆以冀势地亲重,望有以扶持王室,因推灾异,奏记以劝戒冀曰:‘穆伏念明年丁亥之岁……’”《后汉纪》卷二十《孝质皇帝纪》:“及帝即位,太后临朝,(朱)穆素善推灾异,欲辅道冀,以扶王室,乃奏记于冀曰‘……明年丁亥之岁……’”

【考论】本年为丙戌,下年为丁亥,故此朱穆劝戒梁冀在本年。

○杨秉以明《尚书》征入,拜太中大夫。

《后汉书》卷五十四《杨秉传》:“桓帝即位,以明《尚书》征入劝讲,拜太中大夫、左中郎将,迁侍中、尚书。”

卷五　桓帝时期(147—166)

桓帝建和元年(147)　丁亥　六十九岁

○七月,杜乔作《上书谏封梁冀子弟及中常侍等》。

《后汉书》卷六十三《杜乔传》:"汉安元年,以乔守光禄大夫,使徇察兖州。……还,拜太子太傅,迁大司农。时梁冀子弟五人及中常侍等以无功并封,乔上书谏曰……书奏不省。……建和元年,代胡广为太尉。"《后汉书》卷七《桓帝纪》:"(建和元年)六月,太尉胡广罢,大司农杜乔为太尉。……九月丁卯,京师地震。太尉杜乔免。"《后汉书》卷三十四《梁冀传》:"建和元年,益封冀万三千户,增大将军府举高第茂才,官属倍于三公。又封不疑为颍阳侯,不疑弟蒙西平侯,冀子胤襄邑侯,各万户。……永兴二年,封不疑子马为颍阴侯,胤子桃为城父侯。"《资治通鉴》卷五十三:"建和元年……秋七月……诏以定策功,益封梁冀万三千户,封冀弟不疑为颍阳侯,蒙为西平侯,冀子胤为襄邑侯。"《后汉纪》卷二十一《孝桓皇帝纪上》:"(建和元年)秋七月……封少府梁不疑为颍阳侯,不疑弟蒙为西平侯,梁冀子胡狗为襄邑侯,不疑子焉为颍阴侯,冀孙祧为城父侯。又封中常侍刘广等为列侯。太尉乔曰……"

【考论】据《后汉书》记载,梁不疑、梁蒙以及梁冀子梁胤受封于建和元年(147),杜乔本年曾为太尉,故此文当作于本年。《后汉书》卷六十三《杜乔传》将此事系于其为大司农(约144)时,显然误。梁不疑子焉为颍阴侯,梁冀孙、梁胤子梁祧为城父侯在永兴二年(154),而《后汉纪》则皆系于建和元年(147),不确。另,梁不疑子《后汉书》作"马",而《后汉纪》作"焉";梁胤子

《后汉书》作“桃”,《后汉纪》作“祧”。二者皆因形近而误,当从《后汉纪》①。

〇十一月,李固作《临终与胡广赵戒书》和《临终敕子孙》,被杀。

《后汉书》卷七《桓帝纪》:“十一月……清河刘文反,杀国相射暠,欲立清河王蒜为天子。事觉伏诛。蒜坐贬为尉氏侯,徙桂阳,自杀。前太尉李固、杜乔皆下狱死。”《后汉书》卷六十三《李固传》:“后岁余,甘陵刘文、魏郡刘鲔各谋立蒜为天子,梁冀因此诬固与文、鲔共为妖言,下狱。门生勃海王调贯械上书,证固之枉,河内赵承等数十人亦铁锧诣阙通诉,太后明之,乃赦焉。及出狱,京师市里皆称万岁。冀闻之大惊,畏固名德终为己害。乃更据奏前事,遂诛之,时年五十四。临命,与胡广、赵戒书曰……广、戒得书悲惭,皆长叹流涕。”《后汉纪》卷二十一《孝桓帝皇帝纪上》:“甘陵人刘文谋立清河王蒜为帝,蒜闭门拒文,事发觉,伏诛。……冀于是诬太尉杜乔、故太尉李固与文通谋,乔、固皆下狱。……乔、固遂死狱中,郡守承旨杀之。”

【考论】《临终敕子孙》史籍无载,当作于此时无疑。

〇十一月,杜乔被杀。

《后汉书》卷六十三《杜乔传》:“帝亦怨之。及清河王蒜事起,梁冀遂讽有司劾乔与李固与刘鲔等交通,请逮案罪。而梁太后素知乔忠,但策免而已。冀愈怒,使人胁乔曰:‘早从宜,妻子可得全。’乔不肯。明日冀遣骑至其门,不闻哭者,遂白执系之,死狱中。”

〇赵典为议郎,侍讲禁中。再迁侍中,作《谏开鸿池》。

《后汉书》卷二十七《赵典传》:“建和初,四府表荐,征拜议郎,侍讲禁内,再迁为侍中。时帝欲广开鸿池,典谏曰:‘鸿池泛溉,已且百顷,犹复增而深之,非所以崇唐虞之约己,遵孝文之爱人也。’帝纳其言而止。”

〇张奂辟大将军梁冀府,奏《尚书章句》,以疾去官。

《后汉书》卷六十五《张奂传》:“后辟大将军梁冀府,乃上书桓帝,奏其

---

① 周天游云:“《范书·梁冀传》‘焉’作‘马’,‘祧’作‘桃’,又言皆受封于永兴二年。而《杜乔传》言‘梁冀子弟五人及中常侍等,以无功并封’,且系于乔任大司农时。恐皆当以袁《纪》为是。”周天游:《后汉纪校注》,天津古籍出版社1987年版,第560页。此说不可信。桓帝封梁冀家族,当先梁冀兄弟及梁冀子,然后再惠及梁冀孙及梁冀兄弟之子。

《章句》，诏下东观。以疾去官，复举贤良，对策第一，擢拜议郎。"

【考论】张奂为大将军梁冀幕府时曾上书桓帝，故其入梁冀幕府当在本年前后。陆侃如《中古文学系年》系于安帝永和六年(141)梁冀为大将军之时，显然误。

〇诏课试诸学生。

《通典》卷十三《选举一》："桓帝建和初，诏：'诸学生年十六以上，比郡国明经，试，次第上名。高第十五人、上第十六人，为中郎。中第十七人为太子舍人，下第十七人为王家郎。'"①

〇朱穆为侍御史。

《后汉书》卷四十三《朱穆传》："(梁冀)举穆高第，为侍御史。"注引《续汉书》："穆举高第，拜侍御史。桓帝临辟雍，行礼毕，公卿出，虎贲置弓阶上，公卿下阶皆避弓。穆过，呵虎贲曰：'执天子器，何故投于地！'虎贲怖，即摄弓。穆劾奏虎贲抵罪，公卿皆惭，曰：'朱御史可谓临事不惑者也。'"

【考论】《资治通鉴》卷五十三系于本年，此从之。

〇郑玄至京师求学，师从第五元先等。

《后汉书》卷三十五《郑玄传》："遂造太学受业。师事京兆第五元先，始通《京氏易》《公羊春秋》《三统历》《九章算术》。又从东郡张恭祖受《周官》《礼记》《左氏春秋》《韩诗》《古文尚书》。"《世说新语·文学》注引《郑玄别传》："年二十一，博极群书，精历数图纬之言，兼精算术。遂去吏，师故兖州刺史第五元先。就东郡张恭祖受《周礼》《礼记》《春秋传》。周流博观，每经历山川，及接颜一见，皆终身不忘。"②

【考论】郑玄生于顺帝永建二年(127)，至本年二十一岁。故其求学京师太学，以及师从第五元先当在本年。

〇周福被擢为尚书，开党锢之争的序幕。

《后汉书》卷六十七《党锢列传序》："初，桓帝为蠡吾侯，受学于甘陵周福，及即帝位，擢福为尚书。时同郡河南尹房植有名当朝，乡人为之谣曰：

① 杜佑撰，王文锦等点校：《通典》，中华书局1986年版，第318页。

② 刘义庆著，刘孝标注，余嘉锡笺疏，周祖谟、余淑宜、周士琦整理：《世说新语笺疏》，中华书局2007年版第2版，第223页。

‘天下规矩房伯武,因师获印周仲进。’二家宾客,互相讥揣,遂各树朋徒,渐成尤隙,由是甘陵有南北部,党我之议,自此始矣。”

桓帝建和二年(148)　戊子　七十岁

○**马融为南郡太守**。

《后汉书》卷六十上《马融传》:“三迁,桓帝时为南郡太守。”《太平广记》卷二百引南朝梁殷芸《小说》云:“马融历二郡两县,政务无为,事从其约。在武郡七年,南郡四年,未尝按论刑杀一人。”

【考论】马融于元嘉二年(152)二三月左右流放朔方(详后文),其为南郡太守四年,以此推之,马融当于本年迁为南郡太守①。

○**张楷作《尚书注》**。

《后汉书》卷三十六《张楷传》:“楷字公超,通《严氏春秋》《古文尚书》,门徒常百人……性好道术,能作五里雾。……桓帝即位,(裴)优遂行雾作贼,事觉被考,引楷言从学术,楷坐系廷尉诏狱,积二年,恒讽经籍,作《尚书注》。”

【考论】张楷作《尚书注》当在此二年间,故系于本年。

○**郑玄游学周、秦之都,往来幽、并、兖、豫之域,广泛求学,遂为通儒**。

郑玄《戒子益恩书》:“吾家旧贫,为父母群弟所容②,去厮役之吏,游学周、秦之都,往来幽、并、兖、豫之域,获觐乎在位通人,处逸大儒,得意者咸从奉手,有所受焉。遂博稽《六艺》,粗览传记,时睹秘书纬术之奥。”

○**荀悦生**。

《后汉书》卷六十二《荀悦传》:“年六十二,建安十四年卒。”

【考论】荀悦卒于建安十四年(209),年六十二,以此推之,荀悦当生于本年。

---

① 陆侃如先生亦认为马融于本年为南郡太守,并作了大量推理、考辨,但不甚有说服力。陆侃如:《中古文学系年》,人民文学出版社 1986 年版,第 194—197 页。

② 严可均《全后汉文》原文“为”前有“不”字。阮元利用碑刻等校勘证明,“不”为衍字。此从之。详情参见阮元:《揅经室二集》卷二《金承安重刻唐万岁通天史承节撰后汉大司农郑公碑跋》。

桓帝建和三年(149)　己丑　七十一岁

○**马融作《论语注》。**

何晏《论语集解叙》:"《古论》唯博士孔安国为之训说,而世不传。至顺帝之时,南郡太守马融亦为之训说。"[①]皇侃《论语集解义疏序》:"至汉顺帝时,有南郡太守扶风马融字季长、建安中大司农北海郑玄字康成,又就《鲁论》篇章,考《齐》验《古》,为之注解。"[②]

【考论】《后汉书》卷六十上《马融传》:"三迁,桓帝时为南郡太守。"何晏、皇侃皆言"顺帝时,南郡太守马融",显然误。马融于上年迁为南郡太守,《论语注》当作于本年前后。

○**朱穆作《崇厚论》《绝交论》《与刘伯宗绝交书》和《与刘伯宗绝交诗》。**

《后汉书》卷四十三《朱穆传》:"时同郡赵康叔盛者,隐于武当山,清静不仕,以经传教授。穆时年五十,乃奉书称弟子。及康殁,丧之如师。其尊德重道,为当时所服。常感时浇薄,慕尚敦笃,乃作《崇厚论》,其辞曰……穆又著《绝交论》,亦矫时之作。"注:"《穆集》载论,其略曰……其诗曰……盖因此而著也。"

【考论】如上所说,朱穆生于和帝永元十二年(100),至本年五十岁,故《崇厚论》等皆作于本年。

○**崔寔拜议郎。**

《后汉书》卷五十二《崔寔传》:"其后辟太尉袁汤、大将军梁冀府,并不应。大司农羊傅、少府何豹上书,荐寔才美能高,宜在朝廷,召拜议郎。"《后汉书》卷七《桓帝纪》:建和三年(149)"冬十月,太尉赵戒免。司徒袁汤为太尉";永兴元年(153)"冬十月,太尉袁汤免"。

【考论】钱大昭《后汉书补表》卷八谓此年袁汤称太尉、梁冀称大将军、羊

---

① 何晏集解,皇侃义疏:《论语集解义疏》,影印文渊阁《四库全书》第195册,台湾商务印书馆1986年版,第338页。

② 何晏集解,皇侃义疏:《论语集解义疏》,影印文渊阁《四库全书》第195册,台湾商务印书馆1986年版,第336页。

傅称大司农,何豹称少府[1],可见崔寔拜议郎当在本年。

○荀淑卒。

《后汉书》卷六十二《荀淑传》:“为大将军梁冀所忌,出补朗陵侯相。……顷之,弃官归,闲居养志。产业每增,辄以赡宗族知友。年六十七,建和三年卒。”

桓帝和平元年(150)　庚寅　七十二岁

○正月,改元和平。

《后汉书》卷七《桓帝纪》:“和平元年春正月甲子,大赦天下,改元和平。”

○正月,梁太后归政于桓帝。

《后汉书》卷七《桓帝纪》:“正月……乙丑诏曰:‘……皇帝称制。群公卿士,虔恭尔位,勠力一意,勉同断金。’”

○二月,梁太后崩。

《后汉书》卷七《桓帝纪》:“二月……甲寅,太后梁氏崩。”

○朱穆作《复奏记梁冀》和《又奏记梁冀》。

《后汉书》卷四十三《朱穆传》:“梁冀骄暴不悛,朝野嗟毒,穆以故吏,惧其衅积招祸,复奏记谏曰……”《资治通鉴》卷五十三:“(和平元年)侍御史朱穆自以(梁)冀故吏,奏记谏曰……冀不纳。……穆又奏记极谏,冀终不悟。……然素重穆,亦不甚罪也。”

○郦炎生。

《后汉书》卷八十下《文苑列传下·郦炎传》:“郦炎字文胜,范阳人。郦食其之后也。……熹平六年,遂死狱中,时年二十八。”

【考论】郦炎卒于熹平六年(177),年二十八,以此推之,郦炎当生于本年。

---

① 参见钱大昭:《后汉书补表》,二十五史刊行委员会编:《二十五史补编》第2册,中华书局1955年版,第1894页。

桓帝元嘉元年(151)　辛卯　七十三岁

○正月,改元元嘉。

《后汉书》卷七《桓帝纪》:“春正月……癸酉,大赦天下,改元元嘉。”

○四月,杨秉作《因风灾上疏谏微行》。

《后汉书》卷五十四《杨秉传》:“桓帝即位,以明《尚书》征入劝讲,拜太中大夫、左中郎将,迁侍中、尚书。帝时微行,私过幸河南尹梁胤府舍。是日大风拔树,昼昏,秉因上疏谏曰……帝不纳。秉以病乞退,出为右扶风。”《后汉纪》卷二十一《孝桓皇帝纪上》:“四月己丑,上微服幸河南梁不疑府。是日天大风,尚书杨秉谏曰……大将军梁冀怨秉,出为扶风太守。”《资治通鉴》卷五十三:“(元嘉元年)梁不疑好经书,喜待士。梁冀疾之,转不疑为光禄勋,以其子胤为河南尹。”

【考论】桓帝为梁冀所立,故一次次给梁冀增封,建和元年(147)益三千户,元嘉元年(151)增封为四县。《后汉书集解》引沈钦韩曰:“袁宏《纪》云幸梁不疑府。梁冀子为河南尹在元嘉初元之后,袁《纪》是。”[①]沈氏所言不确。另外,梁冀与梁不疑关系不甚好,“不疑好经书,善待士,冀阴疾之”。此亦表明,桓帝所幸乃梁冀子梁胤府,而非梁不疑府。

○十一月,崔寔称病不对,退居作《政论》。

《后汉书》卷五十二《崔寔传》:“桓帝初,诏公卿郡国举至孝独行之士。寔以郡举,征诣公车,病不对策,除为郎。明于政体,吏才有余,论当世便事数十条,名曰《政论》。指切时要,言辩而确,当世称之。”《后汉纪》卷二十一《孝桓皇帝纪上》:“十一月……安平崔寔,郡举诣公车,称病不对,退而论世事。”

【考论】《后汉书》不载崔寔公车征、不对策具体时间,此从《后汉纪》。

○边韶拜太中大夫,著作东观。

《后汉书》卷八十上《文苑列传上·边韶传》:“桓帝时,为临颍侯相,征

---

① 王先谦:《后汉书集解》,中华书局1984年版,第618页。周天游亦持此说。参见周天游:《后汉纪校注》,天津古籍出版社1987年版,第568页。

拜太中大夫，著作东观。”

〇诏令边韶、崔寔、朱穆、曹寿等作《东观汉记》。

《史通·古今正史》：“至元嘉元年，复令太中大夫边韶、大军营司马崔寔、议郎朱穆、曹寿杂作《孝穆崇[1]二皇》及《顺烈皇后传》。又增《外戚传》入安思等后，《儒林传》入崔篆诸人。寔、寿又与议郎延笃杂作《百官表》，顺帝功臣孙程、郭愿及郑众、蔡伦等传。凡百十有四篇，号曰《汉纪》。”[2]《后汉书》卷五十二《崔寔传》：“召拜议郎，迁大将军冀司马，与边韶、延笃等著作东观。……以病征，拜议郎，复与诸儒博士共杂定《五经》。”

〇伏无忌奉诏与黄景、崔寔等共撰《汉记》，又作《伏侯注》。

《后汉书》卷二十六《伏湛传》：“元嘉中，桓帝复诏(伏)无忌与黄景、崔寔等共撰《汉记》。又自采集古今，删著事要，号曰《伏侯注》。”

〇邯郸淳作《曹娥碑》。

《后汉书》卷八十四《列女传·曹娥传》：“至元嘉元年，县长度尚改葬(曹)娥于江南道旁，为立碑焉。”注引《会稽典录》：“上虞长度尚弟子邯郸淳，字子礼，时甫弱冠，而有异才。尚先使魏朗作《曹娥碑》，文成未出。会朗见尚，尚与之饮宴，而子礼方至督酒。尚问朗：碑文成未？朗辞不才，因试使子礼为之，操笔而成，无所点定。朗嗟叹不暇，遂毁其草。”

【考论】《三国志》卷二十一《魏书·王粲传》注引《魏略》：“(邯郸)淳一名竺，字子叔。”有学者质疑作《曹娥碑》的邯郸淳(子礼)与三国时邯郸淳非同一人。对此，曹道衡、沈玉成已驳之[3]。

桓帝元嘉二年(152)　壬辰　七十四岁

〇马融获罪，徙朔方，设帐授徒。

《后汉书》卷六十上《马融传》：“三迁，桓帝时为南郡太守。先是融有事忤大将军梁冀旨，冀讽有司奏融在郡贪浊，免官，髡徙朔方。”《后汉书》卷三十四《梁冀传》：“元嘉元年……南郡太守马融，江夏太守田明，初除，过谒

---

① “孝穆崇二皇”指的是献穆、孝崇二皇后。

② 刘知几著，浦起龙释：《史通通释》，上海古籍出版社1978年版，第341—342页。

③ 详见曹道衡、沈玉成：《中古文学史料丛考》，中华书局2003年版，第17—18页。

(梁)不疑,冀讽州郡以它事陷之,皆髡笞徙朔方。融自刺不殊,明遂死于路。”

【考论】《太平广记》卷二百引南朝梁殷芸《小说》云:“马融历二郡两县,政务无为,事从其约。在武郡七年,南郡四年,未尝按论刑杀一人。”《三辅决录》卷二:“马融为南郡太守,二府以融在郡贪浊,受主计掾歧肃钱四十万,融子强又受吏白向钱六十万,布三百匹,以肃为孝廉,向为主簿。”可见马融在郡有贪浊当属事实。另外,如果马融出仕时因拜会梁不疑而得罪梁冀,梁冀欲治其罪,何须等四年之久?可见,马融言其因得罪梁冀而获罪,实乃自我辩护之言,后世作史者不加分析而写入其传记。

《后汉书》卷八十四《列女传·袁隗妻传》:“汝南袁隗妻者,扶风马融之女也。……(袁隗)又问曰:‘南郡君(马融)学穷道奥,文为辞宗。而所在之职,辄以货财为损,何邪?’”据蔡邕《司徒袁公夫人马氏碑》,袁隗妻卒于光和七年(184),年63岁,以此推之,其当生于122年。袁隗既称其妻父马融为“南郡君”,表明马融已为南郡太守。马融于建和二年(148)迁为南郡太守,其贪浊之事当在此后。马融为南郡太守时其女已二十七岁。马融女出嫁当更晚于此年,方可言马融贪浊之事。依汉代婚俗,马融女出嫁不至于如此之晚。另外,焉有新婚之时婿责问其妻父过错之行。可见,《后汉书·列女传》所记乃出后世传闻,不可尽信。

蔡邕《徙朔方报杨复书》云:“昔此徙者,故城门校尉梁伯喜、南郡太守马季长,或至三岁,近者岁余,多得旋返。”梁伯喜,今不可考。邓安生先生认为:“‘喜’或‘夏’之讹。梁商字伯夏。”[①]此说可再作商榷。据《后汉书·梁商传》,梁商并无流放朔方之事。马融于永兴元年(153)五月遇赦归来(详后文)。马融滞于朔方“岁余”,以此推之,马融当于元嘉二年(152)二三月左右流放朔方,不会早于本年一月,也不会晚于本年四月,否则与“岁余”不合。

○胡广等谀颂梁冀,黄琼作《封梁冀议》,反对大封梁冀。

《后汉书》卷六十一《黄琼传》:“元嘉元年,迁司空。桓帝欲褒崇大将军梁冀,使中朝二千石以上会议其礼。特进胡广、太常羊溥、司隶校尉祝恬、太

---

① 邓安生:《蔡邕集编年校注》,河北教育出版社2002年版,第273页。

中大夫边韶等,咸称冀之勋德,其制度赍赏,以宜比周公,锡之山川、土田、附庸。琼独建议曰:'冀前以亲迎之劳,增邑三千,又其子胤亦加封赏。昔周公辅相成王,制礼作乐,化致太平,是以大启土宇,开地七百。今诸侯以户邑为制,不以里数为限。萧何识高祖于泗水,霍光定倾危以兴国,皆益户增封,以显其功。冀可比邓禹,合食上县,赏赐之差,同于霍光,使天下知赏必当功,爵不越德。'朝廷从之。冀意以为恨。会以地动策免。"

【考论】《后汉书》卷七《孝桓帝纪》"(元嘉元年闰十一月)太常黄琼为司空。……二年春正月……丙辰,京师地震。……秋七月庚辰,日有食之。……十一月,司空黄琼免。"这些都可以成为梁冀罢免黄琼的理由。可见,黄琼得罪梁冀当在本年七月之后,故梁冀因十月地震而罢免之。《后汉纪》卷二十一《孝桓皇帝纪上》:"初,上欲封大将军梁冀,使公卿会议其礼。……司空黄琼议曰……冀恨之,因地动策免琼。(十一月)丁亥,司空黄琼以灾异策免。"《后汉纪》将黄琼上疏以及被免都系于元嘉元年(151),显然误。

○**十一月,黄琼因地震被免。**

《后汉书》卷七《孝桓帝纪》"(二年)冬十月乙亥,京师地震。十一月,司空黄琼免。"《资治通鉴》卷五十三:"(元嘉二年)十一月,司空黄琼免。"

【考论】《后汉纪》卷二十一《孝桓皇帝纪上》:"(元嘉元年十一月)丁亥,司空黄琼以灾异策免。"据方诗铭、方小芬编著《中国史历日和中西历日对照表》,元嘉元年十一月无丁亥日,而元嘉二年十一月正好有丁亥日,可见《后汉纪》误。

○**延笃为议郎,著作东观。**

《后汉书》卷六十四《延笃传》:"桓帝以博士征,拜议郎,与朱穆、边韶共著作东观。"《史通·古今正史》:"至元嘉元年,复令太中大夫边韶、大军营司马崔寔、议郎朱穆、曹寿,杂作《孝穆崇二皇》及《顺烈皇后传》。……寔、寿又与议郎延笃杂作《百官表》,顺帝功臣孙程、郭愿及郑众、蔡伦等传。凡百十有四篇,号曰《汉纪》。"①

【考论】延笃为议郎时间不详,刘汝霖《汉晋学术编年》系于本年,此姑

① 刘知几著,浦起龙释:《史通通释》,上海古籍出版社 1978 年版,第 341—342 页。

从之。

桓帝元嘉三年　桓帝永兴元年(153)　癸巳　七十五岁

○五月,马融遇赦还,复拜议郎,校书东观。

《后汉书》卷六十上《马融传》:"(马融)自刺不殊,得赦还,复拜议郎,重在东观著述,以病去官。"

【考论】《后汉书·马融传》:"三迁,桓帝时为南郡太守。"《太平广记》卷二百引南朝梁殷芸《小说》云:"马融历二郡两县,政务无为,事从其约。在武郡七年,南郡四年,未尝按论刑杀一人。"可见,马融于桓帝时为南郡太守,居郡四年后流放朔方。桓帝于本初元年(146)闰六月即位,至建和三年(149)首尾方四年。据此,马融流放朔方当在建和三年(149)之后。

蔡邕《徙朔方报杨复书》云:"昔此徙者,故城门校尉梁伯喜、南郡太守马季长,或至三岁,近者岁余,多得旋返。"梁伯喜,今不可考。蔡邕文中言及两个时间段:"三岁""岁余"。至于哪个时间段是马融滞于朔方的时间,学者们意见不一。石观海先生认为,马融流放朔方时间为三年[①]。王利器先生认为"融徙朔方,为时岁余"[②]。考之《后汉书·桓帝纪》,和平元年(150)至永兴二年(154),几乎每年大赦,唯元嘉二年(152)无赦,两次大赦之间最长相隔仅二年五个月(即151年正月至153年五月),并无相隔长达三年者,因此马融流放朔方不可能长达三年。据此,马融滞于朔方时间当为"岁余"。

据《后汉书·桓帝纪》,自和平元年(150)至永兴二年(154)数年间先后大赦四次:和平元年(150)正月、元嘉元年(151)正月、永兴元年(153)五月、永兴二年(154)正月。唯有永兴元年夏五月大赦距上次元嘉元年正月大赦相隔一年以上。如上所说,马融流放朔方时间长达年余。据此,马融当于永兴元年五月遇赦归来。归来后复拜议郎,校书东观。

○五月,改元永兴。

《后汉书》卷七《孝桓帝纪》:"夏五月丙申,大赦天下,改元永兴。"

---

① 石观海主编:《中国文学编年史》(汉魏卷),湖南人民出版社2006年版,第294页。

② 王利器:《郑康成年谱》,齐鲁书社1983年版,第44页。

○六月，为孔子庙置百石卒史一人。

《孔庙置百石卒史孔和碑》:“司徒臣雄、司空臣戒稽首言:鲁前相瑛书言……庙有礼器，无常人掌领，请置百石卒史一人，典主守庙……臣愚以为如瑛言。……臣稽首以闻。制曰:可。……书到言:永兴元年六月……壬寅诏书，为孔子庙置百石卒史一人，掌主礼器……”①

○应奉为武陵太守。作《感骚》三十篇，数万言。

《后汉书》卷四十八《应奉传》:“大将军梁冀举茂才。……永兴元年，拜武陵太守。……及党事起，奉乃慨然以疾自退，追愍屈原，因以自伤，著《感骚》三十篇，数万言。”注引《袁山松书》:“奉又删《史记》《汉书》及《汉记》三百六十余年，自汉兴至其时，凡十七卷，名曰《汉事》。”

○蔡邕作《琅邪王傅蔡朗碑》。

蔡邕《琅邪王傅蔡朗碑》:“(蔡朗)年五十八，永兴六年夏卒。”

【考论】永兴仅两年，“六”当为“元”之误②，故蔡邕此文当作于本年。

○朱穆为冀州刺史。

《后汉书》卷四十三《朱穆传》:“永兴元年……擢穆为冀州刺史。州人有宦者三人为中常侍，并以檄谒穆。穆疾之，辞不相见。冀部令长闻穆济河，解印绶去者四十余人。”

○刘陶等数千太学生为朱穆请愿。

《后汉书》卷四十三《朱穆传》:“有宦者赵忠丧父，归葬安平，僭为玙璠、玉匣、偶人。穆闻之，下郡案验。吏畏其严明，遂发墓剖棺，陈尸出之，而收其家属。帝闻大怒，征穆诣廷尉，输作左校。太学书生刘陶等数千人诣阙上书讼穆曰……帝览其奏，乃赦之。”

○孔融生。

《后汉书》卷七十《孔融传》:“孔融字文举，鲁国人。孔子二十世孙也。……(建安十三年)下狱弃市。时年五十六。”

【考论】孔融卒于建安十三年(208)，年五十六岁。以此推之，孔融当生

---

① 严可均辑:《全后汉文》，商务印书馆1999年版，第996页。

② 参见刘跃进:《蔡邕行年考略》，刘跃进:《秦汉文学论丛》，凤凰出版社2008年版，第197页。

于本年。

桓帝永兴二年(154)　甲午　七十六岁

○十一月,马融作《上林颂》。

《艺文类聚》卷一百引《典论》曰:"议郎马融,以永兴中,帝猎广城,融从。是时北州遭水潦蝗虫,融撰《上林颂》以讽。"①《后汉书》卷七《孝桓帝纪》:"(永兴二年)冬十一月甲辰,校猎上林苑,遂至函谷关,赐所过道傍年九十以上钱,各有差。"

【考论】据史书记载,桓帝"永兴"年号仅使用了一年零八个月,而此期间仅有一次田猎上林苑记载。《后汉书》卷七《孝桓帝纪》:"(永兴二年)冬十一月甲辰,校猎上林苑,遂至函谷关,赐所过道傍年九十以上钱,各有差。"可见,马融《上林颂》当作于本年。《上林颂》,《全后汉文》未录。历代对此多有论述。挚虞《文章流别论》:"若马融《广成》《上林》之属,纯为今赋之体,而谓之颂,失之远矣。"《文心雕龙·颂赞》:"马融之《广成》《上林》,雅而似赋,何弄文而失质乎!"隋代杜台卿所编《玉烛宝典》卷三引《上林颂》:"鹑鷃如烟。"②可见,马融作有《上林颂》可信。

○赵岐议大臣行三年丧。

《后汉书》卷六十四《赵岐传》:"永兴二年,辟司空掾。议二千石得去官为亲行服,朝廷从之。"

○二月,令大臣行三年丧。

《后汉书》卷七《孝桓帝纪》:"二月辛丑,初听刺史、二千石行三年丧服。"《后汉纪》卷二十一《孝桓皇帝纪上》:"二月,初听刺史、二千石三年丧。"

---

① 欧阳询:《艺文类聚》,上海古籍出版社1982年版,第1730—1731页。
② 杜台卿:《玉烛宝典》,《续修四库全书》第885册,上海古籍出版社2002年版,第38页。

桓帝永寿元年(155)　乙未　七十七岁

○正月,改元永寿。

《后汉书》卷七《孝桓帝纪》:“永寿元年春戊申,大赦天下,改为永寿。”

○刘陶作《上疏陈事》。

《后汉书》卷五十七《刘陶传》:“时大将军梁冀专朝,而桓帝无子,连岁荒饥,灾异数见,陶时游太学,乃上疏陈事曰……”《后汉纪》卷二十一《孝桓皇帝纪上》:“永寿元年……时梁氏威势倾天下,而上无继嗣,灾异数见,颍阴人刘陶上疏曰……”

○崔寔撰《四民月令》。

《后汉书》卷五十二《崔寔传》:“出为五原太守。五原土宜麻枲,而俗不能织绩,民冬月无衣,积细草而卧其中,见吏则衣草而出。寔至官,斥卖储峙,为作纺绩、织纴、练缊之具以教之,民得以免寒苦。”

【考论】《四民月令》佚,今有任兆麟、王谟、严可均等人辑本。陆侃如云:“《全后汉文》卷四十七载《四民月令》残文。撰著年月无考,以本传叙事推之,也许在五原任上。”[①]陆说甚是,此从之。

○赵岐为大将军梁冀所辟。

《后汉书》卷六十四《赵岐传》:“其后为大将军梁冀所辟,为陈损益求贤之策,冀不纳。”

【考论】赵岐为梁冀所辟在其议大臣服丧之后,故系于本年。

○曹操生。

《三国志》卷一《曹操传》:“太祖武皇帝,沛国谯人也,姓曹,讳操,字孟德。……二十五年春正月……庚子,王崩于洛阳,年六十六。”

【考论】曹操卒于建安二十五年(220),年六十六岁。以此推之,曹操当生于本年。

桓帝永寿二年(156)　丙申　七十八岁

○正月,初听中官得行三年服。

---

① 陆侃如:《中古文学系年》,人民文学出版社1985年版,第208页。

《后汉书》卷七《孝桓帝纪》:“二年春正月,初听中官得行三年服。”《后汉纪》卷二十一《孝桓皇帝纪上》:“二年春正月,初听中常侍行三年丧。”

○五月,蔡邕作《玄文先生李休碑》。

蔡邕《玄文先生李休碑》:“以永寿二年夏五月乙未卒……乃刊斯石。”

○鲁相韩敕立《礼器碑》。

《鲁相韩敕造孔庙礼器碑》(简称《礼器碑》):“惟永寿二年……”

○诏复课试诸生。

《通典》卷十三《选举一》:“永寿二年甲午,诏复课试诸生,补郎、舍人。其后复制:‘学生满二岁,试通二经者,补文学掌故;其不通二经者,须后试复随辈试,试通二经者,亦得为文学掌故。其已为文学掌故者,满二岁,试能通三经者,擢其高第,为太子舍人;其不得第者,后试复随辈试,第复高者,亦得为太子舍人。已为太子舍人,满二岁,试能通四者者,擢其高第,为郎中;其不得第者,后试复随辈试,第复高者,亦得为郎中。已为郎中,满二岁,试能通《五经》者,擢其高第,补吏,随才而用;其不得第者,后试复随辈试,第复高,亦得补吏。’”

桓帝永寿三年(157)　丁酉　七十九岁

○正月,大赦,崔寔作《大赦赋》。

《后汉书》卷七《孝桓帝纪》:“三年春正月己未,大赦天下。”《大赦赋》云:“惟汉之十一年四月,大赦,涤恶弃秽,与海内更始。”

【考论】桓帝建和元年(147)即位,至此年恰好十一年,故云“汉之十一年”。桓帝永寿三年“大赦”在正月,而崔赋所言“四月大赦”,“四”当为“正”之误。

○太学生刘陶作《改铸大钱议》,反对铸大钱。

《后汉书》卷五十七《刘陶传》:“时有上书言人以货轻钱薄,故致贫困,宜改铸大钱。事下四府群僚及太学能言之士。陶上议曰……帝竟不铸钱。”《后汉纪》卷二十一《孝桓皇帝纪上》:“是时有人上书,言人所以贫困者,货轻也,欲更铸钱。事下群臣及太学之士。时刘陶等在太学,议曰:‘伏读铸钱之诏……’上从之。”又见《资治通鉴》卷五十四。

○魏朗为九直都尉,破贼,为议郎。

《后汉书》卷六十七《党锢列传·魏朗传》:“魏朗……从博士郤仲信学《春秋图纬》,又诣太学受《五经》,京师长者李膺之徒争从之。……会九真贼起,乃共荐郎为九真都尉。到官,奖厉吏兵,讨破群贼,斩首二千级。桓帝美其功,征拜议郎。”《后汉书》卷七《孝桓帝纪》:“三年……夏四月,九真蛮夷叛,太守兒式讨之,战殁。遣九真太尉魏朗击破之。”

桓帝永寿四年　桓帝延熹元年(158)　戊戌　八十岁

○六月,改元延熹。

《后汉书》卷七《孝桓帝纪》:“六月戊寅,大赦天下,改元延熹。”

○八月,樊迁作《汉故中常侍骑都尉樊君之碑》。

《古文苑》卷十九《汉故中常侍骑都尉樊君之碑》:“以永寿四年二月甲辰卒。……延熹元年八月二十四日丁酉下。”[①]

【考论】樊安卒于延熹八年(158),据此,本文当作于本年八月。《后全汉文》题名作《中常侍樊安碑》。

○陈龟作《拜度辽将军临行上疏》。

《后汉书》卷五十一《陈龟传》:“永和五年,拜使匈奴中郎将。……后再迁,拜京兆尹。……会羌胡寇边,杀长吏,驱略百姓,桓帝以龟世谙边俗,拜为度辽将军。龟临行,上疏曰……帝觉悟,乃更选幽、并刺史,自营郡太守都尉以下,多所革易,下诏‘为陈将军除并、凉一年租赋,以赐吏民’。龟既到职,州郡重足震栗,鲜卑不敢近塞,省息经用,岁以亿计。”

【考论】《资治通鉴》卷五十四系于本年,不知何据,此姑从之。

① 章樵注:《古文苑》,上海古籍出版社1993年版,第337页。

○赵岐避难江湖近十年。

《后汉书》卷六十四《赵岐传》:“先是中常侍唐衡兄玹为京兆虎牙都尉,郡人以玹进不由德,皆轻侮之。岐及从兄袭又数为贬议,玹深毒恨。延熹元年,玹为京兆尹,岐惧祸及,乃与从子戬逃避之。玹果收岐家属宗亲,陷以重法,尽杀之。岐遂逃难四方,江、淮、海、岱,靡所不历。”赵岐《孟子题辞》:“少蒙义方,训涉典文。知命之际,婴戚于天,遘屯离蹇,诡姓遁身,经营八纮之内,十有余年,心剿形瘵,何勤如焉?尝息肩弛担于济、岱之间,或有温故知新,雅德君子,矜我劬瘁,眷我皓首,访论稽古,慰以大道。”

【考论】《孟子题辞》所言“知命之际”指的是五十岁。如上所说,赵岐生于安帝永初三年(109),至本年正好五十岁,故赵岐避难江湖当在本年。

桓帝延熹二年(159)　己亥　八十一岁

○郑玄师事马融。

《后汉书》卷三十五《郑玄传》:“以山东无足问者,乃西入关,因涿郡卢植,事扶风马融。”《后汉书》卷六十四《卢植传》:“少与郑玄俱事马融,能通古今学,好研精而不守章句。”

【考论】对于郑玄师事马融的时间,以及师从马融时间的长短,学者们意见不一。《后汉书·郑玄传》:“玄在门下,三年不得见……会融集诸生考论图纬,闻玄善算,乃召见于楼上,玄因从质诸疑义,问毕辞归。”据此,不少学者认为郑玄师从马融仅三年。其实不然。《说郛》卷九十四上窦苹《酒谱》引《郑玄别传》:“时与卢子幹相善,在门下七年,以母老归养。”[①]龚向农云:“在门七年,则似可据。郑君事马融,三年始得见,既见之后,从质疑义,必非数月可了。……见后即辞归。历时太遽,似于情事未协。”[②]王利器云:“在门下三年始得见,决无一见便去之理。则玄在融门下,当以七年为允。”[③]龚、王二人所言甚是。郑玄从马融受业当为七年。

---

① 陶宗仪编:《说郛》,影印文渊阁《四库全书》第881册,台湾商务印书馆1986年版,第341页。

② 转引自王利器:《郑康成年谱》,齐鲁书社1983年版,第55页。

③ 王利器:《郑康成年谱》,齐鲁书社1983年版,第51—52页。

马融为一代大儒,无论是地位还是学术造诣,当时儒师无出其右者。马融当是郑玄求学的最后一站。马融卒于延熹九年(166)。郑玄《戒子益恩书》云:“年过四十,乃归供养。”郑玄生于永建二年(127),至延熹九年(166)刚好四十岁,与郑玄所言“年过四十”大体相合[①]。郑玄辞别马融不会早于延熹九年(166),否则与本传所言“年过四十”不合。

郑玄师从马融七年,以此推之,郑玄当于延熹二年(159)始师事马融。

○三月,复断大臣行三年丧。

《后汉书》卷七《孝桓帝纪》:“三月,复断刺史、二千石行三年丧。”《后汉纪》卷二十一《孝桓皇帝纪上》:“二年三月甲午,绝刺史、二千石行三年丧。”

○三月,张休作《崖涘铭》。

孙星衍辑《续古文苑》卷十四《崖涘铭》云:“汉延熹二年三月初。”[②]

○七月,袁著作《诣阙上疏》,请抑损梁冀权限,为梁冀所害。

《后汉书》卷三十四《梁冀传》:“时郎中汝南袁著,年十九,见冀凶纵,不胜其愤,乃诣阙上书曰:‘……今大将军位极功成,可为至戒,宜遵悬车之礼,高枕颐神。传曰:本实繁者,披枝害心。若不抑损权盛,将无以全其身矣。……’书得奏御,冀闻而密遣掩捕著。著乃变易姓名,后托病伪死,结蒲为人,市棺殡送。冀廉问知其诈,阴求得,笞杀之,隐蔽其事。”

○八月,诛梁冀,中常侍单超等俱封侯。自是权归宦官。

《后汉书》卷七《孝桓帝纪》:“大将军梁冀谋为乱。八月丁丑,帝御前殿,诏司隶校尉张彪将兵围冀第,收大将军印绶,冀与妻皆自杀。……其封超等五人为县侯,勋等七人为亭侯。”《后汉书》卷三十四《梁冀传》:“使光禄勋袁盱持节收冀大将军印绶,徙封比景都乡侯。冀及妻寿即日皆自杀。”《后汉书》卷七十八《宦者列传·单超传》:“五人同日封,故世谓之‘五侯’。又封小黄门刘普、赵忠等八人为乡侯。自是权归宦官,朝廷日乱矣。”

○胡广等以梁冀党免官。

《后汉书》卷七《孝桓帝纪》:“太尉胡广坐免,司徒韩缜、司空孙朗下

---

① 龚向农云:“辞融当在是年,融未卒以前,郑君年甫四十,盖至明年,乃抵高密,故云‘年过四十’也。”转引自王利器:《郑康成年谱》,齐鲁书社1983年版,第66页。龚氏所言甚是。

② 孙星衍辑:《续古文苑》,中华书局1985年版,第827页。

狱。”《后汉书》卷四十四《胡广传》：“延熹二年，大将军梁冀诛，广与司徒韩缜、司空孙朗坐不卫宫，皆减死一等，夺爵土，免为庶人。”《后汉书》卷六十一《黄琼传》：“明年，梁冀被诛，太尉胡广、司徒韩缜、司空孙朗皆坐阿附免废。”

○陈蕃作《荐徐稺等疏》。

《后汉书》卷五十三《徐稺传》：“延熹二年，尚书令陈蕃、仆射胡广等上疏荐稺等曰……桓帝乃以安车以玄纁，备礼征之，并不至。”《后汉书》卷六十六《陈蕃传》：“征为尚书令，送者不出郭门。迁大鸿胪。会白马令李云抗疏，桓帝怒，当伏诛。蕃上书救云，坐免归田里。复征拜议郎，数日迁光禄勋。”《后汉书》卷七《孝桓帝纪》：“三年……闰（正）月……白云令李云坐直谏，下狱死。”《后汉书》卷五十七《李云传》：“大鸿胪陈蕃上疏救云曰……”

【考论】陈蕃早于李云事件之前已由尚书令迁为大鸿胪，且此后再未任尚书令。《后汉纪》卷二十二《孝桓皇帝纪下》系于延熹五年（162），显然误。考之《后汉书·桓帝纪》及《胡广传》，胡广历任多职，却不曾任仆射。延熹元年六月，胡广代黄琼为太尉，延熹二年八月，梁冀诛，胡广坐免。可见“仆射”当为“太尉”之误。

○崔寔以梁冀故吏免官，遭禁锢。

《后汉书》卷五十二《崔寔传》：“会梁冀诛，寔以故吏免官，禁锢数年。”

○八月，初置秘书监。

《后汉书》卷七《孝桓帝纪》：“八月……初置秘书监官。”《东观汉记》卷三《威宗孝桓皇帝纪》：“二年……初置秘书监，掌典图书，古今文字，考合异同。”

○李云作《露布上书移副三府》，桓帝大怒，杀之。

《后汉书》卷五十七《李云传》：“桓帝延熹二年，诛大将军梁冀，而中常侍单超等五人皆以诛冀功并封列侯，专权选举。又立掖庭民女亳氏为皇后，数月间，后家封者四人，赏赐巨万。是时，地数震裂，众灾频降。云素刚，忧国将危，心不能忍，乃露布上书，移副三府，曰……帝得奏震怒，下有司逮云，诏尚书都护剑戟送黄门北寺狱，使中常侍管霸与御史尉杂考之。时弘农五官掾杜众伤云以忠谏列罪，上书愿与云同日死。帝愈怒，遂并下廷尉。大鸿胪陈蕃上疏救云曰……太常杨秉、洛阳市长沐茂、郎中上官资并上疏请云。帝恚甚，有司奏以为大不敬。诏切责蕃、秉，免归田里；茂、资贬秩二等。……顾使小黄门可其奏，云、众皆死狱中。”

○陈蕃作《救李云疏》。

《后汉书》卷六十六《陈蕃传》：“会白马令李云抗疏谏，桓帝怒，当伏诛。蕃上书救云，坐免归田里。”《资治通鉴》卷五十四系于本年。

○陈蕃作《谏封赏内宠疏》。

《后汉书》卷六十六《陈蕃传》：“复征拜议郎，数日迁光禄勋。时封赏逾制，内宠猥盛，蕃乃上疏谏曰……帝颇纳其言，为出宫女五百余人，但赐俊关内侯，而万世南乡侯。”《资治通鉴》卷五十四系于本年。

○爰延作《星变上封事》。

《后汉书》卷四十八《爰延传》：“帝以延儒生，常特宴见。时太史令上言客星经帝坐，帝密以问延。延因上封事曰……帝省其奏。因以病自上，乞骸骨还家。”《资治通鉴》卷五十四系于本年。

○黄琼代胡广为太尉。后五侯擅权，称疾不起。

《后汉书》卷六十一《黄琼传》：“明年，梁冀被诛。太尉胡广、司徒韩缜、司空孙朗皆坐阿附免废。复拜琼为太尉，以师傅之恩，而不阿梁氏，乃封为邟乡侯。邑千户。琼辞疾让封六七上，言旨恳恻，乃许之。梁冀既诛，琼首居公位，举奏州郡素行贪污至死徙者十余人，海内由是翕然望之。寻而五侯擅权，倾动内外，自度力不能匡，乃称疾不起。”《后汉纪》卷二十一《孝桓皇帝纪上》：“是时新诛梁冀，天下想望异政。故琼首为三公，多奏州县诸不法死徙者十余人，海内翕然，副其耳目，上委任之。会单超等五侯擅权，琼自度力不能制，乃称疾不朝。”

○蔡邕被征入京，行至偃师，称疾而归。

《后汉书》卷六十下《蔡邕传》：“桓帝时，中常侍徐璜、左悺等五侯擅恣，邕善鼓琴，遂白天子，敕陈留太守督促发遣。邕不得已，行至偃师，称疾而归。闲居玩古，不交当世。感东方朔《客难》及杨雄、班固、崔骃之徒设疑以自通，乃斟酌群言，韪其是而矫其非，作《释诲》以戒厉云尔。”

○蔡邕作《汝南周勰碑》。

《后汉书》卷六十一《周勰传》:"常隐处窜身,慕老聃清静,杜绝人事,巷生荆棘,十有余岁。至延熹二年,乃开门延宾,游谈宴乐,及秋而梁冀诛,年终而勰卒,时年五十。蔡邕以为知命。"蔡邕《汝南周勰碑》:"至延熹二年,乃更辟门延宾,享宴娱乐。及秋而梁氏诛灭。十二月君卒。"

【考论】周勰卒于本年,蔡邕《汝南周勰碑》当作于本年。

○荀悦能说《春秋》。

《后汉书》卷六十二《荀悦传》:"悦年十二,能说《春秋》。家贫无书,每之人间,所见篇牍,一览多能诵记。性沉静,美姿容,尤好著述。"

【考论】荀悦生于桓帝建和二年(148),至本年十二岁,故系于本年。

桓帝延熹三年(160)　庚子　八十二岁

○蔡邕作《述行赋》和《霖雨赋》。

《述行赋》载《艺文类聚》卷二十七及《古文苑》卷二十一。《述行赋》云:"延熹二年秋,霖雨逾月。是时梁冀新诛,而徐璜、左悺等五侯擅贵于其处。又起显阳苑于城西。人徒冷饿,不得其命者甚众。白马令李云以直言死。鸿胪陈君以救云抵罪。璜以余能鼓琴,白朝廷,敕陈留太守发遣余。到偃师,病不前,得归。心愤此事,遂托所过,述而成赋。"《后汉书》卷七《孝桓帝纪》:"三年春(闰正月)……白马令李云坐直谏,下狱死。"《后汉书》卷五十七《李云传》:"大鸿胪陈蕃上疏救曰……帝恚甚,有司奏以为大不敬。诏切责蕃、秉,免归田里。……云、众皆死狱中。"

【考论】《述行赋》言及李云之死,而李云死于延熹三年正月,故知此赋当作于延熹三年,并非延熹二年。《霖雨赋》:"夫何季秋之淫雨兮……起饰带而抚琴。"此赋亦当作于此时。

○蔡邕作《释诲》。

《后汉书》卷六十下《蔡邕传》:"邕不得已,行至偃师,称疾而归。闲居玩古,不交当世。感东方朔《客难》及杨雄、班固、崔骃之徒设疑以自通,乃斟酌群言,韪其是而矫其非,作《释诲》以戒厉云尔。"

【考论】蔡邕归后“闲居玩古,不交当世”,可见《释诲》当作于归隐时,故系于本年。

桓帝延熹四年(161)　辛丑　八十三岁

○七月,桓帝始卖官。

《后汉书》卷七《孝桓帝纪》:“秋七月……占卖关内侯、虎贲、羽林、缇骑营士、五大夫钱各有差。”《资治通鉴》卷五十四:“秋,七月……占卖关内侯、虎贲、羽林、缇骑营士、五大夫钱各有差。”

○秋,皇甫规作《上疏言羌事》。

《后汉书》卷七《孝桓帝纪》:“先零沈氐羌与诸种羌寇并凉二州。十一月,中郎将皇甫规击破之。”《后汉书》卷六十五《皇甫规传》:“延熹四年秋,叛羌零吾等与先零别种寇钞关中,护羌栏尉段熲坐征。后先零诸种陆梁,覆没营坞。规素悉羌事,志自奋效,乃上疏曰……至冬,羌遂大合,朝廷为忧,三公举规为中郎将,持节监关西兵,讨零吾等,破之,斩首八百级。”

【考论】《资治通鉴》卷五十四系于本年,此从之。

○蔡邕作《济北相崔君夫人诔》。

蔡始《济北相崔君夫人诔》:“维延熹四年,故济北相夫人卒。”

【考论】崔瑗夫人卒于本年,故蔡邕《济北相崔君夫人诔》当作于本年。

○崔寔因司空黄琼荐,拜辽东太守。行道,遭母丧归。

《后汉书》卷五十二《崔寔传》:“时鲜卑数犯边,诏三公举威武谋略之士,司空黄琼存寔,拜辽东太守。行道,母刘氏病卒,上疏求归葬行丧。”《后汉书》卷七《孝桓帝纪》:“六月……司空虞放免,前太尉黄琼为司空。……九月,司空黄琼免,大鸿胪刘宠为司空。”蔡邕《济北相崔君夫人诔》:“维延熹四年,故济北相夫人卒。”

【考论】黄琼此次为司空在六至九月间,崔寔母卒于本年。可见崔寔为太辽东太守及归母丧当在本年。

桓帝延熹五年(162)　壬寅　八十四岁

○马融召见郑玄。

《后汉书》卷三十五《郑玄传》:"玄在门下,三年不得见……闻玄善算,乃召见于楼上。"

【考论】郑玄于延熹二年(159)师事马融,至本年正好三年,故马融召见郑玄当在本年。

○十月,冯绲作《请监军疏》。

《后汉书》卷七《孝桓帝纪》:"冬十月,武陵蛮叛,寇江陵,南郡太守李肃坐奔北弃市。辛丑,以太常冯绲为车骑将军,讨之。……十一月,冯绲大破叛蛮于武陵。"《后汉书》卷三十八《冯绲传》:"时长沙蛮寇益阳,屯聚积久,至延熹五年,众转盛,而零陵蛮贼复反应之,合二万余人,攻烧城郭,杀伤长吏。又武陵蛮夷悉反,寇掠江陵间,荆州刺史刘度、南郡太守李肃并奔走荆南,皆没。于是拜绲为车骑将军,将兵十余万人讨之,诏策绲曰……绲性烈直,不行贿赂,惧为所中,乃上疏曰:'势得容奸,伯夷可疑;苟曰无猜,盗跖可信。故乐羊陈功,文侯示以谤书。愿请中常侍一人监军财费。'"

○十月,朱穆作《奏劾冯绲》。

《后汉书》卷七《孝桓帝纪》:"冬十月,武陵蛮叛,寇江陵,南郡太守李坐奔北弃市。辛丑,以太常冯绲为车骑将军,讨之。"《后汉书》卷三十八《冯绲传》:"尚书朱穆奏绲以财自嫌,失大臣之节。有诏勿劾。"《后汉纪》卷二十二《孝桓皇帝纪下》:"冬十月,武陵蛮夷反,车骑将军冯绲讨之。绲上书曰……尚书朱穆奏曰:'臣闻出郊之事,将军制之,所以崇威信,合事宜也。即绲有嫌不当荷任,即绲无嫌义不见疑。乐羊战国陪臣,犹赖见信之主,以全其功。况唐、虞之朝而有猜嫌之事哉?绲设虚端以自阻卫,为臣不忠。'帝寝其奏。"

○十一月,杨秉作《上言吏职》。

《后汉书》卷五十四《杨秉传》:"五年冬,代刘矩为太尉。是时宦官方炽,任人及子弟为官,布满天下,竞为贪淫,朝野嗟怨。秉与司空周景上言:

‘内外吏职,多非其人……’帝从之。于是秉条奏牧守以下匈奴中郎将燕瑗、青州刺史羊亮、辽东太守孙谊等五十余人,或死或免,天下莫不肃然。”

○朱穆作《上疏请罢省宦官》,反对用宦者为中常侍。

《后汉书》卷四十三《朱穆传》:“穆居家数年,在朝诸公多有相推荐者,于是征拜尚书。穆既深疾宦官,及在台阁,旦夕共事,志欲除之,乃上疏曰……帝不纳。后穆因进见,口复陈曰:‘臣闻汉家旧典,置侍中、中常侍各一人,省尚书事,黄门侍郎一人,传发书奏,皆用姓族。自和熹太后以女主称制,不接公卿,乃以阉人为常侍,小黄门通命两宫。自此以来,权倾人主,穷困天下。宜皆罢遣,博选耆儒宿德,与参政事。’帝怒,不应。穆伏不肯起。左右传出,良久乃趋而去。自此中官数因事称诏诋毁之。穆素刚,不得意,居无几,愤懑发疽。延熹六年,卒,时年六十四。”《后汉纪》卷二十二《孝桓皇帝纪下》:“五年……尚书朱穆奏曰……穆又上书言……上不从穆。后复见,口陈奏,上不悦。穆伏不起,左右叱穆出。于是宦者宦者更共称诏以诘让,穆愤激发疽而卒。”

【考论】朱穆卒于明年(163),朱穆上疏谏罢宦官当在本年。《资治通鉴》卷五十四系于延熹六年(163),显然过晚。

○蔡邕作《与人书》(其二)。

蔡邕《与人书》(其二):“邕薄祜,早丧二亲。年逾三十,鬓发二色。叔父亲之,犹若幼童。居则侍坐,食则比豆。”

【考论】蔡邕生于顺帝阳嘉二年(133),至本年三十岁。《全后汉文》将此文收入《书》(四首)之中,未单独列出。此命名从邓安生《蔡邕集编年校注》。

○皇甫规作《上疏自讼》。

《后汉书》卷六十五《皇甫规传》:“规出身数年,持节为将,拥众立功,还督乡里,既无他私惠,而多所举奏,又恶绝宦官,不与交通,于是中外并怨,遂共诬规货赂群羌,令其文降。天子玺书诮让相属,规惧不免,上疏自讼曰……其年冬,征还拜议郎。”

【考论】《资治通鉴》卷五十四系于本年,此从之。

○太学生张凤等三百余人诣阙为皇甫规请恩。

《后汉书》卷六十五《皇甫规传》:“其年冬,征还拜议郎。论功当封。而中常侍徐璜、左悺欲从求货,数遣宾客就问功状,规终不答。璜等忿怒,陷以前事,下之于吏。官属欲赋敛请谢,规誓而不听,遂以余寇不绝,坐系廷尉,论输左校。诸公及太学生张凤等三百余人诣阙讼之。会赦,归家。”

○孔融至京师洛阳。

《后汉书》卷七十《孔融传》:“年十岁,随父诣京师。”

【考论】据《后汉书》卷七十《孔融传》,孔融卒于建安十三年(208),年五十六岁。以此推之,孔融当生于桓帝元嘉三年(153),至本年十岁。

桓帝延熹六年(163)　癸卯　八十五岁

○四月,朱穆卒。

《后汉书》卷四十三《朱穆传》:“延熹六年,卒,时年六十四。……所著论、策、奏、教、书、诗、记、嘲,凡二十篇。”又见《资治通鉴》卷五十四。蔡邕《朱穆坟前方石碑》:“延熹六年粤四月丁巳,文忠公益州太守朱君名穆,字公叔,卒于京师。”

【考论】《隋书》卷三十五《经籍志四》:“梁又有益州刺史《朱穆集》二卷,录一卷,亡。”《全后汉书》录其文十一篇,《先秦汉魏晋南北朝诗》录其诗一首。

○四月,蔡邕作《朱公叔谥议》《朱穆坟前方石碑》和《鼎铭》。

《朱穆坟前方石碑》:“延熹六年粤四月丁巳,文忠公益州太守朱君名穆,字公叔,卒于京师。”《鼎铭》:“朱公名穆……延熹六年夏四月乙巳卒于官,天子痛悼……作兹宝鼎,铭载休功。”

【考论】朱穆卒于本年四月,故蔡邕此三文当作于此时。

○十月,陈蕃作《谏幸广城校猎疏》。

《后汉书》卷七《孝桓帝纪》:“冬十月丙辰,校猎广成,遂幸函谷关、上林苑。”《后汉书》卷六十六《陈蕃传》:“延熹六年,车驾幸广城校猎,蕃上疏谏曰……书奏不纳。”《后汉纪》卷二十二《孝桓皇帝纪下》:“十月,上幸广成校猎。光禄勋陈蕃上书谏曰……上不纳。”

○王延寿作《桐柏淮源庙碑》。

《桐柏淮源庙碑》:“延熹六年正月八日乙酉。”

【考论】据此,此文当作于本年。

○蔡邕作《荐皇甫规表》。

蔡邕《荐皇甫规表》:“即起家参拜为泰山太守,屠斩桀黠,绥抚茕弱,青、兖之间,迄用康义。自是以来,方外有事,戎狄猾华,进简前勋,连见委任,伏节举麾,威灵神行,演化凶悍,使为悫愿。……诚宜试用。”《后汉书·皇甫规传》:“公车特征规,拜太山太守。规到官,广设方略,寇贼悉平。延熹四年秋,叛羌零吾等与先零别种寇钞关中……三公举规为中郎将,持节监关西兵,讨零吾等,破之,斩首八百级。先零诸种羌慕规威信,相劝降者十余万。明年……东羌遂遣使乞降,凉州复通。……其年(五年)冬,征还拜议郎,论功当封。……遂以余寇不绝,坐系廷尉,论输左校。诸公及太学生张凤等三百余人诣阙讼之。会赦,归家。征拜度辽将军。”《后汉书》卷八十七《西羌传》:“四年,零吾复与先零及上郡沈氐、牢姐诸种并力寇并、凉及三辅。……中郎将皇甫规击破之。五年,沈氐诸种复寇张掖、酒泉,皇甫规招之。皆降。事已具《规传》。”

【考论】蔡邕文所述为泰山太守及征击羌人,皆与皇甫规本传合。可见蔡邕此文当作于本年皇甫规罢官归家之时。

桓帝延熹七年(164)　甲辰　八十六岁

○马融以病去官。

《后汉书》卷六十上《马融传》:“复拜议郎,重在东观著述,以病去官。”

○高彪谒马融,融有疾,不获见,乃覆刺遗马融书。

《后汉书》卷八十下《文苑列传下·高彪传》:“(高彪)尝从马融欲访大义,融疾不获见,乃覆刺遗融书曰:‘承服风问,从来有年,故不待介者而谒大君子之门,冀一见龙光,以叙腹心之愿。不图遭疾,幽闭莫启。昔周公旦父文兄武,九命作伯,以尹华夏,犹挥沐吐餐,垂接白屋,故周道以隆,天下归德。公今养痾傲士，故其宜也。’融省书惭，追谢还之，彪逝而不顾。”

【考论】马融于本年以病去官，高彪谒之当在本年。

○杨秉作《上疏谏任左右除拜》。

《后汉书》卷五十四《杨秉传》：“七年，南巡园陵，特召秉从。南阳太守张彪与帝微时有旧恩，以车驾当至，因傍发调，多以入私。秉闻之，下书责让荆州刺史，以状副言公府。及行至南阳，左右并通奸利，诏书多所除拜。秉复上疏谏曰……于是诏除乃止。”

○黄琼作《疾笃上疏》，不久卒。

《后汉书》卷六十一《黄琼传》：“七年，疾笃，上疏谏曰：‘……臣至顽驽，世荷国恩，身轻位重，勤不补过，然惧于永殁，负衅益深。敢以垂绝之日，陈不讳之言，庶有万分，无恨三泉。’其年卒，时年七十九。”

【考论】黄琼文中“惧于永殁”“重绝之日”“无恨三泉”等语表明此是黄琼死前不久之作。《后汉纪》卷二十一《孝桓皇帝纪上》将此文系于延熹二年(159)，时梁冀初诛，黄琼为太尉，不应有如此垂暮之语。可见《后汉纪》误。

○蔡邕作《荆州刺史度侯碑》。

《后汉书》卷三十八《度尚传》：“延熹五年，长沙、零陵贼合七八千人，自称‘将军’，入桂阳、苍梧、南海、交耻，交耻刺史及苍梧太守望风逃奔，二郡皆没。……又遣谒者马睦，督荆州刺史刘度击之，军败，睦、度走之。桓帝诏公卿举任代刘度者，尚书朱穆举尚，自右校令擢为荆州刺史。尚躬率部曲，与同劳逸，广募杂种诸蛮夷，明设购赏，进击，大破之，降者万余人。……尚出兵三年，群寇悉定。七年，封右乡侯，迁桂阳太守。明年，征还京师。……尚后为辽东太守，数月，鲜卑率兵攻尚，与战，破之，戎狄惮畏。年五十，延熹九年，卒于官。”

【考论】此碑未言及度尚任荆州刺史之后的事，可见其为功德碑，故系于本年[①]。

---

① 参见邓安生《蔡邕年谱》，邓安生：《蔡邕集编年校注》，河北教育出版社2006年版，第595页。

○史弼作《虑渤海王为乱上封事》。

《后汉书》卷六十四《史弼传》:“是时桓帝弟渤海王悝素行险辟,僭傲多不法。弼惧其骄悖为乱,乃上封事曰……帝以至产,不忍下其事。后悝竟坐逆谋,贬为瘿陶王。”《后汉纪》卷二十二《孝桓皇帝纪下》:“是时勃海王悝骄慢僭侈,不奉法度,见上无子,阴有嗣汉之望。北军中候史弼上疏曰……上以至亲,不问其事。”

【考论】《后汉纪》将此文系于本年,此从之。

○寇荣作《上书陈情》。

《后汉书》卷十六《寇荣传》:“延熹中,遂陷以罪辟,与宗族免归故郡。吏承望风旨,持之浸急,荣恐不免,奔阙自讼。未至,刺史张敬追劾荣以擅去边,有诏捕之。荣逃窜数年,会赦令,不得除,积穷困,乃自亡命中上书曰……帝省章愈怒,遂诛荣。寇氏由是衰废。”

【考论】《资治通鉴》卷五十五系于本年,此从之。

桓帝延熹八年(165)　乙巳　八十七岁

○正月,刘瑜作《延熹八年举贤良方正上书陈事》,再对策,拜议郎。

《后汉书》卷五十七《刘瑜传》:“刘瑜字季节,广陵人也。……瑜少好经学,尤善图谶、天文、历算之术。州郡礼请不就。延熹八年,太尉杨秉举贤良方正,及到京师,上书陈事曰……于是特诏召瑜问灾咎之征,指事案经谶以对。执政者欲令瑜依违其辞,而更策以它事。瑜复悉心以对,八千余言,有切于前,帝竟不能用。拜为议郎。”

○正月,刘淑作《延熹八年日蚀举贤良方正对策》。

《后汉书》卷六十七《党锢列传·刘淑传》:“永兴二年……淑不得已而赴洛阳,对策为天下第一,拜议郎。又陈时政得失,灾异之占,事皆效验。……上疏以为宜罢宦官,辞甚切直,帝虽不能用,亦不罪焉。”《后汉纪》卷二十二《孝桓皇帝纪下》:“八年春正月……丙申晦,日有蚀之,诏公、卿、校尉举贤良方正各一人。河南刘淑对曰……”

○正月,杨秉作《奏劾侯参》。

《后汉书》卷五十四《杨秉传》:“七年,南巡园陵,特召秉从。……时中常侍侯览弟参为益州刺史,累有臧罪,暴虐一州。明年,秉劾奏参,槛车征诣廷尉。参惶恐,道自杀。秉因奏览及中常侍具瑗曰……书奏,尚书召对秉掾属曰……尚书不能诘。帝不得已,竟免览官,而削瑗国。”

○五月,蔡邕作《太尉杨秉碑》。

蔡邕《太尉杨秉碑》:“延熹八年五月丙戌薨。”

【考论】杨秉卒于本年,故蔡邕《太尉杨秉碑》当作于本年。

○七月,陈蕃为太尉,作《理刘瓆等疏》。

《后汉书》卷七《孝桓帝纪》:“秋七月,太中大夫陈蕃为太尉。”《后汉书》卷六十六《陈蕃传》:“八年,代杨秉为太尉。……时小黄门赵津、南阳大猾张汜等,奉事中官,乘势犯法,二郡太守刘瓆、成瑨考案其罪,虽经赦令,而并竟考杀之。宦官怨恚,有司承旨,遂奏瓆、瑨罪当弃市。又山阳太守翟超,没入中常侍侯览财产,东海相黄浮,诛杀下邳令徐宣,超、浮并坐髡钳,输作左校。蕃与司徒刘矩、司空刘茂共谏请瓆、瑨、超、浮等,帝不悦。有司劾奏之,矩、茂不敢复言。蕃乃独上疏曰……帝得奏愈怒,意无所纳。”《资治通鉴》卷五十五:“秋,七月,以太中大夫陈蕃为太尉。”《后汉纪》卷二十二《孝桓皇帝纪下》:“冬十月丙寅,太中大夫陈蕃为太尉。……蕃又上书曰……”

【考论】《后汉纪》系于本年十月,误,此从《后汉书》。

○八月,蔡邕作《王子乔碑》。

《水经注》卷二三《汳水注》引《仙人王子乔碑》:“延熹八年秋八月,皇帝遣使者奉牺牲,致礼祠,濯之,敬肃如也。”[①]

蔡邕《王子乔碑》:“延熹八年秋八月……国相东莱王璋字伯仪……乃与长史乾访及士隶,遂树之玄石,纪颂遗烈。”

【考论】《水经注》所引《王子乔碑》乃蔡邕所作。

---

① 郦道元著,陈桥驿校证:《水经注校证》,中华书局2007年版,第559页。

○八月,边韶作《老子铭》,蔡邕书之。

《隶释》卷三《老子铭》云:"延熹八年八月甲子,皇上……梦见老子。"① 《隶释》卷二十七《天下碑录》著录《汉老子铭》云:"在卫真县太清宫,边韶作,蔡邕书。"②

○十月,应奉作《上疏谏立后》。

《后汉书》卷七《孝桓帝纪》:"二月……癸亥,皇后邓氏废。……冬十月……辛巳,立贵人窦氏为皇后。"《后汉书》卷四十八《应奉传》:"及邓皇后败,而田贵人见幸,桓帝有建立之议。奉以田氏微贱,不宜超登后位,上书谏曰……帝纳其言,竟立窦皇后。"

○应奉作《理李膺等疏》。

《后汉书》卷六十七《党锢列传·李膺传》:"初,膺与廷尉冯绲、大司农刘祐等共同心志,纠罚奸倖,绲、祐时亦得罪输作。司隶校尉应奉上疏理膺等曰……书奏,乃悉免其刑。"《后汉书》卷六十六《陈蕃传》:"八年,代杨秉为太尉。……中常侍苏康、管霸等复被任用,遂排陷忠良,共相阿媚。大司农刘祐、廷尉冯绲、河南尹李膺,皆以忤旨,为之抵罪。蕃因朝会,固理膺等,请加原宥,升之爵任。言及反复,诚辞恳切。帝不听,因流涕而起。"《后汉书》卷三十八《冯绲传》:"复为廷尉。时山阳太守单迁以罪系狱,绲考致其死。迁,故车骑将军单超之弟,中官相党,遂共诽章诬绲,坐与司隶校尉李膺、大司农刘祐俱输左校。应奉上疏理绲等,得免。"

【考论】据《陈蕃传》,陈蕃为李膺等上疏在其理刘瓆等之后。陈蕃上疏无果,而应奉上疏,使得李膺等悉免其刑,可见应奉上疏在陈蕃上疏之后。《资治通鉴》卷五十五将《理李膺等疏》列于《上疏谏立后》之后,此从之。

○十一月,陈蕃作《因火灾上疏》。

《后汉书》志第十四《五行志二》:"八年二月己酉,南宫嘉德署、黄龙、千秋万岁殿皆火。四月甲寅,安陵园寝火。闰月,南宫长秋、和欢殿后钩盾、掖庭朔平署各火。十一月壬子,德阳殿前殿西阁及黄北寺火,杀人。"注:"袁山

---

① 洪适:《隶释》(与《隶续》合刊),中华书局1986年版,第36页。

② 洪适:《隶释》(与《隶续》合刊),中华书局1986年版,第288页。

松《书》曰：是时连月有火灾，诸宫寺或一日再三发。又夜有讹言，击鼓相惊。陈蕃、刘矩、刘茂上疏谏曰……书奏不省。”

〇延笃作《与段纪明书》。

《后汉书》卷六十五《段颎传》：“（延熹）八年春……颎凡破西羌斩首二万三千级，获生口数万人，马牛羊八百万头，降者万余落。封颎都乡侯，邑五百户。”

〇袁闳筑土室自居。

《后汉书》卷四十五《袁闳传》：“延熹末，党事将作，闳遂散发绝世，欲投迹深林。以母老不宜远遁，乃筑土室，四周于庭，不为户，自牖纳饮食而已。”

〇第一次党锢起于张俭事。

《后汉书》卷六十七《党锢列传·张俭传》：“延熹八年，太守翟超请东部督邮。时中常侍侯览家在防东，残暴百姓，所为不轨。俭举劾览及其母罪恶，请诛之。览遏绝章表，并不得通，由是结仇。乡人朱并，素性佞邪，为俭所弃，并怀怨恚。遂上书告俭与同郡二十四人为党，于是刊章讨捕。……其所经历，伏重诛者以十数，宗亲并皆殄灭，郡县为之残破。”

〇李膺惩杀宦官张让之弟。

《后汉书》卷六十七《党锢列传·李膺传》：“再迁，复拜司隶校尉。时张让弟朔为野王令，贪残无道，至乃杀孕妇，闻膺厉威严，惧罪逃还京师，因匿兄让弟舍，藏于合柱中。膺知其状，率将吏破柱取朔，付洛阳狱。受辞毕，即杀之。”

【考论】明年（166），党事起，李膺下狱，李膺杀张让之弟当在本年。《资治通鉴》卷五十五系于延熹七年（164）。

桓帝延熹九年（166）　丙午　八十八岁

〇郑玄辞别马融东归。

《说郛》卷九十四上窦苹《酒谱》引《郑玄别传》：“时与卢子幹相善，在门下七年，以母老归养。”

【考论】郑玄于延熹二年（159）师事马融，至本年正好七年，故郑玄辞别马融东归当在本年。

○马融作《遗令》,卒于家。

《后汉书》卷六十上《马融传》:“年八十八,延熹九年卒于家。”马融《遗令》见《太平御览》卷六百九十一和七百三。

○荀爽作《延熹九年举至孝对策陈便宜》。

《后汉书》卷六十二《荀爽传》:“延熹九年,太常赵典举爽至孝,拜郎中。对策陈便宜曰……”《后汉纪》卷二十二《孝桓皇帝纪下》:“(永康元年六月)甲寅,诏公卿、校尉举贤良方正各一人,颍川荀爽对策曰……”《资治通鉴》卷五十五:“春,正月,辛卯朔,日有食之。诏公卿、郡国举至孝。太常赵典所举荀爽对策曰……”

【考论】本年诏举至孝,而下年永康元年(167)仅诏举贤良方正,故知《后汉纪》误,《后汉书》和《资治通鉴》不误。

○十二月,党祸起,大捕党人。

《后汉书》卷七《孝桓帝纪》:“冬十二月……司隶校尉李膺等二百余人受诬为党人,并坐下狱,书名王府。”《后汉书》卷六十七《党锢列传序》:“逮桓灵之间,主荒政谬,国命委于阉寺,士子羞与为伍,故匹夫抗愤,处士横议,遂乃激扬名声,互相题拂,品核公卿,裁量执政,婞直之风,于斯行矣。……于是天子震怒,班下郡国,逮捕党人,布告天下,使同忿疾,遂收执膺等。其辞所连及陈寔之徒二百余人,或有逃遁不获,皆悬金购募。使者四出,相望于道。明年,尚书霍谞、城门校尉窦武并表为请,帝意稍解,乃皆赦归田里,禁锢终身。而党人之名,犹书王府。”又见《后汉纪》卷二十二《孝桓皇帝纪下》。

○郦炎作《郦篇》。

《古文苑》卷十郦炎《遗令书》:“我十七而作《郦篇》。”章樵注云:“《郦篇》《州书》皆字学之书。”①

【考论】《后汉书》卷八十下《文苑列传下·郦炎传》:“(郦)炎有文才,解音律,言论给捷,多服其能理。灵帝时,州郡辟命,皆不就。有志气,作诗二

① 章樵注:《古文苑》,上海古籍出版社1993年版,第277页。

篇曰……熹平六年，遂死狱中，时年二十八岁。”以此推之，郦炎当生于桓帝和平元年(150)，至本年十七岁，故《郦篇》作于本年。

○李膺等人下狱，陈蕃作《理李膺等疏》，被免官。

《后汉书》卷七《孝桓帝纪》：“司隶校尉李膺等二百余人受诬为党人，并坐下狱，书名书府。”《后汉书》卷六十六《陈蕃列传》：“九年，李膺等以党事下狱考实。蕃因上疏极谏曰……帝讳其言切，托以蕃辟召非其人，遂策免之。”

○太学生皆推重陈蕃、李膺。

《后汉纪》卷二十二《孝桓皇帝纪下》：“是时太学生三万余人，皆推先陈蕃、李膺，被服其行。”

○党锢起，郑玄隐修经业，杜门不出。

《后汉书》卷三十五《郑玄传》：“玄自游学，十余年乃归乡里。家贫，客耕东莱，学徒相随已数百千人。及党事起，乃与同郡孙嵩等四十余人俱被禁锢，遂隐修经业，杜门不出。”郑玄《戒子益恩书》：“年过四十，乃归供养，假田播殖，以娱朝夕。”

○党锢起，郭太闭门教授。

《后汉书》卷六十八《郭太传》：“及党事起，知名之士多被其害，唯林宗及汝南袁闳得免焉。遂闭门教授，弟子以千数。”

○党锢起，魏朗免归。

《后汉书》卷六十七《党锢列传·魏朗传》：“会被党议，免归家。朗性矜严，闭门整法度，家人不见堕容。”

○赵岐作《御寇论》。

《后汉书》卷六十四《赵岐传》：“岐欲奏守边之策，未及上，会坐党事免，因撰次以为《御寇论》。”

【考论】《御寇论》早佚，《全后汉文》未录。

○应奉作《感骚》三十篇。

《后汉书》卷四十八《应奉传》：“及党事起，奉乃慨然以疾自退。追愍屈原，因以自伤，著《感骚》三十篇，数万言。”

○荀爽隐于海上。

《后汉书》卷六十二《荀爽传》:“后遭党锢,隐于海上,又南遁汉滨,积十余年,以著述为事,遂称为硕儒。”

○陈纪著《陈子》。

《后汉书》卷六十二《陈纪传》:“及遭党锢,发愤著书数万言,号曰《陈子》。”

○范冉归隐乡闾。

《后汉书》卷八十一《独行列传·范冉传》:“遭党人禁锢,遂推鹿车,载妻子,捃拾自资,或寓息客庐,或依宿树荫。如此十余年,乃结草室而居焉。所止单陋,有时粮粒尽,穷居自若,言貌无改。闾里歌之曰:‘甑中生尘范史云,釜中生鱼范莱芜。’”

○襄楷作《诣阙上疏》《复上书》《诏诣尚书问状对》。

《后汉书》卷三十下《襄楷传》:“好学博古,善天文阴阳之术。桓帝时,宦官专朝,政刑暴滥,又比失皇子,灾异尤数。延熹九年,楷自家诣阙上疏曰……书奏不省。十余日,复上书曰……书上,即召诣尚书问状。楷曰……帝以楷言虽激切,然皆天文恒象之数,故不诛,犹司寇论刑。”

○窦武作《上表谏宦官封侯》。

《后汉书》卷六十九《窦武传》:“武少以经行著称,常教授于大泽中,不交时事,名显关西。延熹八年,长女选入掖廷,桓帝以为贵人,拜武郎中。其冬,贵人立为皇后,武迁越骑校尉,封槐里侯,五千户。明年冬,拜城门校尉。”《后汉纪》卷二十二《孝桓皇帝纪下》:“时诸黄门无功而侯者,大将军窦武上表曰……武数进忠言,辞旨恳恻。李膺等被赦,由武申救之也。”

【考论】《后汉书》卷八《孝灵帝纪》:“建宁元年春正月壬午,城门校尉窦武为大将军。”《后汉书》卷六十九《窦武传》:“其冬帝崩,无嗣。武召侍御史河间刘儵,参问其国中王子侯之贤者,儵称解渎亭侯宏。武入白太后,遂征立之,是为灵帝。拜武为大将军。”窦武前为城门都尉,直至灵帝即位,方为大将军。《后汉纪》称窦武为“大将军”,显然误。

○马融妾约氏。

《元和姓纂》卷十:“马融妾约氏。”[1]

○马融子马强。

《三辅决录》卷二:“(马)融子强又受吏白向钱六十万,布三百匹。”

○马融长女。

《后汉书》卷八十四《列女传·袁隗妻传》:“(袁)隗又曰:‘弟先兄举,世以为笑。今处姊未适,先行可乎?’对曰:‘妾姊高行殊邈,未遭良匹,不似鄙薄,苟然而已。’”

【考论】马伦称“妾姊”,可见其尚有一姊。

○马融三女马芝作《申情赋》。

《后汉书》卷八十四《列女传·袁隗妻传》:“伦妹芝,亦有才义。少丧亲长而追感,乃作《申情赋》云。”

○马融族子马日磾。

《三辅决录》卷二:“马日磾,字翁叔,马融之族子,少傅融业,以才学进,历九卿,遂登台辅。”《后汉书》卷六十上《马融传》:“族孙日磾,献帝时位至太傅。”

【考论】《三辅决录》云马日磾为马融“族子”,而《后汉书·马融传》云“族孙”。《三辅决录》为赵岐所作,赵岐妻乃马敦之女、马融从妹。赵岐虽少于马融,但二人可算作同时代人,故此从《三辅决录》,《后汉书》当误。《后汉书·蔡邕传》:“熹平四年,(蔡邕)乃与五官中郎将堂溪典,光禄大夫杨赐,谏议大夫马日磾,议郎张驯、韩说,太史令单飏等,奏求正定《六经》文字。”马日磾后为射声校尉、太尉、太常、太傅等职。献帝兴平元年(194)卒。

---

① 林宝:《元和姓纂》,影印文渊阁《四库全书》第890册,台湾商务印书馆1986年版,第747页。

结语　马融与他的时代

马融出身于东汉著名外戚家族，其通过自身不懈的努力而成为当时著名的文学家和经学家。马融活了八十八岁，为官五十余载，几经风雨沉浮。多元身份、丰富的阅历和不羁的个性使得马融的一生充满传奇色彩。马融的一生，不仅生动地展现了一代士人的坎坷命运，也展现了他生活时代的斑斓色彩。

一、东汉世族的变迁

经过几年征战，光武帝刘秀一统天下，于是追随他征战的将领多一跃成为豪门贵族，如邓禹、耿弇、窦融、马援、梁统等。随着时间的流逝，先祖的光环逐渐淡去，这些家族不得不寻求其他的途径来保持家族的政治地位。扶风马氏最早借外戚身份来振兴家族，保持地位。马援卒后，身受诬陷，以致不敢还葬旧茔。经马严与马援妻子"草索相连，诣阙请罪"（《后汉书·马援传》）后，方得归葬。马氏失势后，数为权贵所侵侮。马援之侄马严乃白马援夫人，"绝窦氏婚，求进女掖庭"（《后汉书·皇后纪上·明德马皇后纪》），于是马援小女选入太子宫为妃。明帝继位（58），马援小女被立为贵人，三年后（60）被立为皇后。章帝继位，马皇后被尊为皇太后，至建初四年（79）崩。数十年间，马氏家族显赫一时，马皇后三兄，皆居高位，封侯；马严、马敦兄弟皆居高位，马严先后保四子为郎。

此后，众多军功贵族皆效用此法。自随光武帝后，窦融一直尊宠无比，"自祖及孙，官府邸第相望京邑，奴婢以千数，于亲戚、功臣中莫与为比"（《后汉书·窦融传》）。可是至明帝时，窦氏转衰。窦融兄子窦林以罪诛，窦融长子窦穆因罪免官,后窦穆及其子窦勋皆下狱死。章帝建初二年(77),窦氏献窦勋二女入宫。次年,长女立为皇后,次女为贵人。马皇后崩后马氏衰,新外戚窦氏兴。窦固先代马防为光禄勋(81),后代马光为卫尉(82)。窦皇后兄窦宪出击匈奴,大胜。归来后,威名大振,权重一时。窦宪被诛后(92),邓氏渐兴。安帝时,邓皇后兄邓骘官至大将军,显赫一时。顺帝时,梁商女为皇后,妹为贵人,于是拜梁商为大将军。梁商卒后,其子梁冀为大将军。梁冀先后立二帝,至桓帝时,其权势熏天,不可一世。

从以上分可以看出,自光武帝以降,早期的军功家族往往献女于太子宫,以外戚身份来保持家族地位,甚至藉此获得更大的权势。这样,早期的军功家族逐渐转变为外戚世家。从军功家族向外戚世家的转变,是东汉时期世族发展的一个明显趋势。

二、大将军制度的变迁

西汉时便设有大将军之职,但其地位不尊,故霍光、王凤为大将军时皆“置大司马官号以冠之”(《后汉书·百官志一》)。西汉时大将军不常设,故其对西汉政治的影响较为有限。到了东汉时期,大将军制度逐渐发生变化。东汉前期,各类将军“皆主征伐,事讫皆罢”(《后汉书·百官志一》)。如章帝时,马防先行车骑将军事(77),击羌有功,次年方正式拜为车骑将军,“还后罢”(《后汉书·百官志一》)。和帝时,窦宪先为车骑将军(88),北击匈奴,立大功后方拜为大将军(89)。此后,窦宪一直任大将军之职,直至其被诛(92)。和帝时,邓骘先为车骑将军,击羌大败,归来后(107)依然升迁为大将军。因母丧(110),邓骘罢大将军一职。安帝时,帝舅耿宝为大将军,“常在京都”(《后汉书·百官志一》)。顺帝时,“以皇后父、兄、弟相继为大将军,如三公焉”(《后汉书·百官志一》)。梁商女为皇后,妹为贵人,于是梁商直接被拜为大将军(134),梁商死后,其子梁冀则直接继承大将军之职(144)。后来,窦武、何进皆以外戚身份直接为大将军。可见,大将军一职由东汉前期的不常设,变得常设;大将军由前期因军功升迁,转变为外戚的专有职务。

光武帝时,大将军及各类将军"位在公下"(《后汉书·百官志一》)。后来,由于各种原因,大将军地位不断提升。车骑将军本在三公之下,后与三公并列。《后汉书·邓骘传》:"延平元年,拜骘车骑将军、仪同三司。仪同三司,始自骘也。"后阎显为车骑将军,亦仪同三司。大将军原本位于三公下,后高于三公。东汉窦宪征伐匈奴有功,又因其为窦太后之兄,故归来后拜为大将军。《后汉书·窦宪传》:"旧大将军位在三公下,置官属依太尉。宪威权震朝庭,公卿希旨,奏宪位次太傅下,三公上。长史、司马秩中二千石,从事中郎二人六百石,自下各有增。"注云:"《续汉志》,太尉长史千石,掾属二十四人,令史及御属二十二人也。"因太后之故,窦宪以大将军执掌朝廷,权倾于时,以至其与和帝车驾会长安时,"尚书以下议欲拜之,伏称万岁"(《后汉书·韩棱传》)。顺帝时,梁冀以梁皇后兄身份继其父梁商为大将军。因太后之故和废立之功,梁冀军府人员倍增。《后汉书·梁冀传》:"建和元年,益封冀万三千户,增大将军府举高第茂才,官属倍于三公。"桓帝时,梁冀掌控朝政,权势熏天。《后汉书·梁冀传》:"于是有司奏冀入朝不趋,剑履上殿,谒赞不名,礼仪比萧何。……以殊元勋。每朝会,与三公绝席。十日一入,平尚书事,宣布天下,为万世法。"此后,窦武、何进等皆以外戚身份为大将军,执掌朝政。可见,东汉一朝大将军的地位不断提升,权力不断扩张。

三、仕进制度的变迁

东汉时期,大将军、骠骑将军等地位不断提升,权力不断扩张。大将军、车骑将军等除了自辟幕府之外,还拥有各种察举、推荐权力。如梁冀为大将军时"增大将军府举高第茂才"(《后汉书·梁冀传》)。这使得将军手下幕僚们有更多、更好的升迁机会。《后汉书·窦宪传》:"刺史、守令多出其门"(《后汉书·窦宪传》)。《后汉书·崔骃传》:"(窦)宪府贵重,掾属三十人,皆故刺史、二千石。"刺史、二千石皆入窦宪幕府,可见其幕府的吸引力很大。

随着地位的提升,大将军、车骑将军幕府成员数量也不断增多。窦宪为大将军时,其幕府成员"各有增"(《后汉书·窦宪传》),而梁冀为大将军时,其军府人员倍增。属员名额的增多使得其幕府可以容纳更多的人员。与此同时,一些将军为了提升自己的声誉,有意识招揽一些名士入其幕府,如窦宪、邓骘、梁冀等。这些使得东汉中后期许多文人投身权重位尊的大将军、车骑将军等将军幕府,入幕成为文人的一种重要仕进之途。班固因母丧去官,因而入窦宪幕府。崔骃未被授官,因而入窦宪幕府。以至有些文人多年辗转于各将军幕府之间。傅毅曾先后为车骑将军马防和大将军窦宪幕府。崔骃先为度辽将军邓遵幕府,后为车骑将军阎显幕府。陈禅先辟车骑将军邓骘府,后辟车骑将军阎显府。崔瑗先辟度辽将军邓遵幕府,后辟车骑将军阎显府。赵岐先辟大将军梁冀府,后为车骑将军张温长史。从史料记载来看,东汉时期有不少幕府人员渐迁至二千石及以上,以至一些丞相早年曾任职幕府。如杨震曾入邓骘幕府,李固、周举和马融等曾入梁商、梁冀幕府等。

马融因世乱而屈就于大将军邓骘幕府。因仕途多舛,马融入大将军梁商幕府,于是很快转为武都太守。后又入大将军梁冀幕府,于是迁为南都太守。马融三入大将军幕府,三入东观校书,不仅表明幕府已成为文人的一种重要的仕进之途,也表明滞于东观是许多文士的命运常态。

四、文士的经学化

自汉武帝独尊儒术以来,儒经成为学子的蒙学读物,儒学逐渐成为士人知识结构的重要组成部分。西汉前期作家较少受到经学影响,如司马相如、王褒等。到了西汉后期,随着社会儒学化的加深,文人亦不断被经学化,如刘向、刘歆、扬雄等,皆精通经学。扬雄仿《周易》作《太玄》,仿《论语》作《法言》。

到了东汉时期,文人经学化更为明显。东汉时期,谶纬学盛行于世,几乎所有的文人都通于纬学,如杜笃、班固、张衡、黄香、马融等。不仅如此,东汉时期的众多文人都是经学家,他们不仅精通经学,而且多撰有经学著作。班固撰《白虎通义》,张衡撰《周官训诂》,蔡邕撰《月令章句》,马融经学著作多达十余种。总之,随着社会的经学化加深,文人逐渐经学化,以至经学家化,实乃汉代文学发展的必然结果。

五、士人儒道兼容的变迁

自汉武帝独尊儒术之后，儒学盛行于世。到了西汉后期，由于政治危机和社会危机的加深，道家思想逐渐受到学者们青睐，许多学者往往儒道兼修。这在扬雄身上表现得很明显。扬雄是一位坚定的纯儒，他极力宣扬儒家伦理教化，这在《法言》和《太玄》等著作中有不少表现。但在性格与处理态度方面，扬雄颇染道家气息，其“为人简易佚荡”，“清静亡为，少耆欲，不汲汲于富贵，不戚戚于贫贱，不修廉隅以徼名当世。家产不过十金，乏无儋石之储，晏如也”（《汉书·扬雄传》）。东汉前期的王充亦是儒道兼容的代表。王充早年接受了较为正规的经学教育，其受儒家思想影响很大，这在其经学观、孔孟观、儒生观等中得到了很好的体现。同时王充亦多受道家思想影响。在思想方面，王充崇尚自然，崇尚黄老，主张无为。在处世方面，王充恬淡自适，“不好徼名于世，不为利害见将”（《论衡·自纪》）。张衡亦是如此，一方面他积极用世，另一方面他“从容淡静”“不慕当世”（《后汉书·张衡传》）。不管是西汉的扬雄，还是东汉的王充、张衡，儒道思想在他们身上得到了较好的统一，他们以儒家思想治世，以道家思想修身，以道家的淡泊与守静来获得心理的解脱。

儒道兼容在马融身上则表现得非常与众不同。在马融身上，知行是相分的，儒道是相分的，他以儒为知，以道为行。他过于追求全身与任情，以致逐渐走到了儒家纲常和社会道德的背面。他耽于声色，曲媚于权贵，以至受贿索财等。马融式的儒道兼容，实开魏晋士人忠孝两分、知行两分的先河。

总之，从马氏家族和马融身上，我们看到的不仅仅是一个知识分子、一个家族的命运沉浮，而是一代时代的发展与变迁。

附　录

一、先秦两汉马氏世系

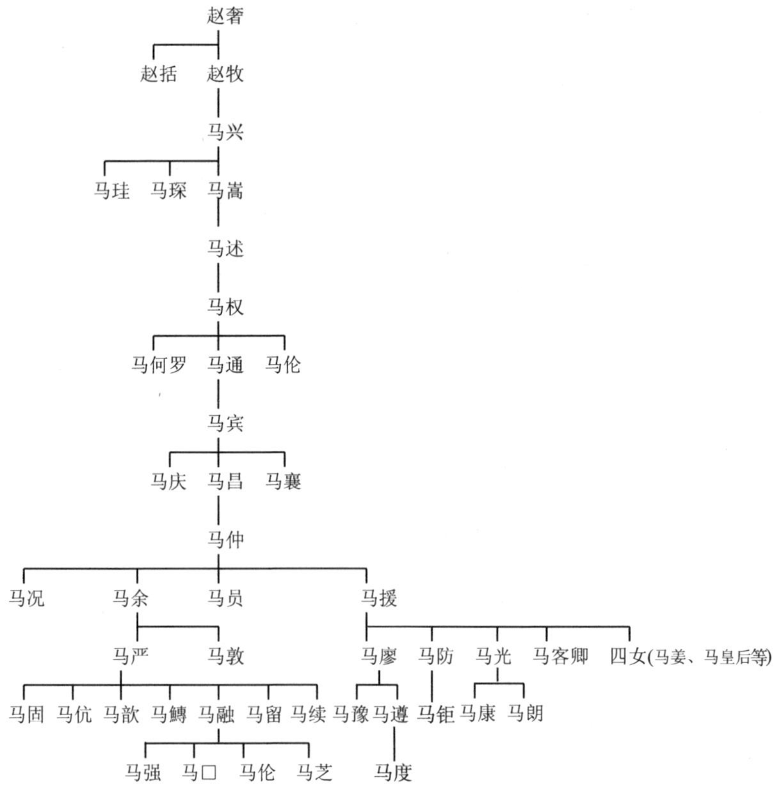

二、马融著述

《后汉书·马融传》云："著《三传异同说》，注《孝经》《论语》《诗》《易》《三礼》《尚书》《列女传》《老子》《淮南子》《离骚》，所著赋、颂、碑、诔、书、记、表、奏、七言、琴歌、对策、遗令，凡二十二篇。"这些著作在流传过程中逐渐亡佚，现将马融著述存亡情况作一简单考述。

（一）文章类

1.《长笛赋》

存，全文载《文选》卷十八，《艺文类聚》卷四十四有删节。

2.《琴赋》

残，《艺文类聚》卷四十四录有片断。《文选·司马彪〈赠山涛诗〉》注、《文选·颜延之〈曲水诗序〉》及《文选·刘伶〈酒德颂〉》注，皆录有残句。

3.《围棋赋》

存，全文载《艺文类聚》卷七十四及《古文苑》卷五。

4.《樗蒲赋》

存，全文载《艺文类聚》卷七十四。

5.《龙虎赋》

亡，仅存一句，《史记集解·陈平世家》注引。

6.《广成颂》

存，全文载《后汉书·马融传》。

7.《东巡颂》

存，全文载《文馆词林》卷三百四十六①。严可均《全后汉文》仅从《艺文类聚》《初学记》和《太平御览》中辑得片断。《艺文类聚》卷三十九收录的较为完整，《初学记》卷十三和《太平御览》卷五百三十七录有佚文数句。

案：《北堂书钞》卷一百二十四：马融《东巡颂》云："飞绛旗之彪虎，载日月而招摇，建匏瓜之齐斧，舞河鼓之灵韬。"此数句与《文馆词林》中所载字词

① 罗国威：《日藏弘仁本文馆词林校证》，中华书局2001年版，第108—110页。

多有差异,故录于此。

8.《梁大将军西第颂》

残,《后汉书 · 马融传》载马融作此颂一事。严可均从《南齐书 · 礼志》《通典》以及《文选注》和《太平御览》中辑得佚文 4 条。其中从《文选注》中辑得 1 条:“胡桃自零。”

案:《北堂书钞》卷一百五十四:马融《西第颂》:“仲秋阴中节,胡桃已零落。”此条较严氏所辑更为完整,故补录于后。

9.《上疏乞自效》

存,全文载《后汉书 · 马融传》。

10.《又陈星孛》

残,《后汉书 · 马融传》载有数句。

案:《马融传》所载可能是片断,非全文。

11.《阳嘉二年举敦朴对策》

存,全文载袁宏《后汉纪》卷十八。孙星衍《续古文苑》卷六作“阳嘉二年京师地震对策”。

案:袁宏《后汉纪》卷十八《孝顺帝纪上》:“己亥,京都地震。五月庚子,诏曰:‘朕以不德,统奉洪业,无以承顺乾坤,协和阴阳,灾眚屡见,咎征仍彰。群公卿士将何以匡辅朕之不逮,奉答灾异?灾异不空设,必有所应。其各举敦朴士一人,直言厥咎,靡有所讳。’汉中李固对曰……扶风马融对曰:‘臣闻立天之道曰阴与阳……’上览众对,以李固对为第一。”《后汉书 · 马融传》:“阳嘉二年,诏举敦朴,城门校尉岑起举融,征诣公车,对策,拜议郎。”因地震等灾异,顺帝下诏举敦朴,李固、马融等对策。可见《举敦朴对策》和《阳嘉二年京师地震对策》实为一篇。

12.《飞章虚诬李固》

存,全文载《后汉书 · 李固传》。

13.《上书请赦庞参梁慬》

存,全文载《后汉书 · 庞参传》。

14.《延光四年日蚀上书》

存,《续汉书 · 五行志六》注载有全文。张溥所编《汉魏六朝百三名家集·马季长集》中此篇作“上论日蚀疏”。

案:此文不太可能作于延光四年,故严可均《全后汉文》命名不确。

15.《奏马贤事》

残,《北堂书钞》卷一百三十二录有数句。

案:《太平御览》卷七百八:“马融奏马贤于军中帐内施毹毲,士卒飘于风雪。”此条,严可均《全后汉文》未提及,亦未摘录,故补录于后。

16.《与窦伯向书》

亡,《艺文类聚》卷三十一载有片断,《北堂书钞》卷三十三所载相同,但少末尾十余字。

17.《与谢伯世书》

残,《艺文类聚》卷九十一和《太平御览》卷九百二十六载有片断,二者大体全同。

案:《太平御览》卷九百二十六录有片断,严可均《全后汉文》作“卷九百三十六”,误。

18.《遗令》

亡,《太平御览》卷六百九十一和卷七百三各存录佚文 1 条。

案:《太平御览》卷七百十二:马融《遗令》曰:“穿中不得下铜虎,况它铜物。”此条严可均《全后汉文》未收,故补录于后。

19.《自叙》

残,《世说新语·文学》注引百余字。

20.《书序》①

残,《尚书正义·泰誓序》引二百余字。

21.《上林颂》

亡,《艺文类聚》卷一百“蝗”条引《典论》曰:“议郎马融,以永兴中,帝猎广城,融从。是时北州遭水潦蝗虫,融撰上林颂以讽。”挚虞《文章流别论》:“若马融《广成》《上林》之属,纯为今赋之体,而谓之颂,失之远矣。”《文心雕龙·颂赞》:“马融之《上林》《广成》,雅而似赋,何弄文而失质乎?”隋人杜亚

① 以上 20 种可见于严可均《全后汉文》卷十八,以下数种严氏皆未言及。

卿所撰《玉烛宝典》卷三注文云：马融《上林颂》曰："鹈鹕如烟。"[①]

22.《七厉》

存目。傅玄《七谟序》："于通儒大才马季长、张平子亦引其源而广之，马作《七厉》，张造《七辨》。"（《太平御览》卷五百九十）《文心雕龙·杂文》："崔瑗《七厉》。"范文澜注曰："《七厉》乃马融所作。"

23.《周官传叙》

《后汉书·儒林列传下》："中兴，郑众传《周官经》，后马融作《周官传》，授郑玄，玄作《周官注》。"贾公彦《周礼注疏·序周礼废兴》：是以《马融传》云："自秦孝公已下，用商君之法，其政酷烈，与《周官》相反……此比多多，吾甚闵之久矣。"又云："至六十，为武都守。郡小少事，乃述平生之志，著《易》《尚书》《诗》《礼传》，皆讫，惟念前业未毕者唯《周官》。年六十有六，目瞑意倦，自力补之，谓之《周官传》也。"

24.《马融集》

《隋书·经籍志》："后汉南郡太守《马融集》九卷。"《旧唐书·经籍志》："《马融集》五卷。"《新唐书·艺文志》："《马融集》五卷。"《后汉书·马融传》李贤注引3条：《融集》云："茂陵成懽里人也。"《融集》云："时兄伉子在融舍物故，融因是自劾而归。"《融集》云："时左将奏融遭兄子丧，自劾而归，离署当免官。制云：融典校秘书，不推忠尽节，而羞薄诏除，希望欲仕州郡，免官勿罪。"另，司马彪《续汉书·五行志六》刘昭注："案马融《集》，是时融为许令，其四月庚申，自县上书曰：'伏读诏书，陛下深惟禹、汤罪己之义，归咎自责……以应用良择人之义，以塞大义也。'"

（二）经注类

洪亮吉《通经表》云："（马）融通十一经，为《易》《书》《诗》《三礼》《三传》《论语》《古文孝经》。"

1.《周易注》

《后汉书·马融传》载，马融曾注《易》。《后汉书·儒林列传上》："建武中，范升传《孟氏易》，以授杨政，而陈元、郑众皆传《费氏易》，其后马融亦为

① 杜亚卿：《玉烛宝典》，《续修四库全书》第885册，上海古籍出版社2002年，第38页。

其传。融授郑玄,玄作《易注》,荀爽又作《易传》,自是《费氏》兴,而《京氏》遂衰。"

《经典释文序录》:"马融《(易)传》十卷。《七录》云九卷。"《隋书·经籍志》:"梁又有汉南郡太守马融注《周易》一卷,亡。"又云:"后汉陈元、郑众,皆传费氏之学。马融又为其传,以授郑玄。"《旧唐书·经籍志》:《周易》十卷,马融章句。《周易》十卷,马、郑、二王集解。《新唐书·艺文志》:马融《易章句》十卷。

案:宋代之后,不见著录,可见此书亡于宋代。马融《周易注》有多种辑本。朱彝尊《经义考·易七》辑有《马氏周易注》。孙堂《汉魏二十一家易注》辑《马融周易传》一卷。张惠言《易义别录》辑《周易马氏》。马国翰辑有《周易马氏传》三卷。黄奭《汉学堂丛书》和《黄氏逸书考》辑有《易传》一卷。胡薇元《玉津丛书甲集·汉易十三家下》辑《周易马融传》。臧庸《问经堂丛书》辑《马王易义》一卷。另外,唐晏《两汉三国学案》辑录《马氏易注》10 条。

2.《尚书传》

《后汉书·马融传》载,马融曾注《尚书》。《后汉书·儒林列传下》:"扶风杜林传《古文尚书》,林同郡贾逵为之作训,马融作传,郑玄注解,由是《古文尚书》遂显于世。"

《经典释文序录》:"马融《(尚书)注》十一卷。"《隋书·经籍志》:"《尚书》十一卷,马融注。"又云:"后汉扶风杜林,传《古文尚书》,同郡贾逵为之作训,马融作传,郑玄亦为之注。"《旧唐书·经籍志》:《古文尚书》十卷,马融注。《新唐书·艺文志》:马融《书传》十卷。

案:宋代之后,不见著录,可见此书亡于宋代。马融《尚书注》辑本有二种:王谟《汉魏遗书钞》辑有《尚书注》一卷;马国翰辑有《尚书马氏传》四卷。唐晏《两汉三国学案》辑录马融《尚书注》10 条。

3.《毛诗注》

《后汉书·马融传》载,马融曾注《诗》。《后汉书·儒林列传下》:"中兴后,郑众、贾逵传《毛传》,后马融作《毛诗传》,郑玄作《毛诗笺》。"

《经典释文序录》:"马融《(毛诗)注》十卷。无下袟。"《隋书·经籍志》:"梁有《毛诗》十卷,马融注,亡。"又云:"郑众、贾逵、马融,并作《毛诗传》,郑玄作《毛诗笺》。”

案:二《唐书》不见著录,可见此书亡于唐代。马融《毛诗注》辑本有二种:马国翰辑有《毛诗马氏注》一卷;黄奭《汉学堂丛书》和《黄氏逸书考》辑有《毛诗注》一卷。

4.《周官传》

《后汉书·儒林列传下》:“中兴,郑众传《周官经》,后马融作《周官传》,授郑玄,玄作《周官注》。”

《经典释文序录》:“马融注《周官》十二卷。”《隋书·经籍志》:“《周官礼》十二卷,马融注。”又云:“是后马融作《周官传》,以授郑玄,玄作《周官注》。”《旧唐书·经籍志》:《周官礼》十二卷,马融传。《新唐书·艺文志》:马融《周官传》十二卷。

案:宋代之后,不见著录,可见此书亡于宋代。马融《周官传》辑本有三种:马国翰辑有《周官传》一卷;王谟《汉魏遗书钞》辑有《周官传》一卷。黄奭《汉学堂丛书》和《黄氏逸书考》辑有《周官马融传》一卷。唐晏《两汉三国学案》辑录马融《周官注》10 条。

5.《丧服经传注》

《经典释文序录》:“马融、王肃……自马融以下并注《丧服》。”《通典·凶礼十》:“汉戴圣、闻人通汉皆以为父为长子斩者,以其为五代之嫡也。马融注《丧服经》用之。”《隋书·经籍志》:“《丧服经传》一卷,马融注。”《旧唐书·经籍志》:《丧服记》一卷,马融注。《新唐书·艺文志》:《丧服记》一卷。

案:宋代之后,不见著录,可见此书亡于宋代。

马融《丧服经传注》辑本有三种:王谟《汉魏遗书钞》辑马融《丧服经传》一卷;马国翰辑有《丧服经传马氏注》一卷;黄奭《汉学堂丛书》和《黄氏逸书考》辑有《马融仪礼丧服经传》一卷。唐晏《两汉三国学案》辑录马融《丧服经传注》107 条。

6.《礼记注》[①]

《后汉书·马融传》载,马融曾注《三礼》。《隋书·经籍志》:“汉末马

---

① 《后汉书·马融传》载,马融曾注《三礼》。如上所说,马融曾作《礼记注》《丧服经传注》和《周官传》。钱大昭《补续汉书艺文志》:“《马融三礼注》。”此说不确。

融，遂传小戴之学，融又定《月令》一篇、《明堂位》一篇、《乐记》一篇，合四十九篇。而郑玄受业于融，又为之注。”

《经典释文序录》：“后汉马融、卢植考诸家异同，附戴圣篇章，去其繁重及所叙略而行于世，即今之《礼记》是也。郑玄依卢、马之本而注焉。”

案：此书唐代便不见著录，可见此书亡于唐前。马融《礼记注》辑本有二种：王谟《汉魏遗书钞》辑马融《礼记注》（《周官传》附）；马国翰辑有《礼记马氏注》一卷。

7.《春秋三传异同说》

《后汉书 · 马融传》：“尝欲训《左氏春秋》，及见贾逵、郑众注，乃曰：‘贾君精而不博，郑君博而不精。既精且博，吾何载加焉！’但著《三传异同说》。”

《经典释文序录》：“南郡太守马融为三家同异之说。”

案：此书自汉代之后不见著录，可见早佚。马国翰辑有《春秋三传异同说》一卷。

8.《古文孝经注》

《后汉书 · 马融传》载，马融曾注《孝经》。

《经典释文序录》：“后汉马融亦作《古文孝经传》，而世不传。”《隋书 · 经籍志》：“梁有马融、郑众注《孝经》二卷，亡。”又云：“又有《古文孝经》……郑众、马融，并为之注。”

案：据《隋书 · 经籍志》记载，此书亡于梁代之前。王仁俊《玉函山房辑佚书续编》辑有《孝经马氏注》一卷（1 条）。

9.《鲁论语注》

《后汉书 · 马融传》载，马融曾注《论语》。

何晏《论语集解叙》：“顺帝之时，南郡太守马融亦为之训说。”皇侃疏：“汉有马氏，亦注张禹《鲁论》也。”皇侃《论语集解义疏序》：“至汉顺帝时，有南郡太守扶风马融字季长、建安中大司农北海郑玄字康成，又就《鲁论》篇章，考《齐》验《古》，为之注解。”[①]《经典释文序录》：“安昌侯张禹受《鲁论》于夏侯建……魏吏部尚书何晏集孔安国、包咸、周氏、马融、郑玄、陈群、王

① 何晏集解，皇侃义疏：《论语集解义疏》，影印文渊阁《四库全书》第 195 册，台湾商务印书馆 1986 年版，第 336 页。

肃、周生烈之说,并下己意为《集解》,正始中上之,盛行于世,今以为主。”《隋书·经籍志》:“张禹本授《鲁论》……号《张侯论》,当世重之。周氏、包氏,为之章句,马融又为之训。”

案:此书自汉代之后不见著录,可见早佚。马国翰辑有《论语马氏训说》二卷。

10.《古论语注》

何晏《论语集解叙》:“《古论》唯博士孔安国为之训说,而世不传。至顺帝之时,南郡太守马融亦为之训说。”①

案:此书早佚,金德建对马融注《古文论语》有所考证②。

11.《尚书中候注》

王仁俊《玉函山房辑佚书续编》辑有《尚书中侯马氏注》一卷(1条)。

案:各类史料均无马融注纬书记载,故马融是否注《尚书中侯》可再作探讨。

12.《老子注》

《后汉书·马融传》载,马融曾注《老子》。《南齐书·王僧虔》:“有书诫子曰……汝开《老子》卷头五尺许,未知辅嗣何所道,平叔何所说,马、郑何所异。”

案:此书自汉代之后不见著录,可见早佚。

13.《离骚注》

《后汉书·马融传》载,马融曾注《离骚》。

案:此书自汉代之后不见著录,可见早佚。

14.《淮南子注》

《后汉书·马融传》载,马融曾注《淮南子》。

案:此书自汉代之后不见著录,可见早佚。

15.《列女传注》

《后汉书·马融传》载,马融曾注《列女传》。

---

① 何晏集解,皇侃义疏:《论语集解义疏》,影印文渊阁《四库全书》第195册,台湾商务印书馆1986年版,第338页。

② 金德建:《马融、郑玄本古文〈论语〉考》,载金德建:《经今古文字考》,齐鲁书社1986年版。

案：此书自汉代之后不见著录，可见早佚。

（三）其他

1.《浑天说》

《太平御览》卷三百九十三：《语林》曰："马融算浑天，不合，召郑玄，令不算，一算，便决。"此表明马融的确研究过浑天说。

今各类书籍中保存了不少《浑天说》佚文。《北堂书钞》卷一百三十：马融《浑天说》："浑天仪可旋转，故曰玑衡，其横箫所以视星宿也。"①

《文选》卷五十三李康《运命论》："玑璇轮转，而衡轴犹执其中。"李善注：《尚书》曰"玑璇玉衡，以齐七政"，孔安国曰："玑衡，王者正天文之器，可运转者。"马融曰："玑璇，浑天仪，可转旋。"

《尚书正义·禹典》：马融云："浑天仪可转旋，故曰玑。衡，其横箫，所以视星宿也。以璿为玑，以玉为衡，盖贵天象也。"

《宋史·天文志一》：马融有云："上天之体不可得知，测天之事见于经者，惟有玑衡一事。玑衡者，即今之浑仪也。"此条可能为马融《浑天说》佚文。

2.《律章句》

马融注《律》，《后汉书》本传无载，后世史料对此却多有记载。《通典·刑制上》："（《盗律》《兴律》《厩律》）后人生意，各为章句，叔孙宣、郭令卿、马融、郑玄诸儒章句十有余家，家数十万言。凡断罪所当由用者，合二万六千二百七十二条，七百七十三万二千二百余言。言数益繁，览者益难。天子于是诏，但得用郑氏章句，不得杂用余家。"《晋书·刑法志》有类似的记载。

《北堂书钞》卷四十五：马融云："立秋乃施鞭扑。"案：此句论律，当出于马融《律章句》②。

此外，学者多认为《忠经》非马融所作，而是后人伪托。王应麟《玉海》卷四十一："马融撰，郑玄注。融述孝经之意作《忠经》，陈事君之要道始于立德，终于成功，凡十八章。"朱彝尊《经义考》卷二百七十九："按《忠经》盖拟

① 虞世南编：《北堂书钞》，影印文渊阁《四库全书》第889册，台湾商务印书馆1986年版，第650页。

② 马国翰《玉函山房辑佚书》将其收入马融《礼记·月令》"断薄刑"句注。

《孝经》而作。考之隋、唐《经籍》《艺文志》,俱不载,恐是伪托扶风马氏者。”姚际恒《古今伪书考·忠经》:“托名马融作,其伪无疑。张溥《汉魏六朝文集》,列于融集中,何也?”

三、马融史料汇编

《东观汉记·马融传》:“马融与伯世书曰:‘愦愦愁思,犹不解怀。思在竹间,放狗逐麋。晚秋涉冬,大苍山笼。黄棘下兔,毛以乾蔡。以遂余日,兹乐而已。’”(《太平御览》卷九百二十六引)

《东观汉记·马融传》:“马融才高博洽,为通儒,教养诸生,常有千数。涿郡卢植、北海郑玄,皆其徒也。善鼓瑟,好吹笛,达生任性,不拘儒者之节。居宇器服,多存侈饰。常坐高堂,施绛纱帐,前授生徒,后列女乐,弟子以次相传,鲜有入其室者。”(《太平御览》卷四百九十三引)

《东观汉记》:“马融博洽通儒,教养诸生千数。融好侈饰,常施纱帐,前授生徒,后列女乐。”(《太平御览》卷八百一十六)

范晔《后汉书·马融传》(略)

范晔《后汉书·马严传》:“(马)严七子,唯续、融知名。”

范晔《后汉书·邓骘传》:“(邓)骘子侍中凤,尝与尚书郎张龛书,属郎中马融宜在台阁。”(又见《后汉纪》卷十六)

范晔《后汉书·窦宪传》:“(窦)章字伯向。少好学,有文章,与马融、崔瑗同好,更相推荐。”

范晔《后汉书·梁冀传》:“南郡太守马融、江夏太守田明,初除,过谒(梁)不疑,(梁)冀讽州郡以它事陷之,皆髡笞徙朔方。融自刺不殊,明遂死于路。”

范晔《后汉书·郑玄传》:“(马)融门徒四百余人,升堂进者五十余人。融素骄贵,(郑)玄在门下,三年不得见,乃使高业弟子传授于玄。玄日夜寻诵,未尝怠倦。会融集诸生考论图纬,闻玄善算,乃召见于楼上,玄因从质诸疑义,问毕辞归。融喟然谓门人曰:‘郑生今去,吾道东矣。’”(又见《后汉纪》卷二十九)

范晔《后汉书·郑玄传》:“初,中兴之后,范升、陈元、李育、贾逵之徒争论古今学,后马融答北地太守刘瓌及玄答何休,义据通深,由是古学遂明。”

范晔《后汉书·梁慬传》:“明年,校书郎马融上书讼(梁)慬与护羌校尉庞参,有诏原刑。”

范晔《后汉书·王符传》:“王符字节信,安定临泾人也。少好学,有志操,与马融、窦章、张衡、崔瑗等友善。”

范晔《后汉书·庞参传》:“(庞)参于道为羌所败。既已失期,乃称病引兵还,坐以诈疾征下狱。校书郎中马融上书请之曰……书奏,赦参等。”(又见《后汉纪》卷十九)

范晔《后汉书·崔瑗传》:“瑗字子玉……诸儒宗之。与扶风马融、南阳张衡特相友好。”

范晔《后汉书·吴祐传》:“大将军梁冀表为长史。及冀诬奏太尉李固,祐闻而请见,与冀争之,不听。时扶风马融在坐,为冀章草,祐因谓融曰:‘李公之罪,成于卿手。李公即诛,卿何面目见天下之人乎?’冀怒而起入室,祐亦径去。”(又见《后汉纪》卷二十一)

范晔《后汉书·延笃传》:“延笃字叔坚……又从马融受业,博通经传及百家之言,能著文章,有名京师。”

范晔《后汉书·卢植传》:“卢植字子幹……少与郑玄俱事马融,能通古今学,好研精而不守章句。融外戚豪家,多列女倡歌舞于前。植侍讲积年,未尝转眄,融以是敬之。……植乃上书曰:‘臣少从通儒故南郡太守马融受古学……’”(又见《后汉纪》卷二十五)

范晔《后汉书·赵岐传》:“(赵)岐少明经,有才艺,娶扶风马融兄女。融外戚豪家,岐常鄙之,不与融相见。”

范晔《后汉书·儒林列传上·孙期传》:“建武中,范升传《孟氏易》,以授杨政,而陈元、郑众皆传《费氏易》,其后马融亦为其传。融授郑玄,玄作《易注》,荀爽又作《易传》,自是《费氏》兴,而《京氏》遂衰。”

范晔《后汉书·儒林列传下》:“扶风杜林传《古文尚书》,林同郡贾逵为之作训,马融作传,郑玄注解,由是《古文尚书》遂显于世。”

范晔《后汉书·儒林列传下》:“中兴后,郑众、贾逵传《毛传》,后马融作

《毛诗传》,郑玄作《毛诗笺》。”

范晔《后汉书·儒林列传下》:“中兴,郑众传《周官经》,后马融作《周官传》,授郑玄,玄作《周官注》。”

范晔《后汉书·儒林列传下·许慎传》:“许慎字叔重,汝南召陵人也。性淳笃,少博学经籍,马融常推敬之,时人为之语曰:‘《五经》无双许叔重。’”

范晔《后汉书·文苑列传上·刘毅传》:“元初元年,(刘毅)上《汉德论》并《宪论》十二篇。时刘珍、邓耽、尹兑、马融共上书称其美,安帝嘉之,赐钱三万,拜议郎。”

范晔《后汉书·文苑列传上·刘珍传》:“永初中,(刘珍)为谒者仆射。邓太后诏使与校书刘騊駼、马融及《五经》博士,校定东观《五经》、诸子、传记、百家艺术,整齐脱误,是正文字。”

范晔《后汉书·文苑列传下·高彪传》:“(高彪)尝从马融欲访大义,融疾不获见,乃覆刺遗融书曰:‘承服风问,从来有年,故不待介者而谒大君子之门,冀一见龙光,以叙腹心之愿。不图遭疾,幽闭莫启。昔周公旦父文兄武,九命作伯,以尹华夏,犹挥沐吐餐,垂接白屋,故周道以隆,天下归德。公今养痾傲士,故其宜也。’融省书惭,追谢还之,彪逝而不顾。”

范晔《后汉书·独行列传·范冉传》:“(范冉)又游三辅,就马融通经,历年乃还。”

范晔《后汉书·逸民列传·矫慎传》:“矫慎字仲彦……与马融、苏章乡里并时,融以才博显名,章以廉直称,然皆推先于慎。”

范晔《后汉书·列女传·曹世叔妻传》:“时《汉书》始出,多未能通者,同郡马融伏于阁下,从(班)昭受读,后又诏融兄续继昭成之。……作《女诫》七篇,有助内训,其辞曰……马融善之,令妻女习焉。”

范晔《后汉书·列女传·袁隗妻传》:“汝南袁隗妻者,扶风马融之女也,字伦。隗已见前传。伦少有才辩。融家世丰豪,装遣甚盛。及初成礼,隗问之曰……又问曰:‘南郡君学穷道奥,文为辞宗,而所在之职,辄以货财为损,何邪?’对曰:‘孔子大圣,不免武叔之毁;子路至贤,犹有伯寮之诉。家君获此,固其宜耳。’隗默然不能屈,帐外听者为惭。”

《后汉书补逸》卷七:“马融教养诸生,常有千数。善鼓瑟,好吹笛,居宇器服多存侈饬，常坐高堂，施绛纱帐，前授生徒，后列女乐。”

《后汉书补逸》卷十：“马融字季长，年十三明经，为太子舍人，校书东观。”

谢承《后汉书》：“马融字季长，年十三，明经，为太子舍人，校书东观。”(《北堂书钞》卷六十六引)

《谢承书》：“融为校书郎，又拜郎中。”(《后汉书·马融传》注引)

司马彪《续汉书》：“融在东观十年，穷览典籍，上广成颂。”(《职官分纪》卷一六引)

司马彪《续汉书》：“融为校书郎，又拜郎中。”(《后汉书·马融传》注引)

司马彪《续汉书》：“融对策于北宫端门。”(《后汉书·马融传》注引)

华峤《后汉书》：“马融字季长，为大将军邓骘舍人。”(《太平御览》卷二百三十八引)

华峤《后汉书》：“故后世争为图纬之学，以矫世取资。是以通儒贾逵、马融、张衡、朱穆、崔寔、荀爽之徒，忿其若此，奏皆以为虚妄不经，宜悉收藏之。”(《后汉纪》卷十八引)

《马融别传》：“马融为儒教养诸生，常有千数，善鼓琴，好吹笛，达生任性，不拘儒者之节，居宇器服，多存侈饰，常坐高堂，施绛纱帐，前授生徒，后列女乐，弟子以次相传，鲜有入其室者。”(《艺文类聚》卷六十九引)

《马融别传》：“融为通儒，善鼓琴，好吹笛，达生任性，不拘儒者节，居宇器服，多存侈饰，常坐高堂，施绛纱帐，前受生徒，后列女乐，弟子次相传授，鲜有入其室者。”(《太平御览》卷六百九十九引)

赵岐《三辅决录》：“岐娶马敦女宗姜为妻。敦兄子(马)融尝至岐家，多从宾，与从妹宴饮作乐，日夕乃出。过问赵处士所在，岐亦厉节，不以妹婿之故屈志于融也。与其友书曰：‘马季长虽有名当世，而不持士节，三辅高士未曾以衣裾撇其门也。’岐曾读《周官》，二义不通，一往造之，贱融如此也。”(《后汉书·赵岐传》注引)

赵岐《三辅决录》：“矫慎字仲彦，扶风茂陵人也。……与南郡太守马融、并州刺史苏章乡里并时，然二人纯远不及慎也。”(张澍据皇甫谧《高士传》补)

赵岐《三辅决录》:“马融为南郡太守,三府以融在郡贪浊,受主计掾歧肃钱四十万。融子强又受吏白向钱六十万,布三百匹,以肃为孝廉,向为主簿。”(《太平御览》卷六百四十一引)

赵岐《三辅决录》:“马日磾,字翁叔,马融之族子,少传融业,以才学进。与杨彪、卢植、蔡邕等典校中书,历九卿,遂登台辅。”(《后汉书·孔融传》注引)

《汉杂事》:“高彪谒马融,辞疾不见。彪覆刺与书曰:‘闻高风为日久矣,故不待介者造君子之门,冀一见龙光,叙腹心之愿,不图辞之以疾。昔者周公兄父文武,九命作伯,以君华夏,犹握沐吐餐,以接白屋之士,天下归德,历载邈矣。今君不能相见,宜哉?’融省书大惭,遣人辞谢追清,径去不还。”(《艺文类聚》卷三十一)

曹丕《典论》:“议郎马融,以永兴中,帝猎广城,融从。是时北州遭水潦蝗虫,融撰《上林颂》以讽。”(《艺文类聚》卷一百引)

皇甫谧《高士传·矫慎》:“矫慎字仲彦,扶风茂陵人也。少慕松、乔导引之术,隐遁山谷,与南郡太守马融、并州刺史苏章乡里并时,然二人纯远不及慎也。”

皇甫谧《高士传·贽恂》:“贽恂字季直,伯陵之十二世孙也。明《礼》《易》,遂治《五经》,博通百家之言。又善属文,词论清美。渭滨弟子扶风马融、沛国桓驎等,自远方至者十余人。既通古今,而性复温敏,不耻下问,故学者宗之。尝慕其先人之高,遂隐于南山之阴。初马融如恂受业,恂爱其才,因以女妻之。融后果为大儒,文魁当世,以是服恂之知人。”

《郑玄别传》:“扶风马季长以英儒著名,玄往从之,参考同异。季长后戚,嫚于待士,玄不得见。住左右,自起精庐。既因绍介得通。时涿郡卢子幹为门人冠首。季长又不解剖裂七事,玄思得五,子幹得三。季长谓子幹曰:‘吾与汝皆弗如也。’季长临别,执玄手曰:‘大道东矣,子勉之。’”(《世说新语·文学》注引)

《语林》:“郑玄在马融门下,业成辞归,融心忌之。郑玄疑有追,乃坐桥下,据屐。融果转式逐之,告左右曰:‘玄在土下水上,而据木,必死矣。’遂罢追,竟以免。”(《太平御览》卷六百九十八)

《语林》:“郑玄在马融门下三年不得见,令高足弟子传授而已。融尝算浑天,不合,召玄令算,一转便决,众咸骇服。”(《太平御览》卷七百五十)

《世说》:“郑玄在马融门下,融尝不解割裂书七事,而思其五,别令卢子幹思其二。融告幹曰:‘孔子谓子贡:回也,闻一知十,吾与汝弗如也。今我与子可谓是矣。’”(出《世说》,《太平广记》卷一百六十九)

《世说新语·文学》:“郑玄在马融门下,三年不得相见,高足弟子传授而已。尝算浑天不合,诸弟子莫能解。或言玄能者,融召令算,一转便决,众咸骇服。及玄业成辞归,既而融有‘礼乐皆东’之叹。恐玄擅名而心忌焉。玄亦疑有追,乃坐桥上,在水上据屐。融果转式逐之,告左右曰:‘玄在土下水上而据木,此必死矣。’遂罢追。玄竟以得免。刘孝标注云:‘马融海内大儒,被服仁义。郑玄名列门人,亲传其业,何猜忌而行鸩毒乎?委巷之言,贼夫人之子。’”①(余嘉锡案:此节盖采自《语林》,见《御览》三百九十三,非义庆之所杜撰也。)

《异苑》:“一说郑康成师马融,三载无闻,融鄙而遣还。玄过树阴假寐,见一老父,以刀开腹心,谓曰:‘子可以学矣。’于是寤而即返,遂精洞典籍。融叹曰:‘诗书礼乐,皆已东矣。’潜欲杀玄,玄知而窃去。融推式以算玄,玄当在土木上,躬骑马袭之。玄入一桥下,俯伏柱上,融踟蹰桥侧云:‘土木之间,此则当矣。有水,非也。’从此而归。玄用免焉。”(《太平广记》卷二百十五引)(余嘉锡案:观《语林》《异苑》之所载,知此说为晋、宋间人所盛传。然马融送别,执手殷勤,有“礼乐皆东”之叹,其爱而赞之如此,何至转瞬之间,便思杀害!苟非狂易丧心,恶有此事?裴启既不免矫诬,义庆亦失地轻信。孝标斥为委巷之言,不亦宜乎!)

殷芸《小说》:“马融历二郡两县,政务无为,事从其约。在武都七年,南郡四年,未尝按论刑杀一人。性好音乐,善鼓琴吹笛,每气出,蜻蜓相和。”(《太平广记》卷二百三)

《独异志》:“《武陵记》曰:后汉马融勤学,梦见一林,花如锦绣,梦中摘

---

① 对于马融追杀郑玄一说,自刘孝标以来,受到了众多学者反驳。近冯浩菲《马融追杀郑玄质疑》一文作了此说作了较为全面的驳斥,认为此说“属于捕风捉影,虚外生枝”。冯浩菲:《马融追杀郑玄质疑》,《文献》1997年第3期。

此花食之。及寤，见天下文词，无所不知。时人号为‘绣囊’。”

《经典释文序录》：“汉宣帝本始中，河内女子得《泰誓》一篇，献之，与伏生所诵，合三十篇，汉世行之。然《泰誓》年月不与《序》相应，又不与《左传》《国语》《孟子》众书所引《泰誓》同，马（融）、郑、王肃诸儒皆疑之。”

《经典释文序录》：“后汉郑众、贾逵传《毛诗》，马融作《毛诗注》，郑玄作《毛诗笺》，申明毛义难三家，于是三家遂废矣。”

《经典释文序录》：“后汉马融、卢植考诸家同异，附戴圣篇章，去其繁重及所叙略而行于世，即今之《礼记》是也。郑玄亦依卢、马之本而注焉。”

《经典释文序录》：“南郡太守马融为三家同异之说。”

《经典释文序录》：“后汉马融亦作《古文孝经传》，而世不传。”

刘知几《史通序》：“马融三入东观。”

《山堂肆考》卷十《赤脚踏冰》：“东汉马融夏夜直宿馆中。是夕，蒸郁如坐甑中。谓同舍曰：‘安得披襟赤脚，踏阴山之层冰，以洗涤尘燠乎。’”

《玉芝堂谈荟》卷六《梦笔生花》：“梦林花如锦，摘食之，见天下文词，遂无不知晓者，马融也。”

《说郛》九十四窦萍《酒谱》引《郑玄别传》曰：“时与卢子幹相善，在门下七年，以母老归养。”

四、马融交游

马融身为贵戚之裔，一生三入东观，外任二郡四县，交往对象甚众，现将可考知者梳理如下。

邓骘（？—121）

《后汉书·马融传》：“永初二年，大将军邓骘闻融名，召为舍人……故往应骘召。”

案：邓骘，妹为和帝邓皇后，立安帝，为大将军。因受诬告被诛。

邓凤

《后汉书·邓骘传》：“（邓）骘子侍中凤，尝与尚书郎张龛书，属郎中马融应在台阁。”

梁商(？—141)

《后汉书·马融传》:“大将军梁商表为从事中郎。”

案:梁商,女为顺帝梁皇后,顺帝时为大将军。

梁冀(？—159)

《后汉书·马融传》:“初,融惩于邓氏,不敢复违忤势家,遂为梁冀草奏李固,又作大将军《西第颂》。”

案:梁冀,梁商长子,妹为顺帝梁皇后,为大将军,权倾朝廷,立质、桓二帝。桓帝时因谋反被诛。

梁不疑

《后汉书·梁冀传》:“南郡太守马融、江夏太守田明,初除,过谒(梁)不疑,冀讽州郡以它事陷之,皆髡笞徙朔方。融自刺不殊,明遂死于路。”

案:梁不疑,梁冀之弟,任光禄勋等。

吴祐

《后汉书·吴祐传》:“祐在胶东九年,迁齐相。大将军梁冀表为长吏。及梁冀诬奏太尉李固,祐闻而请见,与冀争之,不听。时扶风马融在坐,为冀章草,祐因谓融曰:‘李公之罪,成于卿手。李公即诛,卿何面目见下之人乎?’”

刘珍(？—126)、刘騊駼

《后汉书·文苑列传·刘珍传》:“永初中,为谒者仆射。邓太后诏使与校书刘騊駼、马融及《五经》博士,校定东观《五经》、诸子、传记、百家艺术,整齐脱误,是正文字。”

案:刘珍颇有文采。《后汉书·文苑列传·刘珍传》:“著诔、颂、连珠凡七篇。又撰《释名》三十篇,以辩万物之称号云。”

刘毅、邓耽、尹兑

《后汉书·文苑列传·刘毅传》:“元初元年,(刘毅)上《汉德论》并《宪论》十二篇。时刘珍、邓耽、尹兑、马融共上书称其美,安帝嘉之,赐钱三万,拜议郎。”

班昭(49—120)

《后汉书·列女传·曹世叔妻传》:“时《汉书》始出,多未能通者,同郡马融伏于阁下,从昭受读。”

庞参(？—136)、梁慬

《后汉书·庞参传》:“时先零豪僭号北地,诏(庞)参将降羌及湟中义从胡七千人,与行征西将军司马钧期会北地击之。参于道为羌所败。既已失期,乃称病引兵还,坐以诈疾征下狱。校书郎中马融上书请之曰:‘……前护羌校尉庞参……又度辽将军梁慬……使参、慬宽宥之科,诚有益于折冲,毗佐于圣化。’”《后汉书·梁慬传》:“明年,校书郎马融上书讼(梁)慬与护羌校尉宠参,有诏原刑。”

刘瓌

《后汉书·郑玄传》:“后马融答北地太守刘瓌。”

马贤(？—141)

《太平御览》卷七百八引马融奏“马贤于军中帐内施氍毹,士卒飘于风雪”。又见于《北堂书钞》卷一百三十二,文字略有不同。

案:马贤,先后任骑都尉、护羌校尉、征西将军等,击羌有功,后战败身亡。

皇甫规(104—174)

《北堂书钞》卷一百三十四《皇甫规与马融书云》:“谨遣掾吏尚许奉上絮被一双,袜一量,以通微意也。”又见卷一百三十六。又见《太平御览》卷六百九十七、八百一十九。

案:皇甫规任度辽将军、护羌校尉等,桓、灵时期重要将领。《后汉书·皇甫规传》:“所著赋、铭、碑、赞、祷文、吊、章表、教令、书、檄、笺记,凡二十七篇。”

高彪(？—184)

《后汉书·文苑列传·高彪传》:“尝从马融欲访大义,融疾不获见,乃覆刺遗融书……融省书惭,追谢还之,彪逝而不顾。”

案:高彪通经学,善文章,其《督军御史箴饯赠第五永》颇得蔡邕称赞。

挚恂

《后汉书·马融传》:“初,京兆挚恂以儒术教授,隐于南山,不应征聘,名重关西,融从其游学,博通经籍。恂奇融才,以女妻之。”

赵岐(约120—201)

《后汉书·赵岐传》:"岐少明经,有才艺,娶扶风马融兄女。融外戚豪家,岐常鄙之,不与融相见。"《三辅决录》:"岐娶马敦女宗姜为妻。敦兄子(马)融尝至岐家,多从宾,与从妹宴饮作乐,日夕乃出。过问赵处士所在,岐亦厉节,不以妹婿之故屈志于融也。……岐曾读《周官》,二义不通,一往造之,贱融如此也。"(《后汉书·赵岐传》注引)

案:据《后汉书·马严传》,马敦为马严之弟,马融为马严之子,二人为叔侄关系,《后汉书·赵岐传》误作兄弟关系,《三辅决录》所记不误。赵岐,东汉著名学者,其著述甚多,有《三辅决录》《孟子章句》等,其中《孟子章句》流传至今,是《孟子》重要注疏,收入阮元校刻《十三经注疏》。

袁隗(?—190)

《后汉书·列女传·袁隗妻传》:"汝南袁隗妻者,扶风马融之女也。"

案:袁氏为东汉著名官宦世家。曾祖袁安为司徒、司空,祖袁京为蜀郡太守,父袁汤为司徒、太尉,兄袁逢为司空,袁隗献帝时为太傅。

曹众

《三辅决录》:"曹众字伯师,与乡里苏孺文、窦伯向、马季长并游宦,惟众不遇,以寿终于家。"

案:《三辅决录》:"曹成,寿之子也。司徒掾察孝廉,为长垣长。母为太后师,征拜中散大夫。子谷即成之字也。"《后汉书·列女传·曹世叔妻传》:"及邓太后临朝,也闻政事。以出入之勤,特封子成关内侯,官至齐相。"可见曹众并非"不遇"。曹众,颇有文采。《后汉书·文苑列传·苏顺传》:"时三辅多士,扶风曹众伯师亦有才学,著诔、书、论四篇。"

许慎(?—121)

《后汉书·儒林列传·许慎传》:"许慎字叔重,汝南召陵人也。性淳笃,少博学经籍,马融常推敬之。"

案:许慎,东汉著名学者,著《说文解字》《五经异义》等。

窦章(?—144)

《后汉书·窦章传》:"章字伯向。少好学,有文章,与马融、崔瑗同好,更相推荐。"《艺文类聚》卷三十一引马融《与窦伯向书》:"孟陵奴来赐书,见手迹,欢喜何量,次于面也。书虽两纸,纸八行,行七字,七八五十六字,百一十二言耳。”又见《北堂书钞》卷三十三。

案:窦章为东汉开国功臣窦融玄孙,女为顺帝贵人,曾入东观为校书郎。

崔瑗(78—143)

《后汉书·崔瑗传》:“(崔瑗)与扶风马融、南阳张衡特相友好。”

案:崔瑗善于文辞,颇有文名。《后汉书·崔瑗传》:“瑗高于文辞,尤善为书、记、箴、铭,所著赋、碑、铭、箴、颂、《七苏》、《南阳文学官志》、《叹辞》、《移社文》、《悔祈》、《草书埶》、七言,凡五十七篇。其中《南阳文学官志》称于后世,诸能为文者皆自以弗及。”

王符

《后汉书·王符传》:“王符……少好学,有志操,与马融、窦章、张衡、崔瑗等友善。”

案:王符,东汉著名学者,其《潜夫论》为东汉著名子书,流传至今。

张衡(78—139)

案:崔瑗、王符与马融、张衡相善,马融亦当与张衡有所交往。

谢伯世

《艺文类聚》卷九十一引马融《与谢伯世书》:“愦愦愁思,犹不解怀,放狗逐麋,晚秋涉冬,大苍出笼,黄棘下兔,芼以乾葵,以送余日,兹乐而已。”又见《太平御览》卷九百二十六。

五、马融弟子

马融为一代儒宗,其生徒甚众。《后汉书·郑玄传》云:“融门徒四百余人,升堂进者五十余生。”《东观汉记·马融传》:“教养诸生,常有千数。”现将可考知者梳理如下。

郑玄(127—200)①

《后汉书·郑玄传》:“以山东无足问者,乃西入关,因涿郡卢植,事扶风

① 郑玄弟子众多,王利器《郑康成年谱·弟子》已作详细罗列,故在此不作重复。王利器:《郑康成年谱》,齐鲁书社1983年版,第271—311页。

马融。融门徒四百余人，升堂进者五十余生。融素骄贵，玄在门下，三年不得见，乃使高业弟子传授于玄。玄日夜寻诵，未尝怠倦。会融集诸生考论图纬，闻玄善算，乃召见于楼上，玄因从质诸疑义，问毕辞归。融喟然谓门人曰：'郑生今去，吾道东矣。'"

卢植（？—192）

《后汉书·卢植传》："少与郑玄俱事马融，能通古今学，好研精而不守章句。融外戚豪家，多列女倡歌舞于前。植侍讲积学，未尝转眄，融以是敬之，学终辞归，阖门教授。"卢植《始立太学石经上书》："臣少从通儒故南郡太守马融受古学，颇知今之《礼记》特多回冗。"

延笃（？—167）

《后汉书·延笃传》："又从马融受业，博通经传及百家之言，能为文章，有名京师。"

范冉（112—185）

《后汉书·独行列传·范冉传》："又游三辅，就马融通经，历年乃还。"

案："冉"当为"丹"之误。蔡邕作有《范丹碑》[①]。惠栋曰："众《汉书》及《贞节先生碑》皆作'丹'，独范史作'冉'，疑误。"[②]蔡邕《范丹碑》："年七十有四，中平二年四月卒。"以此推之范冉当生于安帝永初六年（112）。

马日磾（？—194）

《三辅决录》："马日磾，字翁叔，马融之族子，少傅融业，以才学进，历九卿，遂登台辅。"（《后汉书·孔融传》注引）《后汉书·马融传》："族孙日磾，献帝时位至太傅。"《后汉书·蔡邕传》：熹平四年（175），马日磾为谏议大夫。

案：马日磾，《后汉书》及《三国志》注中多有记载。

杨充

《华阳国志·汉中士女》："杨充字盛国，梓潼人也。少好学，求师遂业，受古学于扶风马季长、吕叔公、南阳朱明叔，颍川白仲职，精究七经。"

---

① 严可均《全后汉文》作《范丹碑》，邓安生《蔡邕集编年校注》作《贞节先生陈留范史云铭》。
② 转引自王先谦：《后汉书集解》，中华书局1984年版，第939页。

公孙瓒(？—199)

《后汉书·公孙瓒传》:“后从涿郡卢植学于缑氏山中,略见书传。”《三国志·魏书·公孙瓒传》:“遣诣涿郡卢植读经。”

案:公孙瓒师卢植,为马融再传弟子。

刘备(161—216)、刘德然

《三国志·蜀书·刘备传》:“年十五,母使行学,与同宗刘德然、辽西公孙瓒俱事故九江太守同郡卢植。”

六、马融评论选辑

范晔《后汉书·马融传论》:“马融辞命邓氏,逡巡陇汉之间,将有意于居贞乎?既而羞曲士之节,惜不赀之躯,终以奢乐恣性,党附成讥,固知识能匡欲者鲜矣[①]。夫事苦,则矜全之清薄;生厚,故安存之虑深。登高不惧者,胥靡之人也;坐不垂堂者,千金之子也。原其大略,归于所安而已矣。物我异观,亦更相笑也。”

范晔《后汉书·马融传赞》:“季长戚氏,才通情侈。苑囿典文,流悦音伎。”

范晔《后汉书·左周黄传论》:“崔瑗、马融以文章显。”

范晔《后汉书·逸民列传·矫慎传》:“(马)融以才博显名。”

荀悦《汉纪》:“孝桓帝时,故南郡太守马融著《易》解,颇生异说。”

虞翻曰:“至于孝灵之际,颍川荀谞号为知《易》,臣得其注,有愈俗儒。……又南郡太守马融,名有俊才,其所解释,复不及(荀)谞。”(《三国志·吴书·虞翻传》注引《虞翻别传》)

郝氏《续后汉书》:“李固之罪成于马融之手,而汉遂衰。”

袁宏《后汉纪》:“是以通儒贾逵、马融、张衡、朱穆、崔寔、荀爽之徒忿其若此,奏皆以为虚妄不经,宜悉收藏之。”

颖容《春秋例》:“汉兴,博物洽闻著述之士,前有司马迁、扬雄、刘歆,后

---

① 苏舆云:“言融无定识以正其私欲也。”转引自王先谦:《后汉书集解》,中华书局1984年版,第686页。

有郑众、贾逵、班固，近即马融、郑玄。”(《太平御览》卷六百一十八引)

华峤《谢秘书监表》：“马融博通，三入东观，非臣庸贱，所敢拟迹。”(《太平御览》卷二百三十三)

皇甫谧《三都赋序》云：“至如相如《上林》、扬雄《甘泉》、班固《两都》、张衡《二京》、马融《广成》、王生《灵光》，初极宏侈之辞，终以约简之制，焕乎有文，蔚尔鳞集，皆近代辞赋之伟也。”

挚虞《文章流别论》：“若马融《广成》《上林》之属，纯为今赋之体，而谓之颂，失之远矣。”

挚虞《文章流别论》：“哀辞者，诔之流也。崔瑗、苏顺、马融等为之，率以施于童殇、夭折不以寿终者。”

《文心雕龙·颂赞》：“马融之《广成》《上林》，雅而似赋，何弄文而失质乎？”

《文心雕龙·通变》：“马融《广成》云：‘天地虹洞，固无端涯，大明出东，月生西陂。’……此并广寓极状，而五家如一。诸如此类，莫不相循。”

《文心雕龙·比兴》：“马融《长笛》云：‘繁缛络绎，范蔡之说也。此以响比辩者也。’”

《文心雕龙·时序》：“自和安已下，迄至顺桓，则有班傅三崔，王马张蔡，磊落鸿儒，才不时乏，而文章之选，存而不论。”

《文心雕龙·才略》：“马融鸿儒，思洽识高，吐纳经苑，华实相扶。”

《文心雕龙·程器》：“略观文士之疵……马融党梁而黩货。”

《颜氏家训·文章》：“然而自古文人，多陷轻薄……冯敬通浮华摈压，马季长佞媚获诮……凡此诸人，皆其翘秀者，不能悉纪，大较如此。”

江总《陶贞白先生集序》：“马融见天下之书……季长敝于骄侈……鲜有尽美之迹，罕闻克终之誉。”

柳宗元《答严厚舆秀才论为师道书》：“马融、郑玄者，二子独章句师耳。今世固不少章句师，仆幸非其人。”

《史通·载文》：“班固《两都》、马融《广成》，喻过其体，词没其义，繁华而失实，流宕而忘返。无裨劝奖，有长奸诈，而前后《史》《汉》皆书诸列传，不其谬乎！”

胡三省《资治通鉴》注："马融之对，不诡于圣人，盖有得于经学，故其辞气和平而切于政体也。"

陈郁《藏一话腴》："马融不惟经学精深，词藻畅妙，观《长笛》一篇，深于音矣。"

方孝孺《方孝孺集·马融》："马融以通经术称名儒，既事梁冀，复为作章奏请诛李固，节义丧败而不惜，盖其心在乎利禄哉?"

张溥《汉魏六朝百三家集·马季长集题辞》："汉世通儒，并推季长。卢涿郡、郑北海咸出其门。家世贵戚，居养丰泽，即坐高堂，施绛帐，著书授生徒以老，亦足以传，何汲汲荣仕也。《广成》一颂，雕镂万物，名虽讽谏邓氏，意在炫才感众，宁知适逢彼怒乎?《东巡颂》质古简言，似季长韬光之作，安帝见而奇之，召拜郎中，文之遇不遇，岂人意所及哉?西羌反叛，马贤、胡畴留兵不进，季长怀河上之忧，上书求效，又骚陈星孛参毕，戎狄将起，观其抚时奋发，诚耻儒冠同腐草木。乃心恋邓氏，恐怖梁冀，既颂将军《西第》，又诬奏李太尉于死，代人匠斫，点染名贤，斯文坠地，百身莫赎矣。季长注《孝经》云:忠犹有阙。述仲尼之说而作《忠经》，其文常人耳。及读本传，并未云季长作《忠经》。然则《忠经》果马氏之书与?予不敢信也。范史讥融虑深垂堂，不及胥靡，予亦哀其儒者风流，自陨汉阳之节，重负南山挚季直矣。"

王鸣盛《蛾术编》："融欲害郑，未必有其事，而郑鄙融却有之。盖融以侈汰为士所轻，载《赵岐传注》。郑虽师融，著述中从未引融语。独于《月令注》云:俗人云:'周公作《月令》，未通于古。'疏云:'俗人，马融之徒。'"

唐晏《两汉三国学案》："嗟乎，东汉儒林至于季长，诚足为玷矣!夫融以儒者联姻帝室，遂染骄贵之习，然其初志盖已卑下。自云:'非老、庄之所谓。'自乌知老子固云'吾所大患，惟吾有身'，庄生则宁作沟中之段乎!然则融之引老、庄，亦强颜而自饰耳。……考融之平生，殆分学行而二之故。西汉经术，自张禹后，又见马融，皆通经而大悖乎孔门之旨者也。存之以示戒可也。"

王先谦:"此文(《东巡颂》)呆编《虞书》《春官》，鄙陋可笑。若此，何奇之有?作伪者亦太不自量矣，而《类聚》亦收之，岂不谬哉!"(王先谦《后汉书集解》)

马国翰《周易马氏传序》:“萧子显谓康成训义,优洽一世。参同甄异,可以此为郑氏先河云。”

马国翰《尚书马氏传序》:“夫季长治古文学,而所注止今文二十九篇。……康成之学渊源于马氏,参考郑义,多与之同宜乎?雅才好博,与卫、贾并见称许也。”

马国翰《毛诗马氏注序》:“郑康成受业于融,笺诗应本师说,《正义》《释文》所引特者,其与郑笺异者耳。夫一家之学,不为苟同,观季长之佚文,而康成卓越之识,愈可见也。”

马国翰《礼记马氏注序》:“融之学长于《三礼》。”

马国翰《周官传序》:“融为郑康成之师,而康成注用郑大夫父子及杜子春三家,疏引融说,又往往为郑君所不取。则马传未能精醇,而郑之不阿所好,均可见已。”

马国翰《丧服经传马氏注序》:“兹据辑录,注大旨与康成略同,其涉异者……郑皆以旧说为非,贾疏悉引融义而驳斥之。通观《通典》所取融说,知与郑合者疏皆不须引证,然《通典》引马融而经文次第多与注疏本不同,或融本复有殊异也,今依录之以备参稽云耳。”

参考文献

一、古代典籍(包括今人辑校、注释、今译等)

《汉魏古注十三经》,中华书局 1998 年版

阮元校刻:《十三经注疏》,中华书局 1980 年版

李学勤主编:《十三经注疏》,北京大学出版社 1999 年版

陆德明撰,黄焯汇校:《经典释文汇校》,中华书局 2006 年版

吴承仕:《经典释文序录疏证》,中华书局 1984 年版

朱彝尊:《经义考》,中华书局 1998 年版

司马迁:《史记》,中华书局 1959 年版

班固:《汉书》,中华书局 1962 年版

范晔:《后汉书》,中华书局 1965 年版

王先谦:《后汉书集解》,中华书局 1984 年版

曹金华:《后汉书稽疑》,中华书局 2014 年版

汪文台辑,周天游校:《七家后汉书》,河北人民出版社 1987 年版

吴树平校注:《东观汉记校注》,中华书局 2008 年版

赵岐:《三辅决录》(与《三辅故事》《三辅旧事》合刊),三秦出版社 2006 年版

张烈点校:《两汉纪》(荀悦《汉纪》、袁宏《后汉纪》),中华书局 2002 年版

周天游:《后汉纪校注》,天津古籍出版社 1987 年版

陈寿著,裴松之注:《三国志》,中华书局 1959 年版

常璩著,任乃强校注:《华阳国志校补图注》,上海古籍出版社 1987 年版

沈约:《宋书》,中华书局 1974 年版

萧子显:《南齐书》,中华书局 1972 年版

魏徵等:《隋书》,中华书局 1973 年版

刘昫等:《旧唐书》,中华书局 1975 年版

欧阳修、宋祁:《新唐书》,中华书局 1975 年版

司马光:《资治通鉴》,中华书局 1956 年版

杜佑撰,王文锦等点校:《通典》,中华书局 1988 年版

刘知几著,浦起龙释:《史通通释》,上海古籍出版社 1978 年版

马端临:《文献通考》,中华书局 1986 年版

永瑢等:《四库全书总目》,中华书局 1965 年版

唐晏:《两汉三国学案》,中华书局 1986 年版

高文:《汉碑集释》,河南大学出版社 1997 年版

徐玉立主编:《汉碑全集》,河南美术出版社 2006 年版

毛远明编:《汉魏六朝碑刻校注》,线装书局 2008 年版

二十五史刊行委员会编:《二十五史补编》,中华书局 1955 年版

虞世南:《北堂书钞》,学苑出版社 2003 年版

欧阳询:《艺文类聚》,上海古籍出版社 1982 年版

徐坚:《初学记》,中华书局 1962 年版

林宝:《元和姓纂》,影印文渊阁《四库全书》第 890 册,台湾商务印书馆 1986 年版

李昉等编:《太平御览》,中华书局 1960 年版

李昉等编:《太平广记》,中华书局 1961 年版

王应麟:《玉海》,影印文渊阁《四库全书》第 943—948 册,台湾商务印书馆 1986 年版

马国翰:《玉函山房辑佚书》,广陵书社 2005 年版

王仁俊:《玉函山房辑佚书续编三种》,上海古籍出版社 1989 年版

黄奭:《黄氏逸书考》,《续修四库全书》第 1206—1211 册,上海古籍出版社 2002 年版

萧统编,李善注:《文选》,上海古籍出版社 1986 年版

严可均辑:《全汉文》,商务印书馆 1999 年版

严可均辑:《全后汉文》,商务印书馆 1999 年版

严可均辑:《全上古三代秦汉三国六朝文》,中华书局 1958 年版

张溥:《汉魏六朝百三名家集》,广陵书社 2015 年版

董治安主编:《两汉全书》,山东大学出版社 2009 年

逯钦立编:《先秦汉魏晋南北朝诗》,中华书局 1983 年版

黄晖:《论衡校释》,中华书局 1990 年版

邓安生:《蔡邕集编年校注》,河北教育出版社 2002 年版

傅亚庶:《孔丛子校释》,中华书局 2011 年版

周振甫:《文心雕龙注释》,人民文学出版社 1981 年版

郦道元著,陈桥驿校证:《水经注校证》,中华书局 2007 年版

刘义庆著,刘孝标注,余嘉锡笺疏,周祖谟、余淑宜、周士琦整理:《世说新语笺疏》,中华书局 2007 年第 2 版

章樵注:《古文苑》(与《才调集》《搜玉小集》合刊),上海古籍出版社 1993 年版

孙星衍辑:《续古文苑》,中华书局 1985 年版

罗国威:《日藏弘仁本文馆词林校证》,中华书局 2001 年版

二、今人研究论著

曹道衡、沈玉成:《中古文学史料丛考》,中华书局 2003 年版

陈邦福编撰:《马季长年谱》,原刊清宣统三年排印《国粹学报》第七卷第八号,收入吴洪泽、尹波、舒大刚主编:《儒藏·史部·儒林年谱(3)》,四川大学出版社 2007 年版(影印本)

陈邦福编撰:《后汉贾景伯先生年谱、后汉马季长先生年谱》,台湾商务印书馆 1980 年版

陈君:《东汉社会变迁与文学演进》,中国社会科学出版社 2012 年版

方诗铭、方小芬编:《中国史历日和中西历日对照表》,上海人民出版社 2007 年版

国家图书馆编:《汉晋名人年谱》,北京图书馆出版社 2004 年版

金德建:《经今古文字考》,齐鲁书社 1986 年版

李梅、郑杰文等:《秦汉经学学术编年》,凤凰出版社 2015 年版

刘汝霖:《汉晋学术编年》,华东师范大学出版社2010年版
刘跃进:《秦汉文学编年史》,商务印书馆2006年版
刘跃进:《秦汉文学论丛》,凤凰出版社2008年版
陆侃如:《中古文学系年》,人民文学出版社1985年版
马融文化研究会等编:《大儒马融》,自印本,出版时间不详
石观海:《中国文学编年史》(汉魏卷),湖南人民出版社2006年版
孙启治、陈建华编:《中国古佚书辑本目录解题》,上海古籍出版社2009年版
王静芝等:《经学论文集》,黎明文化事业公司1981年版
王利器:《郑康成年谱》,齐鲁书社1983年版
吴文治:《中国文学史大事年表》,黄山书社1987年版
严耕望:《两汉太守刺史表》,商务印书馆1948年版
张文青:《张衡年谱》,商务印书馆1965年版
郑鹤声编:《班固年谱》,商务印书馆1931年版

三、论文

陈国忠:《略论"不拘儒者之节"的"通儒"马融》,《南都学坛》2001年第4期
陈君:《马融〈上林赋〉的作年及其时代背景》,《济宁学院学报》2012年第1期
程兴丽:《马融本〈尚书〉异文考辨》,《求索》2012年第5期
方青:《马融飞章诬李固及其原因》,《红河学院学报》2004年第4期
冯浩菲:《马融追杀郑玄说质疑》,《文献》1997年第3期
黄辉、赵川:《论马融的教育思想及其现代意义》,《安康学院学报》2010年第4期
蒋鸿青:《论马融〈古文论语训说〉的学术价值》,《江海学刊》2011年第4期
李俊岭:《马融学行考论》,《中共济南市委党校学报》2009年第2期
李俊岭、王成略:《马融的学行及其在经学史上的地位》,《理论学刊》2007年第2期

李小成:《马融〈周易注〉辑佚整理研究》,《西安文理学院学报》2013 年第 5 期

李小成:《论马融古文易学及在易学史上的地位》,《唐都学刊》2014 年第 2 期

李小成:《马融注经考》,《社会科学战线》2014 年第 12 期

刘光亮:《试论马融》,《吉安师专学报》1995 年第 1 期

刘跃进:《蔡邕行年考略》,《文史》2003 年第 1 期

鲁洪平:《〈世说新语〉中"马融追杀郑玄"说议》,《青海师范大学学报》2009 年第 6 期

潘斌:《试论马融的经学贡献》,《唐都学刊》2008 年第 5 期

潘斌:《马融易学探微》,《周易研究》2010 年第 4 期

任群英:《通经而无节的东汉大儒马融》,《文教资料》2009 年第 9 期

王斌:《东汉"通儒"马融的全民化教育及其影响》,《兰台世界》2014 年第 8 期

王叶迟:《〈文心雕龙〉论马融评析——兼论马融学行》,《华中师范大学研究生学报》2014 年第 3 期

王叶迟:《马融学行考辨》,《文学教育》2014 年第 15 期

王铮:《马融所赋"长笛"考》,《文艺评论》2014 年第 10 期

吴桂美:《从豪强宗族到文化士族——东汉马氏研究》,《海南大学学报》2007 年第 3 期

吴桂美:《马融作品研究》,《长江大学学报》2008 年第 1 期

吴桂美:《东汉家族文学与文学家族》,《中国文学研究》2008 年第 3 期

杨化坤:《马融〈广成颂〉〈上林颂〉考辨》,《古典文献研究》(第十辑),2013 年 7 月

易闻晓:《马融文章考》,《古籍整理研究学刊》2011 年第 6 期

臧云浦:《略论马融》,《徐州师范大学学报》1996 年第 2 期

张涛:《马融易学探微》,《孔子研究》2010 年第 4 期

赵均强:《马融学行污点辨正》,《渭南师范学院学报》2014 年第 2 期

赵均强:《马融〈丧服经传注〉的经学意蕴》,《唐都学刊》2015 年第 1 期

朱维铮:《班昭考》,《中华文史论丛》2006 年第 2 期

程思宇:《东汉扶风马氏家族研究》,湖南师范大学 2013 年硕士论文

金璐璐:《班昭及其著述研究》,首都师范大学 2009 年博士论文

李俊岭:《论马融》,山东大学 2004 年硕士论文

李威熊:《马融之经学》,台湾政治大学中国文学研究所 1975 年博士论文

宋洁:《〈马融集〉校注》,西北大学 2017 年硕士论文

王雪华:《两汉马氏家族及其文学研究》,西北大学 2011 年硕士论文

后　记

或云:所谓研究,便是寻找学术空白点、突破学术重难点、占领学术至高点的过程。多年来,我虽然从未占领过什么至高点,也很少突破重难点,却一直在苦苦寻找空白点和高产地。

马融是东汉时期著名的经学家和文学家,不仅在当时闻名于世,且对后世影响也很深远。不无遗憾的是,对于这样的一位大师,目前学界研究却较为滞后。细读范氏《后汉书·马融传》后,发现此传颇有不少失实、混乱之处,遂草撰了几篇小文,阐释自己的见解。兴致未尽,遂生编《马融年谱》之野心。初成仅五万来字,加以补充,方得十余万字;再加以补充,遂得近二十万字。书稿既成,无以用,置之柜底,久则生尘也。上半年,鼓起余致,以此书稿申报了省社科规划后期资助项目。幸得专家垂青,得以立项。生尘之文,望得示人。

去年八月,我拖妻携女离开了工作十余年的绍兴,来到合肥任教。虽然我们全家努力去适应新的环境,但是不顺心事依然不少,许多看似简单的事情,却将我们折腾得身心疲惫。时常深夜自责,这是谁之错?是我,还是命运?幸得贤妻与爱女的无言支持和无语忍受,遂将这日子一天天熬过。回忆往昔,余悸犹存。如今,许多事情看似都过去了,但我心里非常清楚,一些小小的不如意可能需要几年,甚至十几年才可能淡去。现在,每天晨出晚归地陪女上学,成为了我的副业。尽量不留下遗憾,便是我最大的心愿。

2016年至2017年,我到中国社会科学院文学研究所访学,师从范子烨教授,本书的主体部分便是在此期间完成的。自访学以来,范师对我关照有加,在此深表感激。

自去年来安大文学院工作,学院领导吴怀东院长、吴早生副院长、王泽庆副院长以及原副院长刘飞教授等对我的工作和生活关照很多,使我到来安大之后便能安心工作,在此深表感谢。

夜已很深了,灯已更明了。看着爱女娇小的脸庞,听着贤妻轻柔的鼾声,我习惯性地拂了拂案头的台灯……

吴从祥

二○一八年十一月二十五日夜草于合肥